Robert J. Moore

Welt Wunder Welten

Die schönsten Landschaften
in atemberaubenden Bildern

Bechtermünz

WELTWUNDER WUNDERWELTEN

DIE SCHÖNSTEN LANDSCHAFTEN IN ATEMBERAUBENDEN BILDERN

Originaltitel: Timeless Wonders
Originalverlag: Edizione White Star S.r.l., Italien

Deutsche Erstausgabe
für Weltbild Verlag GmbH, Augsburg 2000

Texte: Robert J. Moore
Weltkarte (S. 12/13): Elisabetta Vandone
Gestaltung: Clara Zanotti
Aus dem Englischen übertragen von:
Karin Strack, Bergisch Gladbach

Produktion der deutschen Ausgabe:
Produktionsbüro Thomas Heider M.A.,
Bergisch Gladbach
Lektorat: Alexa Frank, Düsseldorf
Umschlaggestaltung unter Verwendung
des Covermotivs der englischen Ausgabe:
KA BA, Augsburg
Printed in Italy
ISBN 3-8289-1590-6

9
Der Ausbruch des Vulkans Kilauea, Hawaii, zeugt von der Urgewalt, die unseren Planten im Laufe von Jahrmillionen gestaltet hat.

10–11
Die Nordwand des Mount Everest (8848 m), des höchsten Bergs der Erde.

INHALT

1
Wenn bei Dämmerung das Sonnenlicht die natürliche Gesteinsfarbe betont, glühen die Kuppeln des Kata Tjuta feurig rot.

2–3
In der Antarktis – hier auf einem gigantischen Eisberg im Weddellmeer – fühlen sich die Königspinguine wohl.

4–5
Östlich der Serengeti und des Ngorongoro-Kraters und westlich des Kilimandscharo liegt der Natronsee, in Tansanias Great Rift Valley (Ostafrikanischer Graben), mitten in einer wilden Landschaft alter Vulkankegel.

6–7
Einige der zahlreichen kleinen Koralleninseln, die das französisch-polynesische Eiland Bora Bora umringen.

8
Die Brandung des atlantischen Ozeans an der portugiesischen Algarve-Küste.

NORDPOLARMEER
Kanadische Arktis
Kanadische Arktis
GRÖNLAND
NORDAMERIKA
HAWAII
PAZIFISCHER OZEAN
GALAPAGOS-INSELN
FRANZÖSISCH-POLYNESIEN
Die Anden
Die Anden
SÜDAMERIKA
ATLANTISCHE OZEAN
A N T A
Legende
1 Hawaii
2 Französisch-Polynesien
3 Kanadische Arktis und Grönland
4 Mount McKinley und Denali-Nationalpark
5 Jasper- und Banff-Nationalpark
6 Yellowstone-Nationalpark
7 Das Cañyonland
8 Yosemite-Nationalpark
9 Kaliforniens Küste
10 Die Niagara-Fälle
11 Die Everglades
12 Die Karibik
13 Monteverde, Costa Rica
14 Galapagos-Inseln
15 Angel-Wasserfall, Venezuela
16 Der Amazonas
17 Manu-Reservat, Peru
18 Iguaçu-Fälle, Brasilien - Argentinien
19 Die Anden
20 Antarktis
21 Island
22 Norwegens Fjorde
23 Finnlands Seenplatte
24 Irlands Westküste
25 Lake District, England
26 Schwarzwald, Deutschland
27 Die Alpen
28 Frankreichs Mittelmeerküste
29 Korsika, Frankreich
30 Toskana, Italien
31 Sardinien, Italien
32 Doñana-Nationalpark, Spanien
33 Die Griechischen Inseln
34 Kappadokien, Türkei
35 Der Negev und das Tote Meer, Israel
36 Die Wüste Sinai
37 Die Sahara
38 Der Nil
39 Das Rote Meer
40 Die Ruwenzori- und Virunga-Berge
41 Victoria-See und Insel Rubondo
42 Ngorongoro, Serengeti und Natronsee
43 Der Kilimandscharo
44 Die Seychellen
45 Die Victoria-Fälle
46 Die Wüste Namib
47 Die Band-I-Amir-Seen, Afghanistan
48 Der Himalaja und Karakorum
49 Guilin, China
50 Westthailändische Küste
51 Borneo
52 Die Palau-Inseln
53 Das Great Barrier Reef
54 Ayers Rock
55 Australiens Pinnacles-Wüste
56 Neuseeländische Alpen
Geografisches Gebiet

NORDPOLARMEER
N
EUROPA
ASIEN
PAZIFISCHER OZEAN
PALAU-INSELN
Afrika
SEYCHELLEN
Great Barrier Reef
AUSTRALIEN
NEUSEELAND
INDISCHER OZEAN
22
23
26
27
30
31
33
34
35
36
37
38
39
40
41
42
43
44
45
46
47
48
49
50
51
52
53
54
20

14
Die kalifornische Insel Santa Cruz umfasst mit 39 Kilometern Länge eine Fläche von ca. 249 Quadratkilometern. Hier befindet sich der mit ca. 753 Metern höchste Berg der Kanalinseln. Die Insel beherbergt mehr als 600 Pflanzenarten; ihre Klippen, die vorgelagerten Felsen und Priele dienen vielen der hier heimischen 140 Vogelarten als Lebensraum.

15 oben links
Ein Sturm fegt über die ligurische Küste bei Camogli. Wasser, die Kraft des Lebens, formt und prägt die romantische Küstenlinie von Kontinenten und Inseln.

15 oben rechts
Die traumhaften Cayman-Inseln in der Karibik locken mit ihrer üppigen tropischen Pflanzenwelt, mit weißen Sandstränden und sauberem, warmem Wasser.

15 Mitte
Der legendäre rosafarbene Strand Budellis vor der Küste Sardiniens bietet einen außergewöhnlich schönen Anblick.

15 unten
Dichter tropischer Buschwald säumt die wunderbare, flache Meeresküste und den Stand nahe dem Nigerdelta. Dieser Küstenstreifen geht im Inland in die breiten, viehwirtschaftlich genutzten Grassavannen über.

VORWORT

Der Schönheit unserer Welt begegnen wir allerorten täglich. Aber weil wir uns an sie gewöhnt haben, nehmen wir sie kaum noch richtig wahr. Es gibt aber auch Flecken auf dieser Erde, die in ihrer Einzigartigkeit unsere Vorstellungskraft übersteigen – Orte, die man nicht als selbstverständlich gegeben hinnehmen kann. Es sind die wahren zeitlosen Wunder unserer Welt.

Einige dieser Orte verwundern ob ihrer unverwechselbaren Schönheit, wie die grüne Küste Irlands, die mächtigen Rocky Mountains in Kanada oder die grünen Felder der Toskana. Wer traut noch seinen Augen, wenn er die pradiesischen Inseln der Seychellen erblickt, die Korallenwunder des großen Barrier-Riffs, die nahezu perfekte Symmetrie des Fudschijama oder die steil abfallende Küstenlinie der norwegischen Fjorde?

Andere Regionen der Erde werden aufgrund ihrer unfassbaren Weite als Naturwunder eingestuft. Wer begreift die Wucht der Viktoriafälle, die endlosen Weiten der Sahara, die zahllosen Windungen des Nils, die eisigen Höhen des Himalaja?

Andere Wunder der Natur stellen für das klimatische Gleichgewicht der Erde unverzichtbare Ökosysteme dar, die unsere moderne zivilisierte Welt mehr und mehr aus den Augen zu verlieren scheint. Die Nationalparks von Kenia, Tansania und Zaire in Afrika, Yellowstone und Yosemite in Nordamerika, Monteverde, Manu und die Galapagosinseln in Südamerika sowie zahllose andere stellen eigene kleine Welten dar, die in ihrer Einzigartigkeit fragil und daher schützenswert sind. Wer begreift die Vielfältigkeit der Flora und Fauna in den Regenwäldern Amazoniens, die fantastisch anmutenden (Über-)Lebensformen in der trockensten und ältesten Wüste der Welt, der westafrikanischen Namib, oder die gigantischen Eiskuppeln der Antarktis und Grönlands, die für lebenswichtig sind für unsere Erde?

Naturwunder dieser Art sind einmalig, sie entziehen sich jedem Vergleich und scheinen unbegreiflich.

16–17
Gletscherschmelzwasser des Alpamayo in den südamerikanischen Anden fließt mit anderen Flüssen zum mächtigen Amazonas zusammen. Der mächtige Strom versorgt den tropischen Regenwald, die »grüne Lunge« unserer Erde, die für Regulierung des globalen Klimas wichtig ist. Jedes einzelne Naturwunder trägt auf seine Weise zum Gleichgewicht des gesamten Ökosystems des Planeten bei.

16 unten links
Hier ein Foto des Moraine-Sees im kanadischen Banff-Nationalpark. Es erinnert auch daran, dass ohne Wasser auf unserem Planet kein Leben möglich wäre.

16 unten rechts
Oft sind wundersame Merkmale der Landschaft nach Gegenständen des Alltags benannt. So ist etwa diese felsige Alpenspitze, die über den gezackten Grat des Montblanc hinausragt, im Volksmund als »Dente Del Gigante«, »Riesenzahn« bekannt.

17 oben
Mitunter wird geografischen Gegebenheiten eine symbolische Bedeutung für die Menschen zugeschrieben. So im Falle des Fudschijama, der für Japan und die Japaner zu einem wichtigen Symbol geworden ist.

17 unten
Das intensive Glühen des Lavastroms aus einem Vulkan auf Hawaii erhellt den nächtlichen Himmel. Seit Urzeiten haben Hitze, Feuer und Vulkanismus das Bild der Erde geschaffen und die Kontinente und Ozeane so geformt wie wir sie heute kennen.

Charakteristisch für viele dieser außergewöhnlichen Phänomene ist, dass sie äußerst schwierig zu erreichen sind und dass viele von uns sich glücklich schätzen würden, nur einige davon einmal selbst besuchen zu können.

Die hier gezeigten Naturwunder begleiten den Leser um die Welt, auf einer Entdeckungsreise voller Geheimnisse. Die spektakulären Orte der Erde faszinieren mit ihrer physischen Schönheit, Größe, einer Vielfalt von Flora und Fauna oder mit versteckten Geheimnissen. In Bild und Text leben diese Wunder vor dem Leser auf – etwa die Inseln im Pazifik oder Arktis und Antarktis.

In den hier dokumentierten Orten findet sich scheinbar Unzerstörbares neben Zerbrechlichem. Die Weite des Amazonas, der Sahara, die Unzugänglichkeit des Himalaja, des nordamerikanischen Cañon-Landes, der Ozeane und des ewigen Eises sollte uns nicht zu der Annahme verleiten, dass der Mensch mit seinen technischen Errungenschaften – und der daraus entstandenen Umweltverschmutzung – diese Regionen nicht gefährden könnte. Noch zu Beginn des 21. Jahrhundert werden die Ressourcen der Erde weltweit stark strapaziert, wenn nicht ausgebeutet. In Zeiten eines unkontrollierbaren Bevölkerungswachstums wird die Natur zunehmend in den Hintergrund gedrängt. Doch die Bilder von unfassbaren Wüstenregionen, Urwäldern, Gletschern, Stränden, Vulkanen und Wasserfällen zeigen uns eine noch unberührte Natur. Heutzutage erfordert es immense Anstrengungen, die von Menschenhand geschaffenen Nationalparks und Naturschutzgebiete zu erhalten. In vielen Fällen können die Naturwunder nur mit strengen Gesetzen und staatlichen Programmen erhalten werden.

Dieses Buch stellt eine Momentaufnahme der kostbarsten Wunder unserer Erde dar – die Schönheit der Kräfte, der Elemente Erde, Wind, Feuer und Wasser. Nach ihrer Entstehung hat sich die Erde stetig verändert, im großen und im kleinen, in langsamer tektonischer Bewegung, mit Aufwerfungen, Vulkanismus und Druck. Wind prägt die offenen Regionen der Erde zu fantastisch bizarren Formen, Felsen, Sand und Höhlungen. Feuer erhellen den nächtlichen Himmel über den tropischen Inseln, Andengipfeln und afrikanischen Regenwäldern, wenn Vulkane brodelnde Lava speien, die alles Leben auf ihrem Weg auslöscht und doch neues Leben vorbereitet, in Form fruchtbarer Böden. Wasser bedeutet Leben: es lässt Pflanzen, Tiere und mikroskopisch kleine Organismen und Urtierchen leben, seit Jahrmillionen. Wasserkraft versetzt uns in Erstaunen, seien es vorrückende Gletscher, reißende Sturzbäche, die Sprengkraft des Eises oder die mächtigen Brecher des Ozeans.

Ohne diese elementaren Naturgewalten wären die Wunder unserer Welt nicht entstanden und auch nicht denkbar. Die natürlichen Rhythmen der Erdrotation, der Anziehungskraft des Mondes und der unschätzbaren Bedeutung des Sonnenlichts, das Leben auf der Erde erst möglich macht, all das zusammengenommen zeigt uns das Szenario für ihre Entstehung der Welt.

Diesen Kräften sollte der Mensch demütig gegenüber stehen. Niemand kann bestreiten, dass hier eine höhere Macht am Werk ist – eine Kraft, die sich im großen und kleinen offenbart, in der Schönheit einer Schneeflocke oder eines Berges, in einem Wassertropfen oder der Weite des Pazifiks, in einem

Sandkorn oder in den Dünen der Sahara. Diese Kraft ist so unfassbar, so ehrfurchtgebietend wie schön, und die Wunder der Natur sind das Werk Gottes – der göttliche Funke, der alles in Bewegung gebracht hat, einschließlich unserer Fähigkeit, sie wahrzunehmen und zu schätzen.

Die Welt ist voller kleiner und großer Wunder, die man wachen Auges Tag für Tag erleben kann; aber nicht alle können hier vorgestellt werden. Die vorliegende Auswahl will einen Einblick gewähren in die Faszinationen der Welt, in der wir leben. Atemlos stehen wir vor der Macht und der Majestät der Naturkräfte, die unsere Erde schufen und weiterhin formen.

18 oben links
Süddakotas Badlands-Nationalpark bietet wilde, faszinierende Felsformationen, die sich aus der flachen Prärie erheben und kilometerweit in viele Richtungen erstrecken.

18 oben rechts und links
Ansichten des tansanischen Rufiji und seiner Mündung in den Indischen Ozean, südlich von Daressalam.

18 unten links
Ein schön geformter Fels, hier ein Vulkantuff aus Üçhisar in Kappadokien, Mitteltürkei. Die riesigen Formationen wurden von den Naturkräften geschaffen und dann von Menschenhand bearbeitet.

19
Die vom Wind geprägten, geschwungenen Formen der Sanddünen der Sahara muten wie ein Kunstwerk an. Kann der Betrachter sicher sein, dass das, was er sieht, die Wirklichkeit ist?

20–21
Leben setzt sich durch: So auch hier, in der trockenen Hitze der Wüste Namib: Inmitten von hohen Sanddünen leben Organismen vom kalten Nebel, der allmorgendlich vom Atlantischen Ozean herüberweht, und von der kurzen jahreszeitlichen Überflutung der trockenen Flussbetten.

22–23
Die majestätische Weite des Bryce Canyons mit seinen schneebedeckten roten »Unglücksboten« ist beispielhaft für die Kontraste der stillen Schönheit der Wüstenregionen der Vereinigten Staaten. Wind, Wasser und frühe Ozeane und prägen diese großartige Region.

24 oben
Die pastorale Landschaft des Strangford Lough in der Nähe von Belfast bietet einen reizvollen Anblick des sonnengesprenkelten Nordirlands. Das blaue Wasser der großen Bucht säumt die prächtigen grün schillernden Felder. In Irland ist man nie weiter als 112 Kilometer vom Meer entfernt.

24 unten
Am Comer See in der norditalienischen Lombardei trifft die sonnige mediterrane Atmosphäre auf die Kühle der Alpen.

EUROPA

EINLEITUNG

Große Halbinseln ragen aus den sturmgepeitschten Küsten des Nordens empor, während sich die Halbinseln im Süden am warmen, sonnendurchfluteten Meer zusammendrängen. Die Küsten sind lang und gefällig, während im Landesinneren schneebedeckte Berge emporragen. Von azurblauem Wasser umgebene Inseln liegen wie verstreute Juwelen vor der Küste. Die Seen schimmern wie Diamanten, malerische Flüsse passieren baumbestandene Ufer auf ihrem langen Weg ins Meer. Das angenehme Klima lässt üppige Wälder gedeihen und beschert den Menschen reiche Ernten. Wir sprechen von Europa, der Wiege der westlichen Zivilisation.

Der europäische Kontinent verdankt seinen Namen Europa, der Tochter des Phoenix in der griechischen Mythologie. Hier sind Politik, Religion, Philosophie, Naturwissenschaften, Kunst, Schauspiel und Musik zu neuen Höhen aufgestiegen. Aufgrund der Expansion der europäischen Gesellschaft und der Vorliebe der Menschen für Entdeckungsreisen und Handel, wurde ihre Kultur in die übrigen Weltteile getragen. Die Kolonisation beschleunigte diese Entwicklung, bis etwa zu Beginn des 20. Jh. der Großteil des Globus unter dem militärischen oder kulturellen Einfluss wenigstens eines europäischen Landes stand.

Einige der schönsten und denkwürdigsten Regionen der Welt befinden sich in Europa. Die Alpen, die Riviera, die norwegischen Fjorde, die griechischen Inseln und die großen Waldregionen Nordeuropas kommen einem sofort in den Sinn. Die Naturwunder Islands, Finnlands, Spaniens, Italiens, Englands und Irlands dagegen sind weniger bekannt.

Europa ist einer der schmalsten Kontinente der Welt: Er bedeckt 10.523.170 Quadratkilometer bei einer Geamt-Küstenlänge von 60.619 Kilometern. Europa weist eine Länge von 6400 Kilometern auf, ist 4800 Kilometer breit und hat mit 728 Millionen Menschen mittlerweile die zweitgrößte Bevölkerungsdichte der Welt. Eigentlich ist der europäische Kontinent eine große Halbinsel, die in Höhe des Uralgebirges in Russland an Asien grenzt. Einige Geografen fassen Europa nicht als eigenen Kontinent auf; sie nehmen Europa und Asien zu einem großen Kontinent zusammen, den sie Eurasien nennen.

Die europäischen Städte haben ihren eigenen Reiz und sind nicht nur berühmt für ihre Erzeugnisse und Kunstschätze, sondern auch für ihre geografischen und architektonischen Besonderheiten. Aber Europa bedeutet mehr als nur Kultur. Es rühmt sich einer Vielzahl erstaunlicher geografischer Sehenswürdigkeiten, die ihm zu seinem Platz in der Weltgeschichte verhalfen. In Europa gibt es große Flächen mit fruchtbarem Boden. Wälder, Wasserkraft, Kohle- und Eisenvorkommen ermöglichen eine florierende Industrie und Technik. Ein gemäßigtes Klima versetzte die Europäer in die Lage, sich weitgehend autark zu versorgen, sowohl was Nahrungsmittel, Städtebau und nicht zuletzt wissenschaftliche Betätigungen betrifft, die technischen Fortschritt ermöglichten.

25 unten links
Die sanften Ausläufer der Dolomiten erstrecken sich in einen prächtigen grünen Wiesenteppich im italienischen Südtirol. Das hier abgebildete Val Gardena nahe Bressanone erfreut sich bei Skiläufern und Bergsteigern großer Beliebtheit.

25 unten rechts
Blick vom Pilatus auf den östlichen Luzerner See – die prächtige Zentralschweiz im Herzen der Alpen. Diese romantische Region inspirierte schon Wagner, Goethe, Mark Twain und auch die britische Königin Viktoria, die 1868 den Berg bestieg.

24–25
Die malerischen Alpen über der Region des norditalienischen Val d'Aosta sind beispielhaft für das europäische Hochland. Vom Montblanc zum Matterhorn und Monte Rosa bildet diese Kette zerklüfteter, majestätischer Berge und Gletscher das »Dach Europas«.

26–27
Das massive schottische Eilean Donan Castle liegt strategisch günstig am Zusammenfluss mehrerer Lochs im Nordwesten Schottlands. Lochs, tiefe Gletscherseen, und fjordähnliche Einschnitte durchziehen den Norden Schottlands. Das saftige Grün der Bäume und Wiesen kontrastiert mit dem wolkenverhangenen Himmel, aus dem selten die Sonne hervorlugt.

Das Klima wird durch die Lage am Golfstrom begünstigt, der warmes Wasser von der Karibik über den Atlantik zu den Küsten führt. Gemäßigt wird das Klima ferner durch die warmen Westwinde des Atlantischen Ozeans. Trockene Landstriche findet man nur in südöstlichen Gebieten und in Russland. Der überwiegende Teil des europäischen Kontinents ist kalt und feucht, mit gemäßigtem bis kaltem Klima und reichlich Regen. Südlich der Alpen liegt die mediterrane Region mit einem heiß trockenen, sonnigen Klima.

Europa lässt sich in vier Landregionen teilen. Karge Böden, die nur wenig Landwirtschaft ermöglichen, finden sich im Nordwesten des irischen Hochlands, Nordfrankreich und Großbritannien, Norwegen, Schweden und Nordfinnland. Das felsige Rückgrat der Erde, im präkambrischen Zeitalter entstanden, liegt in diesen »Fennoskandia-Schild« genannten Gebieten knapp unter der Erdoberfläche. Später schnitten Gletscher während mehrerer aufeinanderfolgender Eiszeiten tiefe Täler, Seen und Fjorde in die Region. So entstand die prächtig geschwungene, vorwiegend grüne und heitere Landschaft mit ihren tiefen, felsigen Einschnitten entlang der Küsten. Eine Ausnahme stellt Island dar: Hier ist die Erdkruste so dünn, dass die Kräfte des Erdkerns durch die Oberfläche brechen – in Form von Vulkanen und heißen Quellen. Andere Orte zeugen wiederum von der Vielfalt der Region. Der Ozean umspült die hoch aufragenden Klippen der Fjorde Norwegens; diese Einschnitte gleichen mehr und mehr beschaulichen Flüssen, je weiter sie ins Landesinnere vorstoßen. Gletscher hinterließen die zahllosen Seen Finnlands, die wegen ihres hohen Erholungswerts beliebt sind. Stürme peitschen die Wellen gegen die majestätischen grünen Klippen der irischen Westküste, während der englische Lake District sich behaglich in den Nordwesten des Landes zu schmiegen scheint.

Als zweite Landregion gelten die Zentralebenen Europas, die sich über den Großteil des Kontinents von Westen nach Osten erstrecken. Die durch Ablagerungen entstanden Ebenen sind die

26 unten links
Der norwegische Lofot-Insel-Fjord nahe Lingvaer in stiller, winterlicher Schönheit. Solche tiefen, vor dem Ozean geschützte Einschnitte durchziehen die gesamte Westküste Norwegens.

26 unten rechts
Die auffallenden weißen Kalkfelsen der französischen Normandieküste nahe Etretat – ca. 160 Kilometer nordwestlich von Paris – erheben sich aus dem englischen Kanal. Friedliche Dörfer liegen auf dem fruchtbaren Land oberhalb der Klippen verstreut, die die Küste wie eine Bastion bewachen.

27
Von der Steilküste Kilt Rock auf der westschottischen Insel Skye blickt man auf die Hybridensee. Dank des warmen Golfstroms können auf diesem Breitengrad, der auch Sibirien umspannt, noch Pflanzen wie Magnolien gedeihen, die ein gemäßigtes Klima bevorzugen.

28 oben links
Trotz des unfreundlichen Eindrucks ist die italienische Insel Ponza ein wunderbarer Fleck, hinter dessen weißen Klippen sich Blumen, Weinberge und Strände verbergen.

28 oben rechts
Blick auf den Kekova-Strand, einer von vielen ähnlichen Stränden entlang der türkischen Mittelmeerküste. Diese trockene Region erstreckt sich bis ans Meer.

fruchtbarsten Gebiete Europas. Winde haben auf den bereits reichen Unterboden eine Oberflächenschicht aufgebracht, die man Lös nennt.

In den Ebenen, die sich selten mehr als 152 Meter über den Meeresspiegel erheben, leben die meisten Menschen. Die Ebenen verlaufen vom südöstlichen England quer durch Frankreich, Belgien, die Niederlande, Norddeutschland und Polen zum Uralgebirge in Russland. Im Westen von grünen Weiden bestimmt, die durch Hecken abgegrenzt sind, wandeln sie sich zu großräumigen Flächen mit wogenden Getreidefeldern im Osten.

Als drittes Gebiet versteht man das Zentralhochland, das sich von Portugal durch Zentralspanien, Frankreich und Süddeutschland bis nach Tschechien erstreckt. Tiefer liegende Gebiete verschmelzen mit einzelnen Hochebenen, Hügeln und Gebirgen verschiedener Höhen zwischen 152 und 1219 Metern über dem Meeresspiegel. Dichte Wälder und offene Graslandschaften bedecken weite Teile der Region, deren Erdformationen unterschiedlichen Ursprungs sind, durch Faltung, Verwerfung, Vulkantätigkeit und Aufwerfungen geschaffen. Die windgepeitschten Hochebenen Spaniens zählen zu dieser Region, ebenso die Berge des Jura und der Schwarzwald.

Schließlich die vierte europäische Landregionen: das Alpenhochland in Südeuropa. Die Alpen sind nach geologischer Zeitrechnung ein noch junges Gebirge. Ausgehend von Spanien umfassen sie die Sierra Nevada, die Pyrenäen, Apenninen, Karpaten, Balkan und den Kaukasus als auch die Alpen selbst. Überraschenderweise liegt der höchste Berg dieser Kette nicht in der Schweiz oder Frankreich – es ist der 5633 Meter hohe Elbrus im Kaukasus im Süden Russlands. Die Alpen und ihre Vorgebirge bedecken auch die Mittelmeerregion des Kontinents. Die prächtigen, gletscherbedeckten Berge vereinigen sich mit der sonnigen Küstenlinie entlang der Cote d'Azur in Frankreich, Sardinien und den griechischen Inseln. Nirgends findet man schönere Vorgebirgsketten als in der sonnenverwöhnten Toskana. Im spanischen Doñana-Nationalpark ist uns ein Beispiel der ursprünglichen Küstensumpflandschaft der Region erhalten geblieben.

Europa wird durch eine große Vielfalt von Landschaftsformen geprägt und ein gemäßigtes Klima begünstigt lange Anbauzeiten in der Landwirtschaft. Das europäische Kulturerbe hat sich in allen Teilen der Welt ausgebreitet. Aber nicht nur die Kultur macht Europa interessant: Allein seine Naturwunder machen es zu einer der schönsten Regionen der Welt.

28 unten
Bei Vieste auf dem Vorsprung über dem »Absatz« des italienischen »Stiefels« gelegen, ragt der Pizzomunno als eine erstaunliche Landmarke aus der Landschaft empor. Der Sage nach ist diese Kalksteinsäule an der Ostküste Italiens am Adriatischen Meer ein Fischer, der zu Stein erstarrte, als er seine Geliebte ertrinken sah.

28–29
Die Sonne steht hoch über dem Strand der Insel Lampedusa. Die nur etwa 21 Quadratkilometer umfassende Insel liegt südlich von Sizilien und näher an Afrika als an Italien. Erst im Jahre 1843 wurde Lampedusa auf Betreiben von Ferdinand von Bourbon von Fischern besiedelt.

29 unten links
Punta di Capo ist der Endzipfel der Insel Portofino an der traumhaften italienischen Riviera. Portofino, 40 Kilometer südöstlich von Genua im Ligurischen Meer gelegen, ist eine begehrtes wie kostspieliges Reiseziel.

29 unten rechts
Porto Greco an der sardischen Küste zeugt von der Romantik dieser einzigartigen Insel. Klares, blaues, oft türkisfarbenes Wasser lädt zum Schwimmen, Schnorcheln und Tauchen ein. Eine mediterrane Vegetation und leuchtend bunte Wildblumen mildern die felsige Topographie ab.

30 oben
Im südisländischen Geysirgebiet um den Haukadalur: Ein Geysir wirft eine Fontäne kochendes Wasser in die Luft. Bizarre Geographie, Geologie und ein eigenwilliges Klima – Island vereint zahlreiche Widersprüche.

»LAND AUS FEUER UND EIS«

ISLAND

Stellen Sie sich einen weltfremden Ort im Nordatlantik vor, mit nahezu jeder Art von geophysikalischen Phänomenen, von einem Graben durchzogen, mit Gletschern und aktiven Vulkanen, speienden Geysiren wie heißen Quellen – das ist die Inselnation Island. Schwarze Lava, grüne Täler, rote Schwefelfelsen und heiße blaue Geysire prägen dieses farbenfrohe Wunderland. Flüsse und Wasserfälle entspringen dem Innern der Insel, wo in einer wahren Mondlandschaft nur wenige Bäume wachsen. So erinnert Island beinahe an Science-Fiction-Romane und in Jules Vernes Roman »Reise zum Mittelpunkt der Erde« (1864) bildete Island den Eingang zu einem System von Höhlen, die in die Tiefen der Erde führten. Tatsächlich erforschen heute Wissenschaftler auf Island die geologischen Kräfte der Erde.

Die in Island sichtbar werdenden Naturgewalten sind eine Folge der Plattentektonik: Die scheinbar starre Oberfläche der Erde ist eigentlich ein ruheloses Puzzle aus Platten. Diese Teile der Kruste sitzen auf einer dichten Schicht des Erdmantels, die man Asthenosphäre nennt. Sie sind in Bewegung und reiben aneinander. An den Verwerfungen, den Stellen, wo die Platten aufeinanderstoßen, kommt es häufig zu Erdbeben. An zahlreichen Verwerfungslinien präsentieren sich – als Ergebnis der Plattenreibung – Vulkane und geothermische Aktivitäten wie Heißwasserquellen und Geysire. Das zeichnet Island aus, dass es dort nahezu alle möglichen Folgen tektonischer Aktivität auf relativ engem Raum zu bestaunen gibt.

Island liegt im Nordatlantik, etwa 216 Kilometer östlich von Grönland und 992 Kilometer westlich von Norwegen.

30 unten
Einer der kleineren Gletscher vom Gigvjokull auf seinem Weg zum Meer in der Nähe von Thorsmork. Die Geologen studieren auf Island die unglaublichen Phänomene der Gletscher und ihre Fähigkeit, die Erde abzuschleifen und zu formen.

30–31
Ein turmhoher, vom Vatna gekalbter Gletscher treibt in den kalten Gewässern um Island. Die majestätische Schönheit der Eisberge täuscht über ihre Bedrohung für die Schiffe hinweg.

31 unten
Neben Eis, Schnee und Gletschern kennt Island auch die Hitze der Erde. Diese Fumarole ist nur eine von Hunderten dieser isländischen Schlote, durch die die Hitze entweicht, die durch die Tektonik der Platten entstanden ist. Reykjavik, die Hauptstadt Islands, wird wie einige andere Städte des Landes ausschließlich geothermisch beheizt.

Entlang der sich über 5920 Kilometer erstreckenden Küstenzone leben die meisten Einwohner. Obwohl nahe am Polarkreis gelegen, werden die Küstenregionen über das Jahr vom Golfstrom erwärmt. Teilweise besteht die Küste aus braunen Klippen mit großen abgerundeten Falten. In anderen Gebieten drängen sich Dörfer und Städte nahe am Wasser – vor dem Hintergrund tiefblauer, teilweise schneebedeckter Gebirgsketten. Island ist das am spärlichsten besiedelte Land Europas, mit einem Durchschnitt von knapp drei Einwohnern pro Quadratkilometer; fast vier Fünftel des Landes sind unbewohnt.

Das Land verfügt über einen großen Schatz an ungewöhnlichen Naturphänomenen, von denen sich die meisten im unbewohnbaren Zentralplateau drängen, das den Großteil

32 oben links
Island ist ein Land des Wassers, mit Flüssen, die von den Gletschern des Zentralplateaus herabstürzen. Dabei entstehen Wasserfälle wie dieser.

32 oben rechts
Der jahreszeitliche Gletscherablauf bei Torsmork bildet hier einen Fluss aus Grünpflanzen. In Island spielen ungewöhnliche Naturphänomene zusammen.

32 unten
Dieser Wasserfall, der Selijaland Foss, vergegenwärtigt den drastischen Abfall des Plateaus zur umgebenden Ebene von Island.

Die brillanten Farbspiele der Landschaft in der unfassbaren Natur der Wasserströme lassen die Szene geradezu futuristisch anmuten.

ISLAND

der etwa 103.000 Quadratkilometer umfassenden Insel ausmacht. Die 762 Meter über dem Meeresspiegel gelegene Lava-Hochebene dieser Region ist zerklüftet und sehr karg. Hvannadalshnukur heißt der mit 2119 Meter höchste Berg Islands.

Der Zentralisländische Graben, ein Teil des mittelatlantischen Rückens, verläuft quer über die Insel und macht das Plateau zu einer Region mit erstaunlichen Naturwundern, in dem kleinere Erdbeben und raue Winde schon alltäglich sind. Die Insel selbst ist die Frucht von vulkanischer Tätigkeit, die noch immer in über hundert Vulkanen, Kratern, Heißwasserquellen und Geysiren lebendig istn. Fünfundzwanzig isländische Vulkane sind in historischer Zeit ausgebrochen, die jüngsten Eruptionen fanden auf dem Hekla in den Jahren 1947 und 1980 statt.

Neben den Vulkanen gibt es in Island mehr Heißwasserquellen und Schwefelflussbetten als in jedem anderen Land de Welt. Die Bezeichnung »Geysir« leitet sich von der berühmtesten isländischen Springquelle ab. Im südisländischen Haukadalur schleudert der Geysir alle 5 bis 36 Stunden eine Wasserfontäne von bis zu 55 Meter in die Höhe. Aus dem Strokkur, einem anderen Geysir im gleichen Gebiet, schießt sogar alle paar Minuten eine Fontäne empor. Von den braungrauen geothermischen Feldern steigen Dampfsäulen auf, die von Fumerolen und nach Schwefel riechenden, blubbernden Schlammquellen stammen.

32–33
Island bietet immer neue Überraschungen, so auch im Gull Foss, dem silbrigen Wasserfall im Südwesten der Insel, knapp 80 Kilometer von Reykjavik entfernt. Der Gull Foss liegt am Hyita, einem Fluss, der von der Schneeschmelze des Lang-Gletschers gespeist wird.

34–35
Der gigantische Vatna-Gletscher im Südosten – von der Küste her gesehen. Die Gletscher bedecken fast 12 Prozent der Insel, wobei allein der Vatna über 8292 Quadratkilometer für sich beansprucht.

Die farblose wilde Natur dieses geothermischen Schauspiels lassen das Plateau wie die Landschaft eines leblosen Planeten erscheinen.

Island besitzt mindestens 250 geothermische Gebiete mit niedriger Temperatur und insgesamt 800 Heißwasserquellen, deren Durchschnittstemperatur etwa 75 °C beträgt. Natürlich sind diese heißen Quellen ideale Energiequellen. Deldartunguhver, die größte Heißwasserquelle, liefert 180 Liter kochendes Wasser pro Sekunde, während die Torfa-Heißwasserquelle allein 1500 Megawatt Strom produziert.

Neben der Wärme der großen geothermischen Aktivität beherbergt Island auch 120 Eisgletscher, die 11.655 Quadratkilometer oder nahezu 12 Prozent des Landes bedecken. Es fällt schwer, sich heiße Quellen und weiße eisige Gletscher auf derselben Hochebene vorzustellen, aber Island brüstet sich mit Überraschungen aller Art. Lawinen sind im Norden, Nordwesten und Osten nicht ungewöhnlich. Wie alle Gletscher der Welt nehmen auch Islands Gletscher in den letzten Jahren kontinuierlich ab. Vatna, der größte im Südosten des Landes, bedeckt 8240 Quadratkilometer, misst 914 Meter Umfang und ist so groß wie alle übrigen europäischen Gletscher zusammen. Diese schier unermessliche Region langsam kriechenden Eises reflektiert häufig die Nordlichter (Aurora Borealis), eine seltsame atmosphärische Erscheinung wellenförmiger Farbbänder am nächtlichen Firmament. Dieses Schauspiel über der windgepeitschten weißen Hochebene rundet das Bild eines Landes ab, das aus einer anderen Welt und Zeitzu stammen scheint. Island rühmt sich einer der seltsamsten, wundervollsten Landschaften der Welt, ein Land aus Feuer und Eis auf dem mittelatlantischen Rücken.

MAJESTÄTISCHE LANDSCHAFT

NORWEGENS FJORDE

Fjorde, lange fingerförmige Einschnitte ins Land, bestimmen das Bild der Küste Norwegens. Sie sind berühmt für ihre erhabene Schönheit und geradezu ideale Häfen. Schneebedeckte Berge spiegeln sich im blassgrünen Wasser der Fjorde und saftig grüne Felder bilden einen reizvollen Kontrast zu den zerklüfteten grauen Granitflanken, von denen Wasserfälle ins Meer herabstürzen. Die zahlreichen Fjorde Norwegens sind ehrfurchtgebietend und erkundenswert. Die norwegische Küste weist etwa eine Gesamtlänge von 2640 Kilometern auf; berücksichtigt man ferner die Fjorde

und Halbinseln, ergibt das eine Küstenlänge von 20.000 Kilometern – das entspricht etwa dem halben Erdumfang! Fjorde, durch Gletscher entstandene Einschnitte mit glatten hohen Felswänden, findet man nicht nur in Norwegen, sondern auch im südlichen Alaska, in British Columbia, Südchile, Grönland und auf den südlichen Inseln Neuseelands. Das sich vorwärts schiebende Eis der Gletscher, entstanden durch mehrjährige Schneeansammlungen, führte beim Vordringen loses Material in Form von Steinen und Felsbrocken mit, das unter dem tonnenschweren Eis wie ein Hobel wirkte und somit Täler verbreiterte, vertiefte oder begradigte. Die v-förmigen Querschnitte wurden auf diese Weise u-förmig, und das Moränengeröll lagerte sich als meerseitige Felsbank ab. Nach dem Schmelzen des Eises flutete der Ozean die Gletschertäler und formte sie zu natürlichen Häfen.

Die norwegischen Fjorde säumen überwiegend steile bewaldete Felswände. Der warme Golfstrom trägt zu den gemäßigten Küstentemperaturen bei, so dass die meisten Fjorde das ganze Jahr über eisfrei bleiben. Die Fjorde sind so tief, dass sie sogar von großen Ozeandampfern problemlos weit befahren werden können, obwohl sie wegen der Geröllreste der Gletscher an der Mündung flacher sind als weiter im Landesinneren.

Der längste Fjord, der Sognefjord, windet sich mit zahlreichen Nebenarmen 193 Kilometer weit landeinwärts. Dieser Fjord der Superlative ist mit 1308 Metern der tiefste. In seiner Nachbarschaft ragen die Bergmassive durchschnittlich 1500 Meter hoch über ihm auf.

Der rege Verkehr der Fischer- und Ausflugsboote auf den Fjordgewässern erinnert an die Geschichte dieser berühmten Wasserwege. 300 Jahre lang, von ca. 800 bis 1100 n. Chr., zogen die Wikinger von der norwegischen Küste aus, um Siedlungen in England und anderen Teilen Europas zu überfallen und zu plündern. Die Wikinger gründeten Kolonien in Island, Grönland und Nordamerika.

Die Vielfalt der Fjorde an der norwegischen Küste ist überwältigend. Einige der atemberaubendsten Aussichten findet man nördlich der Stadt Bergen, am »Tor zu den Fjorden«. Manche Fjorde wie der Isfjord in Nord-Siaelland sind sehr breit und von Inseln geradezu übersät, während der schmale Lysefjord, nahe Stavanger, auf beiden Seiten von bis zu 600 Meter steil abfallenden Felswänden gesäumt wird. Der Hardangerfjord fasziniert mit einem Kontrast von sanft abfallenden Ufern mit Wiesen und Obstgärten und schneebedeckten Gipfeln in der Ferne; Schafe grasen auf Wiesen, die bis unmittelbar an das stille blau-grüne Wasser reichen. Der Geirangerfjord, ein Seitenarm des Storfjord, beschreibt eine spektakuläre S-Kurve, die das Land durchschneidet. Glitzernde Wasserbänder strömen überall von den Felswänden herab, um faszinierende bizarre Regenbögen zu erzeugen.

Touristen aus aller Welt bestaunen heute dieses uralte Erbe der Naturgewalten, die Schönheit und Majestät der norwegischen Fjorde. Diese Naturwunder verleihen Norwegen seinen einmaligen Charakter.

36 oben
Auf den Hügeln nahe der Fjorde finden sich Gehöfte und beschauliche Dörfer. Von den fernen Gletschern fließt das Schmelzwasser hierher und stürzt in atemberaubenden Wasserfällen in diesen langen gewundenen Fjord.

36 unten
Hohe Gipfel thronen majestätisch über den grünen Wiesen und dem tiefblauen Wasser dieses norwegischen Fjords. Hier erfreut sich das Angeln großer Beliebtheit – Lachse tummeln sich in den Flüssen und in den Gletscherseen gibt es Forellen. Im Wasser der Fjorde fühlen sich auch Meeresfische wohl.

36–37
Ein Kreuzfahrtschiff auf seinem Weg aus dem Geirangerfjord im südlichen Zentralnorwegen, einem beliebten Touristenziel. Fjorde können durchaus von großen Kreuzfahrtschiffen befahren werden: Bis weit ins Landesinnere sind sie tief genug.

37 unten links
Ausblick von den schwindelerregenden Höhen des Felsmassivs Predigerstuhl, ein Panorama unvergleichlicher Schönheit.

37 unten rechts
Am Kvaenangenfjord, 320 Kilometer oberhalb des Polarkreises, ist die arktische Fauna weitgehend erhalten.

38–39
Die frostigen endlosen Weiten der finnischen Seen erstrecken sich über eine malerische ländliche Region mit verstreut liegenden Holz- und Blockhäusern. Wintersport wie Schlittschuhlaufen, Eishockey, Schlittenfahren und Eisangeln wird hier groß geschrieben.

38 unten links
Die zahllosen Seen dienen der finnischen Bevölkerung als wichtige Ressourcen – sie sind Transportkorridore, Sportparadiese und nicht zuletzt Wunderland aus Erde, Wasser und Himmel.

38 unten rechts
Flüsse und Kanäle verbinden viele Seen. Ein ruhiges zauberhaftes Plätschern des Wassers auf seinem Weg ins Meer ist allgegenwärtig.

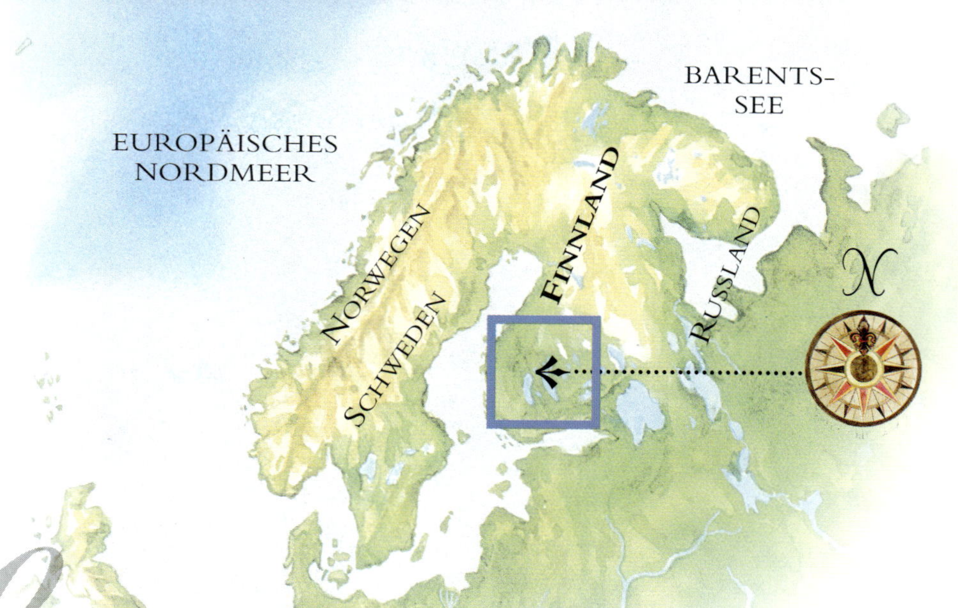

LAND DER TAUSEND SEEN

FINNLANDS SEENPLATTE

Finnland ist zu Recht weltberühmt als das »Land der tausend Seen«: Sie bedecken etwa 11 Prozent des Territoriums. Schätzungen über ihre Zahl reichen von 60.000 bis etwa 200.000. Während der letzten Eiszeit, im Pleistozän, etwa vor 10.000 Jahren, hoben Gletscher diese Seenbecken aus, die heute zu finnischem und teils zu russischem Territorium gehören. Der mit 1761 Quadratkilometern größte See heißt Saimaa. Die meisten Seen bündeln sich im südlichen Teil Finnlands – ein Seengebiet wie kein zweites in der Welt.

Finnlands Seen stellen eine wichtige Ressource für Wirtschaft und Verkehr des Landes dar. Allein das Saimaa-Wassersystem ist 299 Kilometer lang und mündet in den Golf von Finnland. Ein 4800 Kilometer langes Verbundnetz aus Flüssen und Kanälen macht die Seen zu einem wichtigen Verkehrsweg: Schleppkähne ziehen hier mächtige Kiefern-, Fichten- und Tannenstämme als kilometerlange Flöße zu den Sägewerken. Finnland ist zu zwei Dritteln bewaldet und somit ist die Holzindustrie lebenswichtiger Wirtschaftszweig des Landes, der ohne das Seengebiet kaum funktionieren könnte. Außerdem tragen die zahlreichen Flüsse zur Stromerzeugung durch Wasserkraft bei.

Aber die finnischen Seen zeichnen sich auch durch ihre Ruhe aus. Sie gewähren den Städtern, Arbeitern und Touristen auch Zuflucht aus der Hektik des Alltags. Die Menschen kommen, um sich an der friedlichen Atmosphäre des Seengebiets zu erfreuen, um zu baden, zu angeln, Wanderungen zu unternehmen und Ski zu laufen. Hohe stattliche Kiefern wachsen entlang der Uferlinie. Die zerklüfteten Buchten der Seen Päijänne, Suvasvesi und Puulavesi bieten geschützte Landzungen mit felsigen Klippen oder seichtes hügeliges Farmland. Besonders beeindruckt natürlich die Zahl der Seen. Auch aus der Vogelperspektive des Flugzeugs scheint ihre Zahl unermesslich.

In der wild zerklüfteten Uferregion sieht man überall mächtige graue Felsen und gefällte Baumstämme. Ein Labyrinth aus staubigen Schotterstraßen sind die Haupttransportwege der Seen-Region, wobei der Zustand der Straßen auf natürliche Weise die Manövrierfähigkeit der Fahrzeuge begrenzt. Die Atmosphäre an den Seen ändert sich natürlich mit dem Wetter und den Jahreszeiten: Im Sommer erfüllt der

39 oben
Zwei Rentierkühe suchen nach Gräsern, Blättern, Moos und Flechten unter der Schneedecke des finnischen Seengebiets. Rentiere sind die einzige Tierart, bei der auch den weiblichen Tiere Geweihe wachsen. Im Geschirr lernen diese Tiere Schlitten zu ziehen.

39 unten
Der großartige Himmel dieser Winternacht kontrastiert mit dunkelgrünen Koniferen, die die Seen und Flüsse Finnlands säumen. Eine stille Einsamkeit belohnt den Wanderer, Schneeschuh- oder Skiläufer, der sich in diese Landschaft hinauswagt.

40–41
Westlich von Helsinki führt der beeindruckende Nationalpark des Ekenäs-Archipels von den Inlandseen zu den Inseln vor der Südküste. Der Park ist zu allen Jahreszeiten sehenswert. Der Blick schweift von der rustikalen Schönheit des Inlands auf die felsige Küste.

40 unten
Meeresarme im Nationalpark des Ekenäs-Archipels, an friedlichen Gehöften und Holzhäusern gelegen. Da die Bevölkerungsdichte hier relativ gering ist, können Besucher und Einheimische gleichermaßen die Naturwunder des Landes genießen.

41 oben links
Der Päijänne ist einer der längsten finnischen Seen: 160 Kilometer erstreckt er sich durch das südliche Herzland von Lahti im Süden bis Jyväskylä im Norden.

41 oben rechts
Vereinzelte Blockhäuser liegen im Seengebiet, einer rustikalen Landschaft aus üppigen Wiesen, immergrünen Bäumen und tiefblauem Wasser.

41 unten
Der gewundene Oulankajoki im zentralfinnischen Oulanka-Nationalpark fließt ostwärts zur russischen Grenze.

betörende Duft der Fichten die Wälder an den Seen, während im Herbst tiefgraue Wolken mit dem bunten Laub von Birke, Eiche, Ahorn und Esche kontrastieren.

Im Winter scheint im Seengebiet alles unter einer dicken Schneeschicht zu versinken. Die dunklen Konturen der riesigen Bäume zeichnen sich gegen die stillen Seen im Hintergrund ab. Der lang ersehnte Frühling bringt mit Wildblumen und treibenden Knospen wieder Leben in die nahegelegenen Wiesen. Diese Stimmungen der Natur spiegeln die tiefen, kristallklaren Seen, die in den Wintermonaten häufig zugefroren sind. In ihnen tummeln sich Barsche, Lachse, Forellen und Hechte.

An vielen Ufern der Seen findet man Holzhaussaunen für das beliebte finnische Freizeitvergnügen. Eine Sauna ist ein Raum mit einem »kiuas« (Ofen) und mit »lauteet« (Holzbänken). Saunagänger klopfen sich mit Reisigwedeln ab und harren in der Sauna aus, bis die Hitze fast unerträglich wird. Der Lauf von der Sauna zum See und ein Sprung in das kalte klare Wasser krönt dieses Vergnügen, das bekanntlich die Abwehrkräfte stärkt – ein entspannender Ausklang eines anstrengenden Tages nach langen Wanderungen und Skilauf.

Finnlands Bevölkerungszahl ist mit knapp fünf Millionen recht spärlich für ein europäisches Land. Folglich ist die Seenplatte ruhig und naturnah erhalten – immergrüne Wälder an einem kristallklarem Wasser, nur der Wind in den Baumkronen und das Plätschern der Wellen am Ufer sind zu hören. Oasen des Friedens, beliebt bei Anglern, Kanusportlern und Wanderern – einer der letzten Flecken dieser Art auf der Erde.

42 unten
Der Crummock Water Lake, einer der kleineren der sechzehn größeren Seen im Nationalpark, liegt an der Westseite knapp 13 Kilometer vor der Irischen See. Das grüne, nahezu baumlose Umland ist typisch für die Region.

»WO HIMMEL UND ERDE VERSCHMELZEN«

ENGLANDS LAKE DISTRICT

Für William Wordsworth (1770–1850) war der Lake District ein Ort, an dem Himmel und Erde verschmelzen. Idealbild des dort gebürtigen englischen Dichters war die enge Bindung zwischen Mensch und Natur und der Lake District galt für ihn als Inbegriff dieser Einheit. Seine Gedichte machten diese Landschaft im frühen 19. Jahrhundert weithin bekannt und lockten Schriftsteller, Dichter und Künstler dorthin. 1802 schrieb Wordsworth: »Wie eine Wolke hoch im Blau/schritt einsam ich im Ungewissen/da sah ich, unverhoffte Schau/ ein Heer von schimmernden Narzissen..." Heutzutage hätte man seine liebe Not, dort noch eine solche Einsamkeit zu entdecken, denn der Lake District ist mittlerweile britischer Nationalpark und wird jährlich von zwölf Millionen Touristen besucht.

Die Seen der Region sind ebenso ein Vermächtnis der letzten Eiszeit wie die sanften Hügel, die allmählich von den Gletschern abgeschliffen wurden. Diese lang gestreckten, schmalen Seen sind typische Merkmale von Gletschertälern, vor denen sich Endmoränen türmen. Heute ist die Landschaft durchweg vom Grün der Wiesen und Wälder sowie vom tiefblauen Wasser geprägt. Auch wenn die Berge nicht sehr hoch und die Seen im Vergleich zu anderen Gewässern der Welt nicht sonderlich groß sind, haben das Land und die Gewässer doch ihren individuellen Reiz. Trotz seiner relativ geringen Höhe hat der Lake District mit dem 978 Meter hohen Scafell Pike immerhin Englands höchste Erhebung vorzuweisen.

In der Steinzeit ließen sich hier die ersten Bauern nieder. Ihnen folgten Kelten, später Normannen. Jedes Volk, das dort siedelte, rodete ein Stück der alten Wälder des Lake District, so dass dort nach und nach saftig-grüne Wiesen entstanden. Einige Begriffe aus der Normannenzeit finden sich noch heute im regionalen Dialekt, so heißt etwa »dale« Tal, »fell« ist ein Berg oder Hügel, »beck« ist ein Bach und »tarn« ein hochgelegener Bergsee. Tradition wird in dieser Gegend noch groß geschrieben und man bemüht sich um den Schutz der Landschaft, was angesichts des jährlichen Ansturms der Touristen ein immer schwierigeres Unterfangen wird.

Zum Erhalt der Landschaft wurde deshalb 1951 der Nationalpark Lake District gegründet. Im Gegensatz zu anderen Staaten befinden sich die Ländereien innerhalb der Parkgrenzen hier größtenteils in Privatbesitz. Der Park umfasst 16 größere Seen, darunter Ullswater, Bassenthwaite Lake, Wast Water, Coniston Water und als größten den 16 Kilometer langen, kaum mehr als 800 Meter breiten Windermere. Mit 2292 Quadratkilometern Fläche ist der Lake District der größte von zehn in England und Wales gelegenen Nationalparks.

Mit dem Auto oder zu Fuß strömen Touristen dorthin, um die Natur zu bewundern. Der Park besteht aus privaten Ländereien, meist Schaffarmen, die über ein 2880 Kilometer langes Netz von öffentlichen Wander- und Reitwegen verbunden sind. 40.000 Einwohner leben auf Gehöften und in kleinen Ortschaften an den Seen.

Die zerklüfteten Hügel sind von Erdwällen durchzogen, auf denen teils seltene Gräser wachsen. Unterhalb liegen stille Seen, zu denen die Hügellandschaft steil abzufallen scheint. Enten und anderen Wasservögeln bietet diese wasserreiche Landschaft ideale Lebensbedingungen. Das Grün der Berge rings um die Seen scheint wie ein verwirrendes Kaleidoskop.

Die herrliche Landschaft mit ihren spektakulären Ausblicken lädt zum Wandern ein. So ist hier das Bergwandern ein sehr beliebter Sport, der »fell-running« genannt wird. Eine

42–43
Die großartigen Ausläufer des Derwent Water, eines der größeren Seen im Lake District Nationalpark (Cumbria), vom Aussichtpunkt »Surprise View« aus gesehen. Motorboote sind hier verboten, um die Ruhe nicht zu stören.

Schriftstellerin hat sich um den Schutz dieser Landschaft verdient gemacht: Die Kinderbuch-Autorin Beatrix Potter setzte sich für den Erhalt der bedrohten Natur in ihrer Heimat ein. Nach ihrem Tod im Jahre 1943 stiftete sie neben anderen Gehöften fünfzehn Bauernhöfe dem National Trust, einem gemeinnützigen Verein zur Erhaltung britischer Landschaften und Kulturgüter; sie gab damit den Anstoß für die Gründung des Nationalparks im Jahre 1951. Dem National Trust gehört heute ein Viertel des Lake District, darunter – neben Landstrichen und Bergseen – auch rund 90 Bauernhöfe.

43 oben links
Der vielleicht berühmteste, sicher jedoch längste See, Windermere, liegt im Südosten des 2292 Quadratkilometer großen Nationalparks. Die Ortschaften an seinem Ostufer sind bei Touristen sehr beliebt.

43 oben rechts
Ullswater gehört zu den langgestreckten, schmalen Seen im Nationalpark. Zwischen Glencoyne Wood und dem kumbrischen Bergland liegt er inmitten einer grandiosen Landschaft, die größtenteils aus Weideland und wenigen Wäldern besteht. Der Baumbestand wurde schon vor Jahrhunderten von keltischen Siedlern dezimiert.

SMARAGDGRÜNE HALBINSELN

IRLANDS WESTKÜSTE

44 oben rechts
Im Schutz der hoch über den Atlantik aufragenden, grün überwucherten Klippen liegt eine versteckte Bucht mit feinem Sandstrand. Die bizarre Landschaft der Grafschaft Donegal an der Nordwestküste Irlands lädt mit ihren vielen Naturschätzen zum Wandern und zu stiller Betrachtung ein. Sturmschwalben, Lummen, Papageitaucher, Tordalke und Manx-Sturmtaucher gleiten auf der Suche nach Futter über der schäumenden Brandung. Bei Ebbe lässt das abfließende Wasser in den Prielen reichhaltige Nahrung für sie zurück.

Vom Meer aus betrachtet mutet die irische Küste wie eine massive, bizarre Felswand an. Aus der Luft erkennt man eine Reihe karger grüner Landzungen, die weit in den Ozean hineinragen. Die riesigen Wiesenflächen in Irland sind meist von Felswänden gesäumt, die das Land bergauf, bergab in unregelmäßige Parzellen unterteilen. An der atemberaubenden Westküste Irlands, dem Land der smaragdgrünen Halbinseln, verschmelzen Himmel, Erde und Meer zu einem Märchen der Naturschönheiten.

Die Küste des Landes ist von zahlreichen Einschnitten und Buchten zerfurcht, so dass die Entfernung zur Küste an keiner Stelle mehr als 112 Kilometer beträgt. In zwei großen Buchten an der Westküste, der Galway Bay und der Mündung des Shannon, liegen die Häfen Galway und Limerick. Im Inland überragen die Gebirge der Grafschaft Kerry die südlichen Halbinseln. Vor der Küste liegen Hunderte kleiner Inseln, die der Ozean im Lauf der Zeit dem Festland entriss. Tiefe Gräben im Meeresboden lassen die Kräfte der Natur nur erahnen.

Die Westküste Irlands besteht aus vielen Halbinseln und Buchten, sogenannten Rias. Dabei handelt es sich um überschwemmte, lange trichterförmige Flusstäler, die rechtwinklig vom Meer abzweigen. Im Gegensatz zu Fjorden sind diese Buchten nicht u-, sondern v-förmig und auch aus der Luft sieht die von Rias durchzogene Küstenlinie ganz anders aus als eine Fjordküste. Rias findet man auch im Südwesten Englands, in Nordwestfrankreich und in Spanien.

Spuren von Irlands Vergangenheit begleiten den Besucher entlang der Westküste. Um 3700 v. Chr. wurde die Region besiedelt und bis heute sind Denkmäler und Festungsanlagen aus alter Zeit erhalten geblieben. Burgen, Grabsteine aus dem 5. Jh. mit altirischen Ogham-Inschriften und malerische alte Klosteranlagen sind stumme Zeugen der Geschichte des Landes. Einst galt die Westküste Irlands als das Ende der Welt, wusste doch vor Kolumbus niemand, was sich hinter dem Meer verbergen würde – wenn sich auch der Heilige Brendan nach irischer Überlieferung von hier aus in einem Ruderboot aufmachte und lange vor 1492 Nordamerika entdeckte.

Sandstrände, an die Klippen reichende, sattgrüne Wiesen, Wasserfälle, bis zu 410 Millionen Jahre alte Felsformationen, Höhlen und Grotten säumen die irische Küste. Auf dem torfhaltigen Boden gedeihen Stechginster und Heidekraut.

44 unten und 44-45

Der Ozean umspült die irische Küste an der Sligo Bay. Die südlich der Grafschaft Donegal gelegenen, herrlichen Halbinseln und Buchten Sligos bilden mit ihrem grünen Glanz den schönsten Abschnitt der grandiosen Küstenlinie. Die See, nicht immer so ruhig und freundlich, bestimmt den Rhythmus des Lebens in dieser zauberhaften Region.

45 unten links und rechts

Die sonnengesprenkelten Hügel Irlands überragen den tiefblauen Ozean an der Sligo Bay, eines der Lieblingsthemen des Dichters William Butler Yeats (1865–1939). Vereinzelte malerische Gehöfte finden sich an der grünen irischen Küste sowie die allgegenwärtigen Mauern aus Feldstein.

46–47
Die Felder der Farmer reichen am St. John's Point, der Spitze einer 11 Kilometer langen Landzunge der nordirischen Donegalküste, bis an den Ozean. Vor der Halbinsel liegt die Inver Bay, an die sich die größere Donegal Bay anschließt. Sandstrände wechseln mit Felsküste, die an einigen Stellen zu hohen Klippen aufsteigt. Die Küstenbewohner sind Farmer, Fischer oder leben vom Tourismus.

46 unten links
Die verwitterten Felsformationen der Inselgruppe Skellig Rocks liegen vor Irlands Südwestküste und St. Finian's Bay in der Grafschaft Kerry. Seevögel nisten in den Felsspalten, die das Spiel von Licht und Schatten reflektieren.

46 unten rechts
Die Cliffs of Moher in der Grafschaft Clare sind ein Paradebeispiel für Irlands imposante Meeresklippen. Sie erheben sich entlang der Küste im Mittelwesten senkrecht aus dem Meer und bieten einen reizvollen Blick auf die Aran-Inseln.

47 oben
Alte Festungen säumen die Küsten der kahlen Insel Inishmore, der größten der drei Aran-Inseln. Mit Inishmaan und Inishere liegen sie am Eingang der Galway Bay.
Der Filmregisseur Robert Flaherty machte die Fischer dieser Inseln mit seiner Dokumentation »Die Männer von Aran« in den 1920er Jahren unsterblich.

47 unten
Die irische Küste läuft in zerklüfteten Halbinseln und Inseln aus, von denen viele unbewohnt sind. Dieser schöne Küstenabschnitt liegt auf der Halbinsel Dingle.
Man sieht Rough Point am Eingang zur Tralee Bay. Heidekraut, Schlüsselblumen und Glockenblumen überziehen die Klippen, während die Vögel ihr Jagdglück auf den Stränden versuchen.

Außerdem wachsen dort Riedgras, Binsen, Farne und Gräser. 81 Prozent der Fläche Irlands sind Weide- und Ackerland; dabei bilden die Halbinseln der Westküste keine Ausnahme. Besucht man die Region in der Zeit vom späten Frühling bis zum Herbstanfang, staunt man über die wunderbaren Wildblumen, die an den Hängen und Wiesen wachsen, die bis ans mehr reichen; dort entdeckt man Heidekraut, Schlüsselblumen, Glockenblumen, Fingerhut und Fuchsien.

Die Landschaft ist auch bekannt geworden durch die Kinofilme »Ryans Tochter« und »In einem fernen Land«. Smaragdgrüne Wiesen werden von niedrigen Steinmauern eingefasst, die die Landschaft wie ein Patchwork-Muster aus grünen Quadraten erscheinen lassen. Die Zäune reichen bis zur Küste, wo sie abrupt, wie abgeschnitten, an den schroffen Klippen enden, die hoch über den Ozean aufragen.

Und dann der Ozean, der mächtige Wellen mit unglaublicher Wucht gegen die Küste wirft. Die zu den Stränden führenden ausgewaschenen braunen Cañons öffnen sich zu kilometerlangen Sandflächen mit schwarzer Felskulisse. Welle um Welle bricht sich an der Küste, bei Sturm wie an ruhigen Sommertagen – ein unendlicher Rhythmus.

Die Dörfer und die Lebensgewohnheiten der Menschen haben sich in den vergangenen hundert Jahren kaum verändert und die traditionelle irische Architektur mit ihren Reetdächern prägt immer noch das Bild. Die meisten Iren sprechen neben Englisch auch noch ihre gälische Muttersprache. In Westirland gibt es aber nicht nur die urtümliche Landschaft zu bewundern, sondern man kann auch anderes unternehmen. Wandern, Reiten und Radfahren in einer phantastischen Landschaft, Schwimmen im Meer, Kanufahren, Angeln, Tauchen und Surfen sind beliebte Freizeitaktivitäten.

Die imposante Schönheit der Westküste Irlands, seiner Halbinseln und Rias bleibt allen Besuchern der »grünen Insel« noch lange nach ihrer Heimkehr im Gedächtnis.

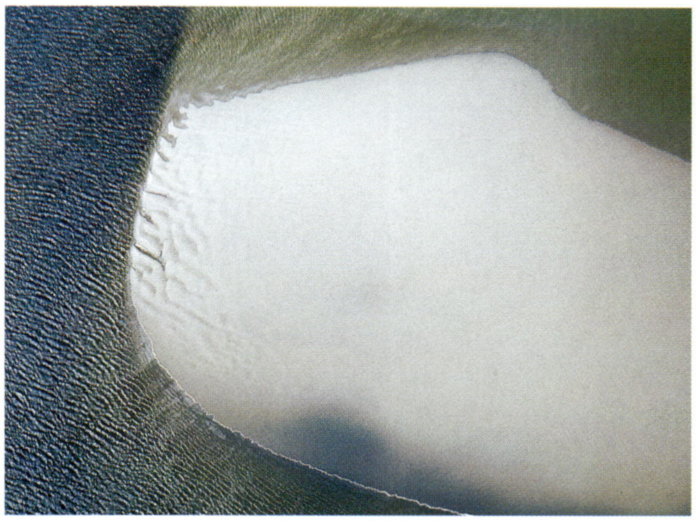

Die Westküste Irlands

48–49
Hier bahnt sich der Gweebarra in der Grafschaft Donegal seinen Weg zum Meer. Wie auch andere irische Flüsse ist er eher eine von Flüssen verbundene Kette von Seen als ein schnell fließendes Gewässer. Bedingt durch die geringe Erhebung des Landes, das kaum 762 Meter Höhe erreicht, fließen die meisten irischen Flüsse auf ihrer kurzen Strecke zum Meer ganz gemächlich dahin.

49
Verschiedene Ansichten des Gweebarra auf seinem Weg zum Ozean im Westen. Alle größeren Flüsse fließen durch die inländischen Kalkebenen, so auch die größten, der Shannon und der Erne. Seine Schönheit hat Irland nicht vor Schicksalsschlägen bewahrt: So erlitt es beispielsweise im Jahre 1849 eine durch die Kartoffelfäule bedingte verheerende Hungersnot. – Die Insel, insbesondere die Westküste, hat zur großen Freude der Touristen, die sie Jahr für Jahr per Auto, Fahrrad oder zu Fuß erkunden, immer noch ihren ländlichen Charme bewahrt.

Ein deutsches Gebirge

Der Schwarzwald

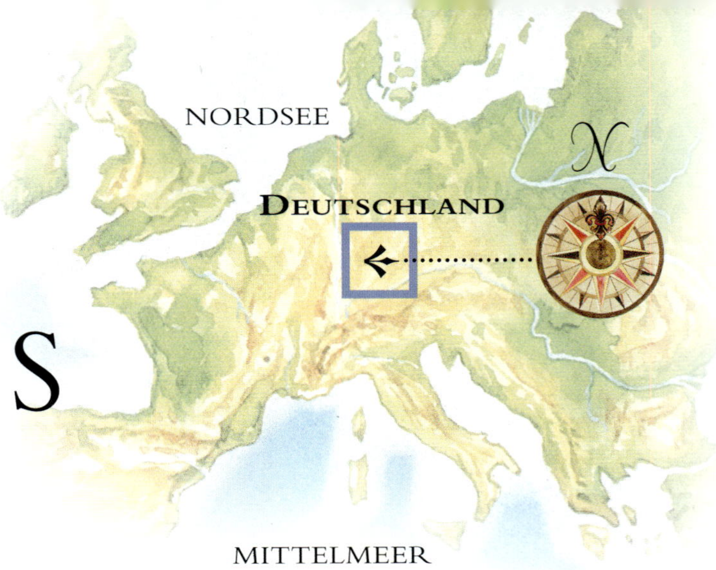

Der Schwarzwald spielte über einige Jahrhunderte eine wichtige Rolle im kulturellen Bewusstsein der Deutschen. Die dicht bewaldete Gegend inspirierte zu Märchen und romantischen Gedichten. Furchteinflößende Geschichten wie die von Hänsel und Gretel spielen in den Tiefen des Schwarzwalds, der seinen Namen übrigens den lichtundurchlässigen Baumkronen verdankt. Die Gegend im Südwesten Deutschlands, nahe der französischen und schweizerischen Grenze, war bis zu Beginn des 20. Jh weithin unzugänglich. Noch heute gibt es viele Häuser im traditionellen Stil mit regionalen Akzenten und selbst die Trachten sind im Stra-

ßenbild keine Seltenheit. Die Schönheit des Schwarzwaldes lässt sich auf reizvollen Wegen leicht erwandern.

Der Schwarzwald bedeckt ein Mittelgebirge aus Granit, Gneis und Buntsandstein mit tiefen, schmalen Tälern und liegt durchschnittlich 760 bis 915 Meter über dem Meeresspiegel. Einzelne Erhebungen erreichen eine Höhe bis zu 1220 Meter. Geologisch gesehen ist die Region schon recht alt: Sie entstand vor 408 bis 360 Millionen Jahren, im Devon, als ein alter Gebirgsgürtel mit einer von Geologen als »herzynische Faltung« bezeichneten Erdbewegung angehoben wurde. Überbleibsel dieses Gebirges finden sich heute noch in der Bretagne, den Vogesen und im Schwarzwald. Die Region ruht auf einem Horst, einer zwischen zwei Verwerfungen stehengebliebenen Hochscholle. (Horste finden sich ferner in Korea und auf der Sinai-Halbinsel.) Im Süden und Westen grenzt das Gebiet an den Rhein, und die Donauquellen entspringen der Schichtstufenlandschaft an der Ostseite.

Im Schwarzwald befinden sich zahlreiche Wintersport- und Kurorte und auch wenn die Berge nicht mit den nahegelegenen Alpen vergleichbar sind, haben sie dennoch ihren eigenen Charme. Ein riesiges Wanderwegenetz durchzieht die Region, das für jeden, vom geübten bis zum Gelegenheitswanderer, etwas zu bieten hat. Die erhabene Landschaft lockt mit wilden Bergbächen, seltsamen Felsformationen und alten riesigen Bäumen.

So feucht und frostig die Wälder im Winter sind, so wunderbar kühl und erfrischend präsentieren sie sich im Hochsommer. Gut erhaltene Wege geleiten den Wanderer entlang stattlicher Tannen und Kiefern, die einen interessanten Kontrast zu den vielen Laubbaumarten bilden. Unvergessliche Ausblicke auf baumbestandene Hügel und Täler in der Ferne vermitteln den Eindruck, als befände man sich in einem schier grenzenlosen Zauberwald. Bäche und Wasserfälle reflektieren das Sonnenlicht auf Bäume und Felsen ringsum. Vögel zwitschern im Geäst, und Eichhörnchen und Mäuse rascheln im Unterholz.

Im Winter stapft man durch tiefen Schnee und hört nicht selten das typische Zischen der vorbeifahrenden Skilangläufer. Die Geräuschkulisse im Winterwald ist anders: Die Töne scheinen sich schneller und stärker fortzusetzen. Auch das Grün der Nadelbäume wirkt dunkler vor dem hellen Schnee. Die zum Teil zugefrorenen Bäche sprühen Wasser über Eis und Felsen, und für einen Sekundenbruchteil verharren die Schneekristalle auf dem trockenen braunen Gras.

Eine der sommers wie winters landschaftlich reizvollsten Routen durch den Schwarzwald ist die Straße von Waldkirch nach Hinterzarten. Dort sieht man die Alpen im Süden und blickt auf westliche Rheintal. Eine andere Strecke, von Baden-Baden im Norden nach Freudenstadt im Süden, führt am Gebirgskamm entlang, von dem sich dem Betrachter ein Blick auf das Rheintal und die fernen Vogesen in Frankreich bietet. Abgerundete Bergkuppen und dichte Bäume schirmen die abgelegenen Dörfer des Hochschwarzwalds im Süden ab. In dieser Region erfreuen sich auch kurze Wanderungen durch die reizvollen Koniferenwälder und malerische Ortschaften großer Beliebtheit. In der allseits von steilen Hängen umgebenen Stadt Triburg kann man Deutschlands größten Wasserfall bestaunen, der in sieben Stufen 161 Meter Höhenunterschied überwindet.

Der Schwarzwald ist eine an Kulturgütern und Naturschönheiten reiche Region, die zu Recht als Wanderparadies gilt. Viele Heilbäder mit Mineral- und Thermalquellen locken Besucher aus der ganzen Welt in den Schwarzwald.

50
Herbstliche Winde verkünden den baldigen Farbwechsel der Bäume auf den herrlichen Weiden und Feldern nahe St. Peter im Hochschwarzwald, eines wahren Paradieses für Wander.

50–51
Bizarre Schneeformationen an den Bäumen des Kandel im Schwarzwald. Die Region im Südwesten Deutschlands wartet mit Postkartenansichten und traumhaften Naturerlebnissen auf, denen sich kein Besucher entziehen kann.

51 unten links
Eine typische Schwarzwaldlandschaft mit altem Mischwald und offenem, blumenübersätem Wiesenland. Das Foto wurde in der Nähe von Baiersbronn im Nordschwarzwald aufgenommen.

51 unten rechts
Ein alpines Wunderland breitet sich vor dem Wanderer im Schwarzwald aus. Die Sonne sendet zwar einige wärmende Strahlen, kommt aber gegen den eisig scharfen Wind nicht an – ein Panoramablick vom Belchen.

JUWEL EUROPAS

DIE ALPEN

Vom Höhenzug aus gesehen breiten sich tiefe, hellgrüne Täler mit verstreuten Dörfern vor dem Betrachter aus. Dunkelgrüne fichtenbewachsene Berge mit steilen, schneebedeckten Gipfeln ragen dahinter auf. Dicht darüberziehende Wolken vermischen sich mit dem unberührten Weiß der Schneekuppen. Die Berggipfel verlieren sich in der Ferne, dabei gehen ihre Farben mehr und mehr in Pastelltöne über. Wasserfälle tauchen zwischen dunklen Bäumen aus dem Berghang auf und bahnen sich ihren Weg zu den Flüssen in der Tiefe. Der Höhenzug ist mit Wildblumen überwachsen, darunter das Dunkelrot der Alpenrosen und Enziane in Braun, Gelb, Blau und Violett – die mächtigen Alpen, eine gewaltige Bergkette, die eindrucksvoll über ganz Europa thront.

Die Alpen zählen zu den bekanntesten und beliebtesten Gebirgen der Welt. Sowohl historisch als auch kulturell haben die Alpen die Weltgeschichte stark beeinflusst. Schon allein wegen der Tatsache, dass sie Europa genau teilen und ein natürliches Hindernis für Handel, aber auch in Kriegszeiten bedeuteten. Sie erstrecken sich in einem Bogen von 1200 Kilometern von Wien im Osten nach Marseilles im Westen und tangieren Frankreich, Deutschland, Österreich, Liechtenstein, Italien, Slowenien und die Schweiz. Als höchstes Gebirge Europas bedecken die Alpen eine Fläche von fast 241.000 Quadratkilometern und bieten Lebensraum für 20 Millionen Menschen. Milchwirtschaft, Wasserkraftwerke und der Abbau von Salz und Eisenerz sind ein Grundpfeiler der dort ansässigen Wirtschaft. Aber auch der Tourismus spielt in den Alpen eine bedeutende Rolle.

Die Alpen, das geologisch beststudierte Gebirge der Welt, entstand, als die Kontinente Afrika und Europa vor etwa

52–53 oben
Dieses imposante Panorama bietet sich vom Finsteraarhorn, dem höchsten Berg im Berner Oberland, und steht beispielhaft für die traumhafte Landschaft der Alpen und ihre unglaublichen Naturwunder.

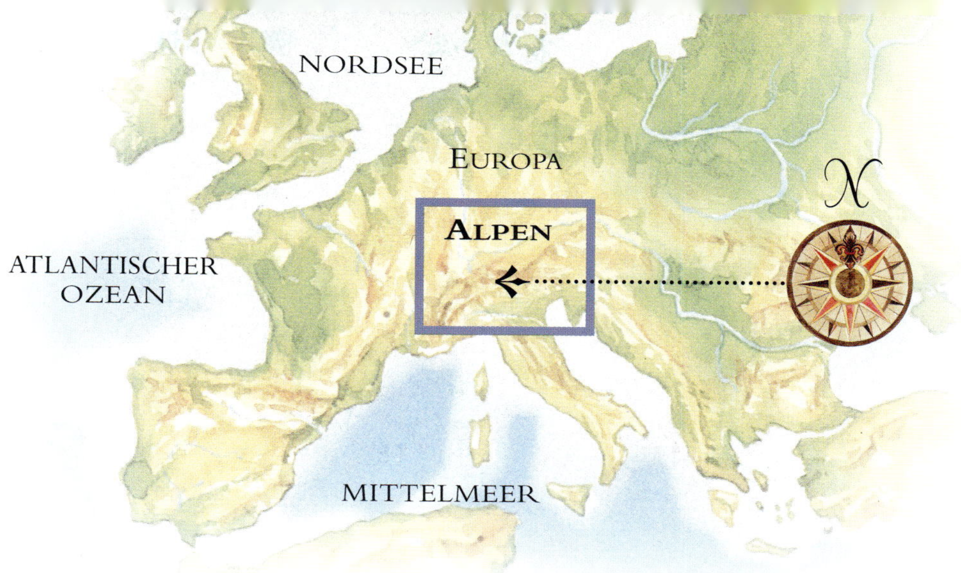

52 unten links
Von der kleinen Stadt Kandersteg im Herzen des Berner Alpenlandes schaut man auf diese atemberaubende Landschaft aus Fels, Schnee und Wald. Über dem Ganzen thront der Doldenhorn mit einer Höhe von über 3627 Metern.

52 unten rechts
An der Grenze zu Bayern und Österreich liegt mit 2963 Metern Deutschlands höchste Erhebung, die Zugspitze. Am Fuße der Nordflanke und 80 Kilometer südwestlich von München liegt Garmisch-Partenkirchen, einer der vielen Wintersportorte als Ausgangspunkt für die Zahnradbahn, die die Besucher bis über die Wolken bringt. Im Sommer gilt es, traumhafte Wanderrouten zu erkunden.

52–53 unten
Bergsteiger erreichen die Aiguille Maudit, eine in das Weiß ewigen Schnees gehüllte Zinne des Montblanc-Massivs. Der unterhalb gelegene Kurort Chamonix ist ein Tummelplatz für alle, die ihre Stärke an diesem Berg messen wollen. Etwa um das Jahr 1850 begannen Engländer, die Enthusiasten unter den Bergsteigern, diese Gipfel zu bezwingen.

54 oben links
Das vom Schnee auf der Nordflanke des Monte Rosa reflektierte zarte Licht steht in scharfem Kontrast zum strahlendblauen Himmel, gegen den sich die unverwechselbare Form des Berges gut abzeichnet. Den Betrachter schwindelt angesichts der Fülle solcher imposanter Gipfel.

54 oben rechts
Der Monte Rosa entfaltet, angestrahlt von der untergehenden Sonne, all seine Pracht. Schneewehen oberhalb der Gletscher scheinen seine schroffen Konturen abzumildern. Die Alpen sind wundervoll, können sich aber dem unvorbereiteten Besucher von einem Augenblick auf den andern von ihrer rauen, unheimlichen Seite zeigen.

54 unten
Die unverkennbare Pyramide des 4478 Meter hohen Matterhorns dominiert das italienische Valle d'Aosta. Die unvergleichliche Schönheit der Licht und Schatten trennenden, zerklüfteten Bergspitzen hat seit jeher Künstler inspiriert. Das Aostatal liegt am Fuße der Walliser Alpen, die den Montblanc im Westen und das Matterhorn und Monte Rosa im Osten umschließen. Die Grajischen Alpen verlaufen mitten durch die Provinz des Landes.

45 Millionen Jahren aufeinanderprallten und dabei ein flaches Urmeer in ein Gebirge verwandelten. Die Ozeankruste dazwischen versank in den Erdmantel und die Adriatische Platte schob sich allmählich über den Rand der Eurasischen Platte, 240 Kilometer tief in Europa hinein. Die Alpen sind ein Teil der Alpiden, dem erdumspannenden Faltengebirgsgürtel, der vom Jura bis Pleistozän aus der Tethys hervorgegangen ist. Dabei wurde das Gebiet der heutigen Alpen gestaucht und verfaltet. Hoher Druck und hohe Temperaturen bewirkten, dass der ansonsten spröde Fels sich bog statt zu brechen. Mehrfache solcher Verfaltungen, die mit großen Deckenbewegungen einhergingen, hoben die Alpen bis zu zehn Kilometer empor. Die Kräfte der Erde bei der Gebirgsbildung schufen Metamorphite, die in der Alpenregion so häufig zu finden sind.

Erdgeschichtlich gesehen sind die Alpen eher jung – und ihre Gebirgsbildung ist noch längst nicht abgeschlossen. Sie heben sich jedes Jahr um etwa einen Millimeter. Allein eine einzelne letzte Hebephase vor etwa drei Millionen Jahren machte die Alpen zum höchsten Gebirge der Welt. Der letzte Akt dieses geologischen Dramas war die Vergletscherung: In den Eiszeiten wurden Täler ausgehobelt, und zurückgelassenes Moränenmaterial staute Flüsse und Seen. Auf diese Weise entstanden auch der Genfer See und der Bodensee.

Erwandert oder erklettert man die Alpen, so passiert man mehrere Vegetationsstufen, von denen jede ihre eigene Schönheit besitzt. Am Fuß der Alpen wechseln Eichen-, Linden-, Ahorn- und Kiefernwälder mit grünen Weiden, Obstgärten und Weinbergen ab. Ab etwa 1500 Höhe Metern wandelt sich das Bild: Großblättrige Laubbäume weichen einem Nadelwald aus Lärchen, Zirbelkiefern und Fichten.

Diese Region ist bis zur Baumgrenze nicht ausschließlich bewaldet, sondern bis auf etwa 1800 Meter auch von Heu-

54–55
Europas zweithöchste Gebirgsgruppe, das Monte-Rosa-Massiv, fängt noch gerade das Glühen des Sonnenuntergangs ein. Das Massiv bildet mit 4634 Metern die höchste Erhebung der Schweiz und umfasst viele Gipfel: Parrotspitze, Punta Gnifetti, Zumsteinspitze, Dufourspitze und Norden. Europas längster Gletscher, der Aletsch, erstreckt sich bis zum Rhônetal.

55 unten
Überblickt man das Monte-Rosa-Massiv, so fügt sich Berg an Berg bis in weite Ferne. Im Vordergrund sieht man die höchstgelegene Schutzhütte Europas, die Capanna Margherita, über 4572 Meter hoch auf der Bergkuppe.

wiesen und Weiden durchzogen. Oberhalb der Baumgrenze prägen knorriges Krummholz, Zwergsträucher sowie offenes alpines Weideland und Gräser das Bild. Die Bergflora hat sich den extremen klimatischen, tundraähnlichen Bedingungen angepasst. Farbenprächtige Blumen wie Akelei, Frauenschuh, Anemone, Edelweiß und Enzian sind im Frühjahr und Sommer eine Augenweide für die Kletterer. Auch die Fauna der Alpen ist hoch interessant. Mit etwas Glück kann man einen Alpen-Steinbock, Gemsen, Murmeltiere oder Schneehühner ausmachen. Daneben sind dort Schneemäuse, Alpendohlen und seltene Schmetterlingsarten heimisch. Die Waldgrenze verläuft in den Alpen recht unterschiedlich, von 1600 Metern in den Schweizer bis zu 2300 Metern in den Zentralalpenen.

Obwohl die Gletscherzungen mitunter bis zur Talsohle reichen, ist der windgepeitschte Bereich in Gipfelnähe die Heimat der Gletscher. Seit dem 20. Jh. hat sich bereits ein Viertel

56–57
Wie ein Sirenenschrei fordert die Freney-Wand des Montblanc die Bergsteiger zur Eroberung auf. Aber selbst die erfahrensten Kletterer müssen sich hüten vor den Launen des Wetters; insbesondere plötzliche Schneestürme können zu jeder Jahreszeit lebensgefährliche Situationen heraufbeschwören.

Die Alpen

der Vergletscherung zurückgebildet. Der Aletschgletscher im Oberwallis und der Gornergletscher nahe Zermatt sind die höchsten in den Alpen.

Die riesige Alpenregion gliedert sich in die Ost- und Westalpen. Zu den Westalpen zählen die Seealpen, die Ligurischen, Cottischen und Grajischen Alpen in Frankreich und Italien sowie die Berner, Glarner und Walliser Alpen in der Schweiz. Die Westalpen sind durchschnittlich 1000 Meter höher als die Ostalpen, die sich in Bayerische Alpen, Allgäuer Alpen, Hohe und Niedere Tauern in Deutschland, Liechtenstein und Österreich unterteilen sowie in Dolomiten und Karnische Alpen in Italien und Österreich.

Die französischen Alpen, insbesondere die von der runden Kuppe des Montblanc beherrschte Montblanc-Gruppe, sind berühmt für ihre Abfahrtshänge. Der in den oberen Regionen mit einem bis zu 22 Meter dicken Eispanzer überzogene Montblanc auf der französischen und italienischen Grenze ist mit 4808 Metern die höchste Erhebung Europas. Das schmale Tal zwischen dem Montblanc und Chamonix wird beidseitig von spitz in den Himmel ragenden Zinnen flankiert – eine außerordentliche Herausforderung für Bergsteiger.

Gegen Ende des 18. Jh., als die Menschen sich erstmals in die bis dahin unzugänglichen Alpenregionen vorwagten, setzte eine Zeit intensiver Erforschung, Kartografierung und sportlicher Herausforderung am Montblanc ein. Die Erstbesteigung des »Königs der Berge« gelang Horace de Saussure im Jahre 1786. Die Bergspitze besteht aus zerklüfteten braunen Felsen, die sich in Gipfelhöhe in weißen Schnee hüllen. Von den tiefer gelegenen Pfaden scheint sich eine endlose Gipfelparade bis in die weite Ferne zu ziehen. Der Aiguille Vert ist ein imposanter Gipfel, unter dem sich der Gletscher mit dem treffenden Namen »Mer de Glas« (Eismeer) erstreckt. Dahinter erkennt man den Aiguille du Midi mit seinen Doppelzinnen, die scharfe Spitze des Mont Maudit und den schneebedeckten Kamm des Montblanc.

Das Rhônetal verläuft in östlicher Richtung vom Montblanc durch die westlichen Alpen der Schweiz, die hier Walliser Alpen heißen. Es umschließt den Pfynwald mit seinen knorrigen Kiefern, Wacholder, Christusdorn und anderen Sträuchern.

Das Rhônetal zieht sich in einem breiten Graben durch das Gebirge. Nebentäler der Rhône führen zu fast 4000 Meter hohen Bergen. Nahe Zermatt ragt die unverkennbare Pyramidensilhouette des Matterhorns gen Himmel. Dieser Berg galt zunächst, wegen seiner glatten oberen Abhänge, die über die unteren vorzuragen scheinen, als unbezwingbar. Aber 1865 gelang Sir Edward Whymper endlich die Erstbesteigung. Die

56 unten links
Die Brenva-Wand des Montblanc. Oberhalb von 2440 Meter hüllt sich der Berg in ewigen Schnee, unterhalb liegen mehrere große Gletscher, die sich zum berühmten Mer de Glas vereinen.

56 unten rechts
Das schneegekrönte Grandes-Jourasses-Massiv des Montblanc von dem Dorf Courmayeur aus gesehen. Unterhalb der Schneegrenze erstrecken sich Wiesen – übersät mit winzigen Alpenpflanzen, -kräutern und Wildblumen. Eine Wohltat für die Sinne.

57 oben links
Der Dente del Gigante oder »Riesenzahn« ragt hoch über die zerklüfteten Kämme des Aostatals in Italien. Das fantastische Spiel von Farben und Licht verwandelt die Alpen in ein einzigartiges Naturschauspiel.

57 oben rechts
In Frankreich zeigen die massigen Blöcke der Grandes Jorasses das beeindruckende Werk der Natur in einem dramatischen Licht. Die Alpen sind auch für das Wetter in Europa verantwortlich: Sie bestimmen weitgehend den Verlauf der Niederschläge.

57 unten
Die italienische Seite des Montblanc ist weit steiler und bedrohlicher als die französische. Als höchster Berg der Alpen verkörpert er insbesondere durch seine markante unbewegliche Masse die außergewöhnliche Kraft und Erhabenheit der Natur.

58 oben rechts
Die Brenta-Dolomiten sind wegen ihrer bizarr zu Türmchen und Minaretten erodierten Kalksteinzinnen berühmt. Schnee und Eis haften auf unterschiedlichen Höhen in den Felsspalten, ein faszinierendes Schauspiel von Licht, Formen und Felsfarben.

58 Mitte links
Blick auf den Cima della Tosa, ein zur Brentagruppe gehörender Gipfel. Die Brentagipfel, durch ein Tal von den übrigen Dolomiten getrennt, gelten als die spektakulärsten der Dolomitenkette. Von Juni bis September ist die Region bei Wanderern sehr beliebt.

unbeschreibliche Majestät dieses Berges, an dessen Hängen man den Gornergletscher findet, ist kaum in Worte zu fassen. Er scheint aus einem einzigen Block gemeißelt zu sein, seine Proportionen sind geradezu perfekt.

Südlich des Matterhorns ragt das imposante Monte-Rosa-Massiv mit seinen faszinierenden Lichtreflektionen bei Sonnenauf- und -untergang über dem Aostatal auf. Die zerklüftete Flanke wird von Schneewehen geglättet. Europas zweithöchsten, 4634 Meter hohen Berg krönen mehrere Türmchen: Parrotspitze, Punta Gnifetti, Zumsteinspitze, Dufourspitze und Norden. Europas längste Eiszunge, der Aletschgletscher, erstreckt sich vom Monte Rosa zum Rhônetal. Der Berg ist bei Bergsteigern sehr beliebt, und wie an anderen Alpengipfeln stehen Schutzhütten für die wagemutigsten unter ihnen bereit. Das Besondere am Monte Rosa ist die höchste Schutzhütte Europas, die Capanna Margherita auf dem Felsvorsprung der Parrotspitze in über 4572 Metern Höhe.

Die Berner Alpen, im Herzen des Schweizer Oberlands gelegen, beherrschen drei der weltweit berühmtesten Gipfel: Eiger, Mönch und Jungfrau. Die steilen Wände dieser Berge bestehen aus durch Kristallschiefer gegen Erosion geschütztem Gebirgskalkstein. Die Gipfelbesteigung der Jungfrau gelang erstmalig 1811, als die große Zeit des alpinen Bergsteigens ihren Anfang nahm. Schon im frühen 19. Jh. setzte der Fremdenverkehr ein. Auch durch die zunehmende Verbreitung von Reiseliteratur kam die Tourismusindustrie allmählich ins Rollen.

Die schweizerischen Ostalpen, die Glarus- und Thur-, Adula- und Silvrettagruppen sind zwar nicht so hoch wie die Oberland- oder Wallisgruppe, aber ebenso beeindruckend. Das breite Rheintal verläuft durch diese Region, von der Schweiz nach Liechtenstein, Österreich und nach Deutschland im Norden. Kurioserweise ist der Rhein der einzige größere mitteleuropäische Fluss, der in den Alpen entspringt. Zu den anderen Flüssen, deren Quellen in den Alpen liegen, zählen Rhône, Inn, Salzach, Mur, Drava und Po.

Die österreichischen Alpen bieten sommers wie winters ein schier überwältigendes Bild. Sie glänzen prachtvoll in der Sommersonne und glitzern weiß, wenn der Schnee die Häupter der Gipfel krönt.

Die Region verfügt über ein ausgedehntes und ausgeklügeltes Netz an Wanderwegen mit zahlreichen Hütten. Der österreichische Alpenverein unterhält über 1100 dieser Hütten, in denen man übernachten, selbst kochen und gelegentlich auch warme Mahlzeiten erhalten kann. Die Gegend ist vor allem um Innsbruck und Kitzbühel in Tirol ein wahres Skisportparadies, einige Gletscher sind sogar ganzjährig befahrbar. Der Großglockner ist mit 3797 Metern die höchste Erhebung in Südösterreich, dort erstreckt sich auch der eindrucksvolle Pasterzegletscher.

58 unten links
In den Dolomiten trifft man auf Schneeverwehungen, deren Struktur an eine Wüste erinnert. Von einem Gipfel genießt man den Ausblick auf ein friedliches Mosaik sonnengesprenkelter grüner Täler und Felder.

58–59
Die eindringliche Schönheit der Dolomiten zeigt diese Ansicht besonders deutlich. Diese Bergkette gehört zu den italienischen Ostalpen. Die Brenta-Gipfel teilen genau östlich von Trent vier Täler im Trentino-Gebiet des nordöstlichen Italiens ab.

59 unten links
Die gigantischen Dolomiten bilden eine lange Bergkette, die nach Nordosten weist, zum österreichischen Tirol. Wasser sammelt sich in den Spalten der Felsen, gefriert und sprengt die Felsblöcke entzwei. Von diesen Kräften der Natur sind Bergsteiger immer wieder aufs Neue fasziniert.

59 unten rechts
Morgens und abends taucht das Tageslicht die Dolomiten in fantastische Farben. Die erstaunliche Topographie dieses Gebirges ist weniger bekannt als die der schweizerischen, österreichischen und deutschen Alpen, was vor allem darauf zurückzuführen ist, dass es nicht so leicht mit öffentlichen Verkehrsmitteln zu erreichen ist.

60–61
Die Catinaccio-Gruppe des Gebirges, speziell der Torri del Vajolet, ragt 3004 Meter hoch über den Meeresspiegel. Diese Berge liegen etwa 16 Kilometer östlich von Bozen, Hauptstadt der gleichnamigen Provinz.

60 unten links
Die wilden und unbewohnten Ausläufer des Pale di San Martino sind von der Stadt San Martino di Castrozza aus zu sehen. Anhaltspunkte im Gestein zeugen von der geologischen Geschichte der Region.

60 unten rechts
Die Piz-Boè-Berggruppe, vom Pordoi-Pass aus gesehen, mutet wie eine märchenhafte Erscheinung an. Jeder Abschnitt der Dolomitenkette ist unverwechselbar und bezaubert durch außergewöhnliche Schönheit.

61 oben links
Die Flanke des Pelmo im Cadore-Gebiet erscheint wie eine leere Leinwand, die darauf wartet, dass die Sonne bezaubernde Farbkompositionen darauf tupft.

61 oben rechts
Im nordöstlichen Südtirol liegt das Badiatal. Hier sieht man den Rand der Dolomiten entlang des Badia, der von Süden nordwärts fließt.

Die reich bewaldeten Dolomiten, ein Teil der südlichen Kalkalpen, zwischen Pustertal, Etsch, Val Suguna und Piave gelegen, sind gegliedert in die Grödner, Fassaner, Ampezzaner und Sextener Dolomiten. Sie bieten mit ihren kalkigen Spitzen einen faszinierenden Anblick. Die Dolomiten werden von einem kompakten Talnetz in zahlreiche über 3000 Meter hohe Gebirgsstöcke geteilt, die sich über einem Sockel aus kristallinem Schiefer, Sandstein und Tuff erheben; dabei wirken sie wie schlanke Türme und Zinnen. In einigen Abschnitten der Gruppe ragen die erstaunlichen Spitzen raketengleich aus den Kieferwäldern und Feldern empor. Ihr weißes Gestein wird durch die grünen Hügelregionen unterhalb stark betont. Die meisten bestehen aus Dolomit, einem Sedimentgestein, das aus Kalkstein entstanden ist und in den Kalkalpen gebirgsbildend ist. Es verleiht den Zinnen und Türmen ein ungewöhnliches Farbenspiel bei wechselnden Lichtverhältnissen. In der Mittagssonne glitzert der Fels blendend hell, bei Sonnenuntergang changieren die durch die Atmosphäre gefilterten Strahlen von gelb über orange zu tiefrot. Die Spitzen zeigen mannigfaltige fantastische Gestalten und sehen einmal wie Kirchturmspitzen und dann wie Pyramiden aus.

61 unten
Von der Ortschaft San Martino di Castrozza auf der Ostseite der Dolomiten schaut man zum Pale di San Martino hinauf. Bei Sonnenauf- und -untergang scheinen die Dolomiten wie von innen beleuchtet, wenn das Licht auf dem Kalkstein ein Feuerwerk an Farben zaubert.

Die berühmte Berggruppe und auch die Gesteinsart verdanken ihren Namen dem französischen Geologen Gratet de Dolomieu (1750–1801). Der höchste Gipfel mit 3342 Metern trägt den Namen Marmolada. In den geschützten Tälern, die sich zu den oberitalienischen Seen öffnen, gedeiht eine subtropische Vegetation in direktem Kontrast zu den schneebedeckten Bergen in der Ferne. Die Hauptorte in den Dolomiten sind Cortina d'Ampezzo, San Martino di Castrozza, St. Ulrich und Canazei.

Die Alpen sind in jeder Hinsicht ein imposantes, atemberaubendes Schmuckstück des europäischen Kontinents. Sie sind nicht nur landschaftlich eine der reizvollsten Regionen der Welt, sondern auch kulturell von großer Bedeutung.

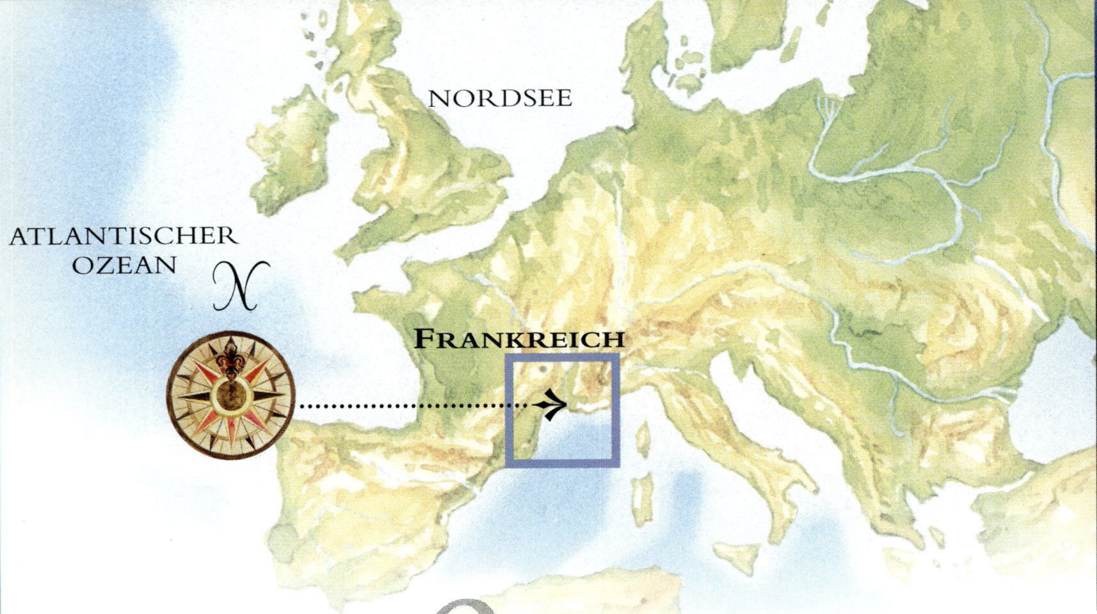

SONNENLAND DER FARBEN

FRANKREICHS MITTELMEERKÜSTE

Seevögel kreisen mit ihren typischen Rufen am Himmel, während sich die Sonnenanbeter vom rhythmischen Plätschern der Wellen in den Schlaf wiegen lassen. Der Geruch von Salzwasser liegt in der Luft, die Sonne hüllt alles in ihre warmen Strahlen und seltene Blumen verströmen ihren herrlichen Duft. Die Horizontlinie des Meeres und der azurblaue Himmel, der viele Maler inspirierte, scheinen in einer perfekten Harmonie zu verschmelzen. Die französische Mittelmeerküste erstreckt sich von Italien im Osten in einer langgezogenen Halbmondform nach Spanien im Westen und ist mit ihren herrlichen Sandstränden das ganze Jahr über reizvoll.

Ein Teil dieser großartigen Küste ist der als Riviera bekannte schmale Küstenstreifen entlang des Mittelmeers, von Hyères in Frankreich bis nach La Spezia in Italien. Die Alpen schützen die Riviera vor kalten Winden und sorgen so für ein ganzjährig mildes Klima, in dem tropische Früchte wie Granatäpfel, Bananen und Datteln sowie herrliche Palmenarten gedeihen. Viele Sonnentage im Jahresdurchschnitt bieten gute Wachstumsbedingungen und ein ideales unvergleichliches Licht, das schon Maler wie van Gogh und Monet fesselte. Die Ausblicke auf das Meer sind hinreißend, überall blendend weiße Sandstrände, und das Klima ist ideal für eine ausgiebige Erholung. Um die Riviera aber genau kennen zu lernen, sollte man die Touristenzentren hinter sich lassen. An einigen Stellen an der Steilküste sieht man Ortschaften bedrohlich nahe am Rand der Klippen. Von den umgebenden Hügeln kann man atemberaubende Aussichten auf Land und Wasser genießen. Bei Wanderungen oberhalb der Uferebene zeigt sich die wahre Schönheit und Farbenpracht der Region.

Vor der Küste der französischen Stadt Hyères liegen drei Inseln, die noch ein unverwechselbar typisches Mittelmeerambiente mit spärlicher Bevölkerung und dichten Waldgebieten verkörpern. Diese Inseln wurden von den Franzosen »goldene Inseln« getauft, vermutlich wegen des Glimmerschiefers der südlichen Klippen, aber nicht zuletzt, weil hier die Natur der französischen Mittelmeerküste richtig zur Entfaltung kommt. Die kleinste der Inseln, die Ile du Levant ist größtenteils Militärgelände. Die wilde Landschaft der drei Inseln ist seit den 1960er Jahren Naturschutzgebiet. Die lieblichen Sandstrände der größten, gerade 6,4 Kilometer langen und 3,2 Kilometer breiten Insel Porquerolles stehen im krassen Gegensatz zur üppigen, duftenden Inlandvegetation aus Pinien, Eukalyptus, Lavendel, Heidekraut und Rosmarin. Zugvögel machen hier in jedem Frühjahr Rast auf ihrer Reise nach Afrika. Auch im Meer vor der Inselgruppe herrscht reges Leben, Fischfang mit Harpunen ist dort untersagt. Port Cros, die zweitgrößte hügelige Insel, ist Frankreichs kleinster Nationalpark. Fußwege führen in die Wälder und an den Buchten entlang und ein Unterwasserpfad stellt eine Attraktion für Taucher dar. Ein lohnender Spaziergang führt durch das treffend benannte Vallon de la Solitude (»kleines Tal der Einsamkeit«) im Zentrum der Insel.

62 oben
Port Cros, die zweitgrößte der drei Porquerolles-Inseln, ist ausschließlich Naturreservat und der kleinste Nationalpark Frankreichs.

62 unten
Capo Rosso liegt an der zerklüfteten Westküste Korsikas in der Nähe der Stadt Piana.

62–63
Zwischen Frejus und St. Raphael im Westen und Cannes im Osten erhebt sich das Esterel-Gebirge entlang der französischen Cote d'Azur. Herrliche Aussichten zwischen den roten Felsen auf das Meer bieten sich den Autofahrern. Auch Wanderer genießen unvergleichliche Panoramablicke – wie hier vom Pic du Cap Roux.

63 unten rechts
Das Esterel-Gebirge lockt mit herrlichen Rundblicke auf Meer und Land. Überall liegt der betörende Duft von Pinien und Blumen in der Luft. Die leuchtend roten Felsen kontrastieren mit dem dunklen Türkis des Ozeans.

63 unten
Die Hauptinsel Porquerolles vor der französischen Küste beheimatet eine reiche Vegetation mit Eukalyptus, Lavendel und anderen mediterranen Pflanzen. Sie ist mit 6,4 Kilometern Länge und 3,2 Kilometern Breite die größte der drei Iles d'Or, der »goldenen Inseln«.

64–65
Das flache sumpfige Land der Camargue beheimatet eine Vielzahl von Zugvögeln, vornehmlich Wasservögel. Das seichte Wasser reflektiert das Tageslicht auf wundersame Weise. Die Sonnenuntergänge sind in diesem meernahen Sumpfland besonders spektakulär.

64 unten links
Jedes Jahr ziehen Abertausende wunderschöne Flamingos von Afrika herüber zu den Sümpfen der Camargue. Das Gebiet umfasst den Regionalpark mit Naturschutzgebiet, landwirtschaftlich genutzten Feldern, aber auch ein industrielles Zentrum, in dem Meersalz gewonnen wird.

64 unten rechts
Die Camargue unterscheidet sich deutlich von der umgebenden Küste, ein Land, in dem Stiere von Seegras leben und Seite an Seite mit den typischen Camargue-Pferden gezüchtet werden. Diese Tierherden werden von »Gardians«, wie die Cowboys hier heißen, gehütet.

65 oben links
Entlang der französischen Küste nahe Marseille liegen die Calanques, fjordartige, von Felswänden vulkanischen Ursprungs malerisch umrahmte Meeresarme, von denen manche nur mit dem Boot erreichbar sind. Das von den Klippen zurückgeworfene Echo der tosenden Brandung an abgelegenen Sandstränden schafft eine paradiesische Atmosphäre.

Weiter westlich in Richtung Marseilles bietet sich von der mit 396 Metern höchsten Steilküste Europas am Cap Canaille eine unvergleichliche Aussicht auf die labyrinthartige Küstenlinie der Calanques und die ihr vorgelagerten Inseln. Die Calanques mit ihren Felsflanken aus Vulkangestein sind in das Land eingeschnittene von der Küstenlinie oberhalb nicht zugängliche Meeresarme. Sie entstanden im Laufe der Überflutung enger Flusstäler gegen Ende der letzten Eiszeit. Teilweise können ihre Strände nur mit dem Boot erreicht werden. Ihre bizarren, sonnenüberfluteten Felsen und die tosende Brandung bilden kleine Paradiese für alle, die die Düfte, Flora und Fauna des Meeres mit allen Sinnen genießen. Die imposanten kreideweißen, nadelförmigen Felsklippen erheben sich steil aus dem Meer und können auf Fußpfaden entlang der Gratlinie erkundet werden. Kenner der französischen Küste wissen das einmalige Paradies zu schätzen, das die Natur in dieser Region durch ideale klimatische und geologische Bedingungen geschaffen hat.

Westlich von Marseilles liegt die breite, kreisförmige Bucht der Camargue. Ihr flaches Umland wird von der Rhônemündung begrenzt. Bauern haben das sumpfige Mündungsland vor Jahrhunderten trockengelegt und in Acker- und Weideland verwandelt. Heute schützt ein 830 Quadratkilometer umfassender französischer Regionalpark dieses Gebiet. Die seichten Lagunen und Seen beheimaten Flamingos und verschiedene Reiherarten und sind damit eine beliebte Anlaufstelle für Ornithologen. Aber man kennt die Camargue vor allem wegen ihrer schwarzen Stiere und ihrer schneeweißen Pferde. Die Gegend birgt eine Fülle an Wildtieren. Dachse, Wildschweine, Baumfrösche, Wasserschlangen und Teichschildkröten sind dort heimisch. Bis zu 5 Meter hohe Wacholderbäume säumen die Wiesen. Die von Sümpfen umgebenen Inseln stehen unter Naturschutz und sind gesperrt.

Sonne, Sandstrände, das Azur des Südens und eine herrliche Brandung machen den unverwechselbaren Zauber der französischen Mittelmeerküste aus. Darüber erheben sich imposante Berge und Klippen.

65 oben rechts
Die Calanques liegen zwischen Marseilles und Cassis und gehören zu den faszinierendsten Sehenswürdigkeiten der Welt. Das sanfte Schaukeln eines Boots auf dem warmen Wasser garantiert einen erholsamen Nachmittag.

65 unten
Der lange Strandstreifen des von den Nebenflüssen des Herault gespeisten Bassin de Thau am Golfe du Lion, zwischen der Stadt Sete und dem Cap d'Agde westlich der Camargue. Der Golf erstreckt sich über einen seichten Abschnitt des Festlandsockels und ist hier auf einer Breite von 64 bis 80 Kilometern selten tiefer als 15 Meter.

Frankreichs Mittelmeerküste

66–67
Teile Korsikas gleichen Inselparadiesen im Südpazifik oder der Karibik. Das ruhige Wasser und die warmen Temperaturen beispielsweise am Strand vor der Wüste der Agriates, die eigentlich keine Wüste, sondern verlassenes Ackerland ist, eignen sich perfekt zum Schwimmen, Bootfahren und für andere Wassersportaktivitäten.

66 unten links
Das Wasser der Bucht von Ste. Jolie an der Westküste Korsikas scheint im Sonnenlicht zu glühen.

66 unten rechts
Bonifacio liegt an der südlichsten Spitze der Insel, nur 14 Kilometer von Sardinien entfernt. Die viertgrößte Mittelmeerinsel lockt mit azurblauen Bergen, grünen welligen Hügeln, markanten roten Klippen und weißen Sandstränden.

DIE SCHÖNSTE DER INSELN

KORSIKA

Hohe Klippen aus Sedimentgestein türmen sich über den Schwimmern auf, die das warme Ozeanwasser genießen. Heidekraut und Feigenkakteen säumen die Sandstrände, leichte Brisen rascheln in den Zwergeichen und Segelboote kreuzen auf dem weiten blauen Wasser. Korsika, der Geburtsort Napoleons, ist ein Land mit alten Festungsanlagen, bizarren Felsformationen, farbenfrohen Fischerdörfern und Urlaubsorten vor der Kulisse grüner Weinberge – kurz eine Perle im Ozean.

Die Griechen nannten sie »kalliste« – »Schönste«. Korsika umfasst als größte Insel vor Frankreichs Küste mit 8680 Quadratkilometern abwechslungsreiche Landschaften. Die Insel liegt südlich von Frankreich und erstreckt sich parallel zur Westküste Italiens. Im Süden ist sie von Sardinien durch die schmale, 14 Kilometer breite Straße von Bonifacio getrennt. Zerklüftete Berge zeichnen sich oberhalb der Küstenhügel ab, an deren Hänge sich Städte und Häuser anzuschmiegen scheinen. Nahe der Buchten mit ihrem kristallklaren Wasser gedeihen Teppiche würzig duftender Macchia. Die felsige Westküste Korsikas ist von zahlreichen Lagunen und Häfen durchsetzt, während die Ostküste zur flachen Küstenebene von Aleria hin abfällt, wo seltene Wasservogelarten in den Sümpfen heimisch sind. Kleinere Flüsse eilen vom gebirgigen Inselzentrum herab, das mit Eichen-, Kastanien- und Korkeichenwäldern bedeckt ist. Die größten Flüsse der Insel sind der Golo und der Travignano. Von Korsikas höchster Erhebung, dem 2710 Meter hohen Monte Cinto, hat man einen herrlichen Rundblick auf die ganze Insel. Das Inland ist wild und felsig, mit schmalen, fruchtbaren Tälern, die teils von mediterranen Strächern überwuchert sind. Das milde Klima und der fruchtbare Boden lassen einige Feldfrüchte wachsen, auch Weinanbau wird betrieben.

In erster Linie ist es jedoch die 442 Kilometer lange Küste mit ihrem türkisfarbenen Wasser, die Urlauber anlockt. Obwohl die Küste größtenteils hoch und zerklüftet ist und kaum natürliche Häfen aufweist, finden sich überall Strände und Erholungsgebiete. Die Korsen leben somit nicht nur vom Fischfang – vor allem Hummer und Sardellen –, sondern auch vom Tourismus. Die Ostküste schließt die herrliche Costa Verde ein, von der aus man an klaren Tagen das italienische Festland sieht. Im Inland sind zahlreiche schöne Wasserfälle zu bewundern. Die Eukalyptusbäume verströmen ihren Duft und blenden die Wanderer mit ihren gleißend silbrigen Blättern. Die Nordwestküste nahe Calvi ist erfüllt vom warmen aromatischen Duft von Sträuchern und Seegras. Die mit Oliven-, Zitronen-, Orangen- und Feigen-

67 oben
Hoch aufragende rote Felsen und abgelegene Höhlen sind die besonderen Glanzpunkte des Scandola-Naturschutzgebiets auf Korsika. Das angenehme Klima, die bizarre Landschaft und urtümliche mediterrane Dörfer ziehen viele Besucher an.

67 unten
Dieses Luftbild vom Westen Korsikas zeigt das seichte Wasser und die felsige Küste, die der Insel nur wenige natürliche Häfen beschert. Trotz dieser Tatsache ist Korsika beliebte Anlaufstelle für Wassersportler.

69
Die felsigen Lavezzi-Inseln und -Halbinseln werden von Sonnenanbetern und Tauchern gleichermaßen gern besucht. Ihr karges lebloses Aussehen macht die dichte Vegetation im hügeligen Landesinneren mehr als wett.

68 oben links
Die felsige, von den Wellen des Mittelmeers umspülte Küste der Lavezzi-Inseln. Sie sind das Pendant zur Ostküste Korsikas, die sumpfig und flach zum Ozean hin abfällt.

68 oben rechts
Bonifacio, hoch oben auf einer Kalksteinklipper, mutet wie eine Stadt aus dem Märchen an. Von hier blickt man hinaus auf die Meerenge von Bonifacio.

68 Mitte
Der Golf de Santa Giulia an Korsikas Westküste hebt die hügelige, 440 Kilometer lange Küstenlinie hervor. Das wilde Hochland im Inland ist felsig.

68 unten
Die vielschichtigen Sedimentablagerungen prägen die Klippen nahe Bonifacio. Auf 8679 Quadratkilometern wachsen vorwiegend Macchia-Sträucher.

bäumen bedeckten Hügel des Balagne-Tals gelten als der »Garten Korsikas«.

Die spektakuläre Küste umfasst die roten Granitfelsformationen der Calanche nahe Piana, von denen Guy de Maupassant gesagt hat, dass sie wie skurrile Menschen aus einem Märchen aussehen, die von einer übernatürlichen Macht versteinert wurden. Heute stehen diese Wunder zusammen mit Wildfauna und -flora, den Höhlen und der felsigen Halbinsel unter dem Schutz des Scandola-Naturschutzgebiets. Es wurde 1975 eingerichtet und ist Teil des korsischen Nationalparknetzes. Auf der gesamten Insel leben geschützte Wildziegen, Wildschweine, Füchse, Wiesel und Wildkatzen. Auch die Vogelwelt steht unter Schutz, insbesondere die großen Bart- oder Lämmergeier (mit einer Flügelspannweite von bis zu 2,74 Metern) und die seltenen, dort brütenden Stein-, See- und Fischadler. Diese Parks dienen nicht nur der Hege und Pflege der Fauna und Flora, sondern auch der Unterwasserwelt. Eine Fülle an seltenen Meerespflanzen-, Korallen- und Fischarten sind vor der Küste zu finden.

Im Süden ist die Stadt Bonifacio dem offenen Meer und seinen heftigen Winden ausgesetzt, die sich in der Meerenge bündeln. Die Stadt scheint sich am Rande der Klippen aus Sedimentgestein festzuklammern. Einst brachten Esel die notwendigen Waren über eine noch heute genutzte gewundene Straße in die Oberstadt.

Südlich von Bonifacio liegen die Lavezzi-Inseln und Cavallo, mitten zwischen gefährlichen Riffen und Felsen, die das Schicksal so mancher Schiffe besiegelt haben. Die Inseln selbst präsentieren sich als ein wahres Labyrinth aus Felsen. Sie bilden einen idealen Ausgangspunkt für Wassersportfans und Ankerplätze für Segelboote, die sich wie Schneeflocken auf dem Dunkeltürkis des Wassers abheben.

Dies also ist »kalliste«, von den alten Griechen ob ihrer Schönheit gerühmt, eine grüne Oase inmitten der sandfarbenen Mittelmeerinseln.

70–71
Eine kleine Inselgruppe vor der Nordküste Sardiniens, der Maddalena-Archipel, ist berühmt für sein kristallklares Wasser und seine markanten Felsküsten. Caprera, eine der Inseln, war Geburtsort und letzte Heimat des italienischen Freiheitskämpfers Guiseppe Garibaldi, der als General in den Jahren um 1860 zur Einheit der italienischen Nation beitrug.

70 unten links
Hier die typische niedrige Vegetation der sardischen Küste. Der Blick fällt auf die Insel Budelli.

70 unten rechts
Dieser Blick auf die seichten Gewässer im Norden Sardiniens zeigt die schmalen Wasserstraßen zwischen den Felsen und kleinen Inseln des Maddalena-Archipels.

Der Geruch von salziger Luft und duftendem Grün vermischt sich mit den sanften Klängen der Wellen zu einem sinnlichen Erlebnis besonderer Art.

UMKÄMPFTE PERLE

SARDINIEN

Das Wasser vor Sardiniens Küste ist unbeschreiblich – so klar, rein und unglaublich türkisblau. Wandert man am Strand entlang oder schwimmt im azurblauen Wasser, fühlt man sich in eine andere Welt versetzt, und dennoch ist Sardinien eine Wirklichkeit voller Wunder: ein großes Eiland mit einer traumhaften Küste, die immer wieder aufs Neue fasziniert.

Die facettenreiche Insel liegt 14 Kilometer südlich von Korsika vor der Westküste Italiens. Mit 265 Kilometern Länge, 120 Kilometern Breite und einer Gesamtfläche von 24.090 Quadratkilometern ist sie die zweitgrößte Mittelmeerinsel. Im Laufe seiner langen Geschichte war Sardinien immer wieder Zankapfel der verschiedensten Nationen. Die bereits 100.000 v. Chr. besiedelte Insel wurde von den Phöniziern beansprucht, gefolgt von Karthagern, Römern, Wandalen und Byzantinern. Ihnen folgten Sarazenen, Pisaner, Genuesen, Spanier, Österreicher und zuletzt die Italiener.

Die Insel zog seit jeher die Menschen in ihren Bann. Mehr als 1600 Kilometer Küstenlinie mit schier endlosen, makellos weißen Sandstränden sind ihr ganzer Stolz. Das warme, glasklare Wasser bietet sich für Erholung und sportliche Betätigung geradezu an – ein Inselparadies unter azurblauem Himmel.

Da die Küstenregionen Sardiniens bislang größtenteils von der Urbanisierung verschont blieben, sind kilometerlange einsame Strände, nur hier und da von Klippen unterbrochen, auch heute keine Seltenheit. Der Süden Sardiniens präsentiert sich mit Stränden, Hügelland und Salzlagunen, die eine Vielzahl von Vögeln anlocken, darunter auch Flamingos. Die Costa Verde, die grüne Südwestküste der Insel, verdankt ihren Namen dem saftigen Grün der Erdbeerbäume und Mastixsträucher. Die Vegetation reicht bis an den Strand und bietet Lebensraum für Rotwild und anderes Wildtiere. Zahlreiche archäologische Grabungen haben auf Sardinien Fundstücke zu tage gebracht, die auf den seit Jahrtausenden auf der Insel betriebenen Bergbau verweisen, der schon aus römischer Zeit bekannt ist und erst mit der Schließung der letzten Minen im Jahre 1960 ein Ende nahm.

Bei der Stadt Piscinas beginnt ein besonders faszinierender, etwa acht Kilometer langer Küstenstrich: Die 12 Quadratkilometer große Fläche ist mit Dünen aus tief goldgelbem Sand überzogen und wird deshalb auch als »Italienische Sahara« bezeichnet.

71 oben
Blumenpracht auf den Sanddünen der vielbesuchten Nordküste Sardiniens, die den Namen Costa Smeralda, »Smaragdküste« trägt.

71 unten
Der rosafarbene Strand von Budelli im Archipel der Insel Maddalena litt lange Zeit unter Vandalismus: Der einzigartige rosa Sand wurde von Touristen geradezu sackweise mitgenommen. Erst vor kurzem machte die italienische Regierung diesem Treiben ein Ende, indem sie die Küste zum Naturschutzgebiet erklärte.

72 oben
Diese Felsen im Golf von Nebida zeigen eine kargere, eher unfreundliche Seite der sardischen Küste.

72 unten
Der Maddalena-Archipel besteht aus Felseninseln, die auf Tagesausflügen mit dem Boot erkundet werden können.

72–73
Eine Nahansicht des berühmten Strandes der Insel Budelli zeigt, dass der Sand tatsächlich rosafarben ist und die Farbe auch im seichten Wasser noch durchschimmert.

Der Mistral formt diese Sandhügel und verleiht neben anderen Bäumen auch den süßlich duftenden Wacholderbäumen ein windgepeitschtes Aussehen. Der Geruch salziger Luft bildet mit der unvergleichlichen Farbe des Sandes und der mediterranen üppigen Vegetation eine traumhafte Harmonie.

Obwohl viele Touristen eigentlich nur die Strände kennen, bestehen neun Zehntel Sardiniens aus Bergland. Das größte und höchste Bergmassiv ist das Gennargentu-Gebirge, das mit 1834 Metern das Umland beherrscht. An den steilen Hängen kommt es in der Folge von starken Regenfällen gelegentlich zu Erdrutschen und Überschwemmungen, die trotz aller Bedrohung auch malerische Erdwälle hinterlassen. Trotz dieser Naturgewalten bewirtschaften die Sarden weiterhin die wilden Hügel. Die Campidano-Ebene im Südwesten ist das Kerngebiet der Landwirtschaft, mit Tierhaltung, Korn-, Tabak-, Oliven- und Weinanbau. Zu den wichtigen Industriezweigen der Insel zählen der Fischfang sowie Zink-, Kupfer- und Salzabbau. Im Landesinneren zeigt sich Sardinien von einer anderen Seite, mit einer Topographie und einem Lebensstil, der sich von den Küstenregionen deutlich unterscheidet.

Auf Sardinien gibt es riesige, unwirtliche und gebirgige Wildnisregionen, dazu gehören Sulcis und Iglesiente, Supramonte, Barbagia und Gennargentu. Wilde Pferde durchstreifen das raue Felsenplateau Giara di Gesturi.

Sardinien ist so unverwechselbar, erscheint so autark und typisch, dass der sardische Schriftsteller Marcello Serra einem seiner Bücher den Titel »Sardinien: Fast ein Kontinent« gab. In der Tat ist Sardinien eine außergewöhnlich schöne Insel.

73 unten links
Die Landschaft um Lula, mit dem Monte Turuddò und dem Monte-Albo-Massiv im Hintergrund, vermittelt einen Eindruck der vielfältigen Topographie und Vegetation Sardiniens.

73 unten rechts
Die Dünen von Dune di Piscinas prägen die südliche Region Iglesiente. Die grünen Hügel sind die Ausläufer der in der Ferne erkennbaren, nahezu violetten Bergspitzen im Inland.

74–75
Ein Gewirr aus Bäumen und Sträuchern bildet eine der Sehenswürdigkeiten des Uccellina-Nationalparks an der toskanischen Küste. Diese wilde Landschaft wurde von der Maremma, einem Küstenabschnitt aus Salzsümpfen- und -kanälen, abgetrennt, der Wildschweine und Wasservögel beherbergt. Der Park wurde im Jahre 1975 errichtet.

74 unten links
Eine Attraktion der südlichen Toskana ist die Halbinsel Monte Argentario mit ihren majestätisch emporragenden Steilwänden.

74 unten rechts
Die roten Klippen der Insel Capraia, die Cala Rossa heißen, bestehen aus dunklem Granit. Fast die gesamte Insel wird als Gefängnis genutzt.

75 oben
Die Unterwasserwelt vor der toskanischen Küste ist reich und vielfältig. Vorgelagerte Inseln wie das sonnenverwöhnte Giannutri laden Touristen und Erholungssuchende zu einem Besuch ein.

75 Mitte
Das Castello di San Giorgio wacht über den Klippen der Insel Capraia vor der toskanischen Küste. Die mit mediterranen Sträuchern überwucherte Insel ist von tiefen Bodenfalten durchsetzt.

75 unten
Auf der mit tiefgrüner Vegetation bedeckten Insel Elba erheben sich die Berge über dem türkisgrünen Wasser und die einladenden Strände. Die überwältigenden Landschaften gehören zu einer Insel, die einst als riesige Halbinsel Korsika mit dem toskanischen Festland verband.

ITALIENS TRAUM

DIE TOSKANA

Stattliche Zypressen säumen die üppigen Wiesen der romantischen Toskana, einer zauberhaften Region im Westen Mittelitaliens. Bei Sonnenuntergang werfen die Bäume lange Schatten im Fischgrätmuster auf die Ebenen. Die über die sanften Hügel verstreuten ockerfarbenen Villen sind in der ganzen Welt berühmt geworden. In der vom Fortschritt noch weitgehend unberührt gebliebenen Toskana wird Tradition noch groß geschrieben.

Berühmt für ihre Kultur und Landschaft kommen Besucher aus aller Welt, um Florenz und seine Kunstschätze oder Pisa mit dem seinem Wahrzeichen, dem Schiefen Turm, zu sehen. Aber die Toskana hat weit mehr zu bieten: im Norden die Berge und Strände entlang des Mittelmeers, im Osten die üppigen Wälder des Mugello, im Süden, der kaum von Touristen besucht wird, eine interessante Vegetation und saubere Strände.

Ob man ein Bewunderer ihrer Naturschönheiten ist oder die Wunderwerke der Architektur bestaunt – die idyllischen Schauplätze der Toskana werden schon seit Jahrhunderten von Dichtern und Künstlern gepriesen. Das Tageslicht zeigt sich hier wie kein anderes in der Welt. Es ist auch schwer in Worte zu fassen: golden, manchmal etwas diesig, taucht es die Landschaft in einen nostalgischen Schleier. Das gilt für Bauernhöfe mit ihren Olivenhainen und Weinbergen ebenso wie für die historischen Gebäude und Kirchen von Florenz. Die Region ist reich an Wildtieren und -blumen und die »Musik des Südens«, Zikaden und Heuschrecken, ist überall auf dem Land zu hören.

Tiefe Beckenlandschaften wie die Garafagnana und die Lunigiana schneiden tief in die wilden und gebirgigen Gebiete der Apuanischen Alpen im Norden der Toskana ein. Die Gebirgsausläufer sind mit Olivenhainen bedeckt, aus denen das feinste Speiseöl Italiens stammt. Daran schließt sich das Becken von Lucca. Inmitten der weißen und rosafarbenen Bergspitzen und den tiefgrünen Kastanienwäldern liegen die berühmten Schlösser, Klöster und malerischen Dörfer. Viele naturbelassene Seen sind noch in der Toskana zu finden.

Carrara-Marmor wird schon seit den alten Römern in den Marmorbrüchen der Apuanischen Alpen abgebaut. Die mehr als 300 Steinbrüche stellen den ältesten kontinuierlich genutzten Industriestandort der Welt dar. Künstler hauen den blendendweißen Marmor nach alter Tradition zu eleganten Statuen. Im Apuanischen Gebirge ragen die schroffen Bergspitzen kahl und grau aus den sanften Vorgebirgen empor. Der weiße Marmor ist in die braungrauen Felsen eingelagert.

Nordwestlich von Castelnuovo di Garfagnana liegt das geschützte Hochland der 1985 als Naturpark erklärten Apuanischen Alpen. Der Park umfasst weitreichende baumbestandene Täler vor weißen Klippen, die ihre Farbe je nach Tageslicht von Rosa zu Violett ändern. Der Monte Pisanino, mit 1926 Metern die höchste Erhebung, thront über dem friedlichen Lago di Vagli. Bei Arni sieht man die Marmitte di Giganti, die »Kochtöpfe des Riesen«, große, durch das Gletscherschmelzwasser der letzten Eiszeit entstandene Mulden.

Die Apuanischen Alpen bilden eine grandiose Kulisse für die Sandstrände mit den Pinienwäldern und den grün überzogenen Klippen der Küste bei Versilia. Die Küstenlinie bietet atemberaubende Anblicke, etwa die alte Festung auf dem Kap Monte Argentario, wo man auf die Laguna di Orbetello hinunterblickt.

Einige Felseninseln vor der Küste locken Erholungssuchende aus vielen Teilen Europas an. Die winzige gebirgige Insel

76 oben links
Wie riesige Ozeanwellen scheinen die Hügel bei Siena durch Licht- und Jahreszeitenwechsel in einem ständig neuen Gewand in die Ferne zu rollen.

76 oben rechts
Balze nahe Volterra ist eine karge Landschaft, deren von Erosion zerfurchte Hügel einige hundert Meter über das Tal ragen. Der fortschreitenden Verwitterung sind schon Häuser zum Opfer gefallen, die von der Erde regelrecht verschluckt wurden.

Capraia war einstmals eine Strafkolonie. Heute scheint sie schläfrig im azurblauen Meer zu treiben, ihre Klippen erheben sich hoch über die tosende Brandung. Capraia hat durch seine vielfältige Unterwasserwelt ein reizvolles Tauchrevier zu bieten. Auch Vogelbeobachter zieht es dorthin: Seevögel nisten in den Spalten der Klippen.

Elba, die größte Insel des Toskanischen Archipels, ist als Exil Napoleons berühmt geworden, der dort neun Monate nach dem Fall von Paris im Jahre 1814 verbrachte. Kilometerlang winden sich die Sandstrände an der Westküste entlang und sind ein Paradies für Wassersportler. Der wildzerklüfteten Ostküste mit hohen Klippen, steinigen Stränden und kleinen Buchten sind einige Eilande vorgelagert.

Weiter landeinwärts säumen Olivenhaine und Weinberge die Hänge der Hügel. Die Berge im Zentrum der Insel sind

76 Mitte
Jeden Sommer erblüht auf den Hügeln bei Siena ein Teppich herrlich gelber Sonnenblumen. Im Wechsel mit den Grün- und Goldtönen auf den angrenzenden Hügeln entsteht so ein prächtiges Farbenspiel in der ohnehin reich mit Naturschönheiten gesegneten Provinz.

76 unten
In Meernähe führt ein Weg unter Schirmkiefern zu den von Menschenhand geschaffenen Kanälen und majestätischen Hügeln des Uccellina-Nationalparks. Der von den Medici erbaute alte Wachtturm Torre di Castelmarino thront auf dem Hügel rechts im Bild. Im Flachland werden Langhornrinder gezüchtet.

dagegen bewaldet. Vom Monte Capanne aus erblickt man die Insel als ein smaragdgrünes Kleinod inmitten des tiefblauen Meeres. Zu den kleineren Inseln dieser Kette zählt Giglio mit seinen winzigen Sandstränden und einer elegant gewundenen Küstenlinie. Giannutri, die südlichste Insel des Toskanischen Archipels, mit Felsklippen und einem ausgezeichnetem Tauchrevier, präsentiert sich aus der Vogelperspektive in der Form eines »C«.

Auf der vom Ozean abgewandten Seite wachsen auf den steilen Hügeln der Osttoskana Buchen, Eichen und Kastanienbäume. Die Milch für den Pecorino, den berühmten Käse dieser Region, stammt von den Schafen auf den kleinen Bergweiden. Die Abgeschiedenheit der Gegend hat über Jahrhunderte Einsiedler dorthin geleitet und auch zu Klostergründungen geführt. Der berühmteste war der heilige Franz von Assisi.

Die riesigen Wälder der Beckenlandschaften Mugello und Casentino entfalten im Herbst mit feurigen Gelb- und Rottönen eine wahre Farbenpracht. Zahllose Bäche führen ein dunkles Wasser und stürzen mit weißen Schaumkronen talwärts, um sich im Fluss Arno zu vereinen.

Im Herzen der Toskana liegen die kahlen Hügelwellen der Crete, in der die schlanken Zypressen dunkelgrüne Akzente setzen und silbrig graue Blätter der Olivenbäume im Wind rascheln. Im Sommer bildet das Gelb von Millionen von Sonnenblumen einen schönen Kontrast zu den schlichten Kirchen und altersgrauen Steingehöften der Region. Ein gleichermaßen bezauberndes Schauspiel bietet sich im Herbst, wenn Alpenveilchen den Waldboden wie einen Teppich bedecken.

Im Süden mit seinem heiß trockenen Klima hüllen sich die Hügel in wohlriechendes mediterranes Buschwerk – unter dem Sammelbegriff Macchia bekannt – zu dem Rosmarin, Ginster, Sonnenröschen und Strandnelke zählen. Diese Region grenzt an das Mittelmeer und die Sandstrände im Schutz der steilen Klippen sind von Palmen eingefasst. Hier gedeihen unter anderem Stechpalmen wie Schirmfichten, Mastixbäume und Wacholder.

76–77
Kleine Zypressengruppen liegen über den sanft gewellten Hügeln des Val d'Orcia im Herzen der Toskana verstreut. Diese »Crete« genannte Landschaft hüllt sich in einen hellgrünen Grasmantel, der im Sommerwind wogt.

77
Zypressenumstandene Villen im Val d'Orcia erinnern an die frühe Besiedlung des Landes. Die Region wurde heimgesucht von Besetzungen durch die Etrusker, Römer, Franzosen und Spanier, die aus dem italienischen Herzland vordrangen.

Die trockengelegten Sumpfgebiete des Küstenstrichs Maremma bieten Seevögeln, Landtieren und seltenen Schmetterlingen Lebensraum. Der im Jahre 1975 gegründete Maremma-Naturpark weist einen dichten Baum- und Buschbestand auf. Auf ausgewiesenen Wegen, die sich durch eine wilde Landschaft schlängeln, kann der Besucher Damwild, Stachelschweine, Luchse und Wildschweine beobachten. Die salzhaltigen Marschweiden beheimaten Stelzvögel, auch Störche und Reiher. Felsige Hügel mit alten Wachttürmen ragen aus dem ehemaligen Sumpfland empor, das heute von Kanälen durchzogen ist.

Eine optische Pracht, die in der Welt ihresgleichen sucht, sowie eine reiche Tradition und Geschichte machen die Toskana zu einem wahren Schatz des abendländischen Kulturgutes. Ein einzigartiges Klima, eine üppige Vegetation und fast mystisch anmutende Licht der Region hat seit jeher Künstler und Philosophen angezogen.

78 unten
Die großen Wanderdünen sind von grünen Bäumen und braunen Gräsern bedeckt. Der Boden ist hier fast überall, vor allem in Dünennähe, sehr salzhaltig. Die Vegetation zeigt sich hier in einer großen Vielfalt.

EIN VOGELPARADIES

DOÑANA-NATIONALPARK, SPANIEN

Der Doñana-Nationalpark liegt in Andalusien, am Guadalquivir, dem einzigen schiffbaren Fluss Spaniens. Der Park grenzt im Westen an den Golf von Cádiz am Atlantischen Ozean, mit Sevilla im Norden und Cádiz im Süden. Er umschließt die drei Ökosysteme Marschland, Fichtenwald und Sanddünen, daneben auch Wanderdünen. Aufgrund der stark schwankenden jährlichen Regenfälle gibt es zeitweise Dünenteiche als Wasserstellen. Fünf bedrohten Vogelarten und Dutzenden anderen, die auf den großen knorrigen Korkeichen nisten, bietet der Park Lebensraum.

Das heutige Gebiet des Doñana-Nationalparks war von etwa 1000 v. Chr. bis zum 4. oder 5. Jh. ein See. Die Wälder auf den umliegenden Hügeln wurden bis zum 7. Jh. abgeholzt und Erosion und Schwemmsand verwandelten die Gegend in Marschland. In alter Zeit wurde die Region von Phöniziern, Griechen, Römern, Westgoten und Arabern überfallen wegen der großen Holzvorkommen, der Honigproduktion und der riesigen Weidegründe. Ab dem 13. Jh. nutzte man das Gebiet für königliche Jagdausflüge: Es war das Lieblingsrevier der spanischen Könige Philip IV., Philip V. und Alfonso XIII. Als es in den Besitz der Herzogin von Alba überging, diente die Landschaft dem Maler Francisco Goya als Hintergrund für das Portrait der Herzogin. In dieser Zeit wurde ein Wald angelegt und exotische Pflanzenarten angesiedelt.

In den 1950er Jahren erkannte man die Bedeutung des Gebiets als Zwischenstation für Zugvögel sowie als Refugium für vom Aussterben bedrohte Tierarten wie Kaiseradler und Pardelluchs.

Die Doñana, erstmals 1965 unter Schutz gestellt, wurde dann 1969 zum 728 Quadratkilometer großen spanischen Nationalpark erhoben. Seither ist er erweitert und als international bedeutendes Feuchtland eingestuft worden. Im Rahmen des UNESCO-Programms *Mensch und Biosphäre* wurde der Park 1980 zum Biosphärenreservat und 1994 von den Vereinten Nationen als Weltnaturerbe ausgewiesen.

Der Park beherbergt Schildkröten, Eidechsen, Schlangen, Wildschweine, Dam- und Rotwild, Ottern, Ginsterkatzen, Rotfüchse und Wildkatzen.

Eine beachtliche Zahl von mindestens 40 der bedrohten Pardelluchse hat hier eine neue Heimat gefunden. Die größte Attraktion des Parks ist jedoch sein Vogelreichtum. Millionen Vögel, mehr als 360 Arten, nisten und leben jahreszeitlich bedingt hier. Die Doñana bietet ein unverzichtbares Winterquartier für bis zu 70.000 Graugänse, 200.000 Krickenten, 100.000 Pfeifenten und 10.000 Säbelschnäbler. Im Frühling nisten die Löffler im Park und 20.000 Flamingos werden vom reichen Nahrungsangebot angelockt. Etwa 15 dort brütende Aquila adalberti, ein Zehntel der Weltpopulation, sind hier heimisch. Zu weiteren Arten in der Doñana zählen Schmutzgeier, Tafelenten, Schlankschnabelmöwen, Brachvögel, Rallenreiher, Schlangenadler, Zwergadler und Rotmilane. Schätzungen zufolge machen hier jährlich 6 Millionen Vögel Rast.

Der Doñana-Nationalpark steht Besuchern offen, jedoch nur mit einem einheimischen Führer im Geländewagen. Zwei Besichtigungen pro Tag mit je 125 Besuchern sind zulässig. Durch die attraktive Gestaltung mit Besucherzentren, Beobachtungspunkten und markierten Pfaden bereitet diese Art der Erkundung viel Freude und hilft, den Lebensraum zu schützen. Der Park zählt jedes Jahr mehr als 250.000 Besucher, wobei die beste Zeit die Hochsaison für Wasservögel, das heißt von November bis Januar, ist.

Umfangreiche Forschungsarbeiten im Park helfen, die Ökosysteme und gefährdeten Tierarten in der ganzen Welt zu erhalten. Doch der Park ist verwundbar und hat schon Einbußen durch Verschmutzung, Pestizide und wilde Hunde und Katzen erleiden müssen. Die Symbiose von Feuchtland, Dünen und Millionen von Vögeln und anderen Tieren, die in diesem natürlichen Habitat leben, macht den Doñana-Nationalpark zu einem außergewöhnlichen Ort.

79 unten rechts
Das friedliche Wasser des Marschlandes im sanften Licht des Sonnenuntergangs. Karpfen und Aale sind hier keine Seltenheit. Da es die Gezeiten des Ozeans die Marschen nicht beeinflussen, bleibt die Einzigartigkeit des Lebens in den Parkgrenzen geschützt und somit größeren Meeresraubtieren der Zugang verwehrt.

78-79
Wacholder wächst bis zu den Sanddünen am Horizont im Doñana-Nationalpark. Je nach Bodenbeschaffenheit variieren die zahllosen Pflanzenarten, wo neben Dünenwäldern auch Schirmfichten, Korkeichen und Sträucher gedeihen. Vier weltweit gefährdete Pflanzenarten sowie 45 in Europa nicht heimische Arten sind im Park angesiedelt.

79 unten links
Rotwild ist nur eine von vielen Tierarten, die im Dünen- und Marschland heimisch sind. Ferner leben hier der bedrohte Pardelluchs, die Maurische Schildkröte, die Stülpnasenotter und der Gewöhnliche Fransenfuß.

Ein antikes Paradies

Die griechischen Inseln

80–81
Die berühmte, viel besuchte Bucht mit dem Schiffswrack auf der Insel Zakynthos ist eine spektakuläre Landmarke und beispielhaft für die unvergleichlichen Sehenswürdigkeiten auf den griechischen Inseln. Zakynthos gehört zu den westlich vom Festland gelegenen Ionischen Inseln im Ionischen Meer.

81 oben links
Der schmale Sandstrand Mirtos auf der großen grünen Insel Keffalonia nördlich von Zakynthos. Die traumhaften Strände der Insel ergänzen das friedliche Idyll von Meer und Berglandschaft. Der Duft von Pinien erfüllt die Luft. Mit ein wenig Glück kann man hier Adler aufsteigen sehen.

81 oben rechts
Die Küste der Insel Korfu bei Paläokastritsa in der Nähe der Grotta Bar. Korfu ist die nördlichste große griechische Insel vor der Küste Albaniens an der Straße von Ortranto. Das Inland birgt neben fruchtbaren Tälern mit Olivenhainen und Zitrusbäumen auch ein Naturreservat in Form eines Feuchtbiotops.

81 unten
Die kleinere Insel Atsitsa ist hier von Skyros, einer der nördlichen Sporaden, aus zu sehen. Betörend duftende Sträucher säumen die Hügel oberhalb der Strände der griechischen Inseln, wo man reizvolle Landschaften erkunden kann und Erholung findet.

Mondlicht scheint durch das Gitterwerk eines Gebäudes, durch das man einen langen weißen Strandstreifen erkennen kann. Das Mittelmeer wirft Welle um Welle gegen die Küste, an der steile Klippen mit kleinen weißen Häusern emporragen. Bunte Fischerboote liegen am Ufer; in der Ferne ragen dicht an dicht Landzungen ins Wasser. Die Silhouette eines Kreuzes auf einer Kirchenkuppel hebt sich dunkel gegen den azurblauen Himmel ab. Die Nacht ist warm und friedlich, nur das melodisch-rhythmische Plätschern der Wellen am Strand ist zu hören – eine idyllische Atmosphäre, typisch für griechischen Inseln.

Beschauliche Fischerdörfchen mit Gästehäusern und Tavernen präsentieren sich vor der Kulisse des blauen Meeres an Hügeln, die mit alten Olivenbäumen bestanden sind. Betörender Kieferndutf erfüllt die Luft, während man in einem Café auf einem schattigen, von blumengeschmückten Bäumen umsäumten Platz in der Stadt sitzt. Über der von Buchten durchzogenen Küstenlinie ziehen Adler ihre majestätischen Keise. Unter ihnen makellos weiße Strände im rosafarbenen Sonnenlicht. Schlanke Zypressen begrenzen die Felder, alte Festungen beherrschen das Bild der Hügelflanke. – Wir befinden uns in dem Land der Philosophen, Mythen, Heldensagen und Götter, einem Land vollendeter Schönheit.

Mehr als zweitausend solcher kleinen vulkanischen Inseln liegen zwischen Europa und Asien, in der Ägäis und entlang der türkischen Küste verstreut. Auch wenn sie noch so verloren wirken, sind die meisten von ihnen bewohnt. Die Insulaner

82
Unmittelbar vor der thessalonikischen Küste des griechischen Festlandes liegt, im ägäischen Meer, Skiathos. Die zu den nördlichen Sporaden zählende Insel wartet mit den schönsten Stränden Griechenlands auf. Die Hügel oberhalb sind reich bewaldet und haben eine reiche Wildfauna.

leben überwiegend vom Tourismus, gehen aber auch traditionellen Berufen wie Fischfang, Schafzucht, Olivenanbau und dem Schwammfischen nach.

Die Inseln gliedern sich in Gruppen, darunter die Sporaden, Kykladen, der Dodekanes und die Ionischen Inseln.

Umfassen die Kykladen heute etwa 200 kleinere Inseln, so geht man davon aus, dass sie in früherer Zeit einen groben Kreis aus nur elf Inseln um die heilige Insel Delos herum bildeten. Die charakteristische Architektur der quadratischen weißen Häuser auf den Kykladen hebt sich von den felsigen Hügeln ab. Kleine Gassen führen hinunter zum Strand. Das tiefblaue Wasser spiegelt Sonnefunken und in der Ferne sind vage grüne Inseln auszumachen. Im Inland ändert sich das Bild, hier begrenzen dunkelgraue Steinmauern die Wiesen aus graugrünem Gras und gelben Blumen. Braunes Strauchwerk bedeckt die Terrassenhügel; hier und da thront auf einer Bergspitze eine steinerne Windmühle mit spindeldürren Flügeln.

Reist man von Insel zu Insel, entfaltet sich das Meer mit einer unglaublichen Regenbogenpalette an Farben, häufig Tiefblau und Dunkelrot, das teilweise in einen lavendelfarbenen Nebel überzugehen scheint, in den die Inseln auf geheimnisvolle Weise eingetaucht werden. Nahezu mannsgroße Pelikane sind hier heimisch und werden von den Insulanern sehr verehrt.

Die sonnenverwöhnten griechischen Inseln sind die Wiege der abendländischen Kultur. Archäologische Fundstätten findet man auf nahezu jeder Insel in Hülle und Fülle. Sie geben Zeugnis ab von der ganzen Bandbreite des menschlichen Alltags, in Form von Relikten einfacher Behausungen oder imposanter Überbleibsel alter Tempel und Theater, byzantinischer Kirchen und alten Dörfern. Zur Inselgruppe des Dodekanes gehört Rhodos, wo einst der gigantische Koloss stand, eines der sieben Weltwunder der alten Welt.

Die Touristen besuchen die Inseln, um sich am Strand und bei Parties in den Städtchen zu vergnügen. Dabei entgeht den meisten Besuchern die fast unberührt gebliebene Natur der Inseln. Doch erst die Symbiose des alten Kulturerbes mit den Naturwundern macht die griechischen Inseln so einzigartig.

83–86
Die Nordwestküste Kretas rühmt sich an der Balos-Bucht mit den Schönheiten von Gramvúsa – ein geschichtsträchtiges Land mit Kulturgütern, die von längst vergangener Pracht zeugen. Traumhafte Strände und mächtige Weinberge prägen das Bild der größten der griechischen Inseln.

87
Auf Skyros, einer großen Insel der Nördlichen Sporaden östlich des griechischen Festlands, fallen die kalkweißen Klippen steil ab zu fantastischen Stränden.

Nahe der albanischen Küste liegt mit 53 Kilometern Länge und 24 Kilometern Breite eine der größten Inseln – Korfu. Der zerklüftete Pandokrator mit seinen steilen Hängen, gewundenen Straßen und winzigen türkisfarbenen Buchten thront im Norden als höchster Berg der Insel. Im Inland findet man fruchtbare Täler mit Zitrusbäumen und Olivenhainen ebenso wie ein Feuchtbiotop-Naturschutzgebiet am Korissìon-See.

Jede der kleineren Inseln hat ihren eigenen Charme. Auf Euböa und Ikaria gibt es beispielsweise heiße Schwefelquellen und seltene Heilpflanzen. Auf der Insel Hydra etwa wird man vergebens nach Autos suchen, auch Strände gibt es dort nicht. Aber die Stadt ist noch so erhalten, wie sie um 1800 aussah, als noch Esel als Transportmittel dienten. Kaloni auf Lesbos ist ein wahres Paradies für Vogelbeobachter und die Insel bezaubert zudem mit herrlichen Wildblumen.

Überall kann der Besucher der Inseln steile Klippenflanken bestaunen, auf manchen thronen Häuser. Auf einigen Inseln ist der Erdboden ockerfarben, während auf anderen eine dunkelrote Erde zwischen dem intensiven Grün der Olivenbäume zum Vorschein kommt. Fischerboote mit farbenfrohen Segeln, Segel- und Motorboote sieht man über dem weiten Meer verstreut. Die schönsten Strände findet man meist auf der Westseite der Inseln, einige locken mit weißem Sand, andere sind mit gelben, schwarzen oder grauen Kieseln übersät.

Neben den zahlreichen kleinen Inseln gibt es auch einige große. Die größte griechische und fünftgrößte Mittelmeerinsel überhaupt, Kreta, erstreckt sich auf einer Länge von 257 Kilometern von West nach Ost und ist dabei 10 bis 56 Kilometer breit. Ihre Vai-Bucht beherbergt den einzigen europäischen Palmenhain, und Westkreta, bekannt als »Kastelli«, kann reizvolle kleine Dörfer und schöne Strände vorweisen. Kreta ist ein wahrer Schatz an archäologischen Fundstellen.

Eine interessante Mischung aus bewegter Geschichte und herrlicher Natur findet man auf den unerschöpflichen griechischen Inseln. Jedoch entgehen vielen Besuchern ihre Naturschönheiten. Den aufmerksamen Beobachter aber erwarten zahllose Gelegenheiten, die Wiege der Menschheit und der Natur zu erforschen und besser verstehen zu lernen.

88
Südlich von Phuket hält die thailändische Küste eine fantastische Szenerie mit abgelegenen weißen Sandstränden und schönen Kalksteinfelsen bereit; die Anmut der Küste entlang des Andamanischen Meers ist einzigartig in der Welt.

ASIEN

EINLEITUNG

Von den Tiefen des Toten Meeres bis zur Spitze des Mount Everest ist Asien ein Kontinent der Superlativen: Er umfasst den niedrigsten wie den höchsten Punkt der Erde, er umfasst als größter Kontinent nahezu 30 Prozent der Landfläche der Erde und weist außerdem die höchste Bevölkerungsdichte auf. Asien bedeckt etwa ein Zwölftel der globalen Erdoberfläche, hat die extremsten Temperaturschwankungen, den stärksten Niederschlag sowie die trockensten Regionen der Welt. Seine Naturschönheiten reichen von üppigem tropischem Regenwald zu mächtigen schneebedeckten Bergmassiven, von schier endlosen Ebenen bis zu Sandwüsten.

Geografisch bedingt haben sich in Asien einige Bevölkerungsgruppen relativ unbeeinflusst voneinander entwickelt: Aufgrund der Bergketten und Wüsten – natürliche Grenzen – bildeten sich erstaunlich unterschiedliche Kulturen und Sprachen heraus. Der größte Teil der Bevölkerung lebt in der Nähe von Flüssen und Küsten und nur ein kleiner Teil in den inländischen Berg- und Wüstenzonen. Die früheste Zivilisation der Menschheit und die bedeutendsten Religionen der Welt, Buddhismus, Christentum, Islam, Judentum, Taoismus, Hinduismus, Shintoismus und Konfuzianismus nehmen hier ihren Ursprung.

In Asien sind sechs große Landregionen durch Gebirgszüge voneinander getrennt. Nordasien im russischen Sibirien umfasst allein beinah ein Drittel des Kontinents, zu dessen Bergketten auch der Hindukusch zählt. Endlose Tundra, Tannenwälder und Steppen mit im Wind wogenden Gräsern verlaufen von West nach Ost durch Nordasien.

Zentralasien mit Tibet, Westchina und der Mongolei ist eine abgelegene Region, die gleichermaßen Wüste – die Gobi – wie riesige Berge (den Himalaja) umfasst.

Oftmals als unwirtlich und abgelegen abgetan, weist Zentralasien doch vielfältige Naturschönheiten und kulturelle Schätze auf. Der Himalaja beispielsweise, der sich in einem nach Nordosten offenen Bogen etwa 2400 Kilometer lang und 250 Kilometer breit erstreckt, umfasst eine verschwenderische Fülle an Lebenszonen, von subtropischen bis alpinen

88–89
Es mutet an wie eine Kulisse für einen Science-Fiction-Film, so ohnegleichen ist die Topographie von Guilin, China. Dicht gedrängt am südchinesischen Fluss Li Kiang, prägen zuckerhutartige Hügel das Bild.

89 unten links
Nahe der Stadt Phuket liegt die 19 Kilometer breite Bucht von Phangnga, in der ungewöhnliche Kalksteinmonolithen wie dieser, manche mit Höhlen, einige hundert Meter hoch aus dem Andamanischen Meer emporragen.

89 unten rechts
Nepal, auf der Südseite des Himalaja gelegen, ist berühmt für seine höchsten Berge der Erde, Mount Everest und Kangchendzönga. Weniger bekannt sind die wunderschönen, von eisigen Flüssen durchzogenen Täler zwischen den stattlichen Bergen, an deren Fuß sich Wasserfälle, herrliche Wälder und Blumenwiesen befinden.

90 oben links
Der Mitre Peak, die Mitra-Spitze, macht seinem Namen alle Ehre. Eingebettet in die nordpakistanische Karakorum-Kette gehört der gewaltige K2 zu seinen Nachbarn. Zu dieser Gebirgskette gehören mindestens 60 Berge mit einer durchschnittlichen Höhe von 6700 Metern.

Regionen. Die Bergsteiger der Welt fühlen sich von seinen »Achttausendern« magisch angezogen: Mount Everest, Nanga Parbat, Annapurna, Lhotse, Cho Oyu.

Ostasien mit Japan, Korea, Formosa und dem östlichen China ist reich an Hügeln, Gebirgen sowie fruchtbaren Flusstälern wie etwa das des Huang He und Jangtsekiang. Reizvolle Gegenden wie das chinesische Guilin entstanden durch die erosive Kraft des Wassers, das den Kalkstein zu zarten Skulpturen ausgewaschen hat. Die Inseln vor der Küste sind vulkanischen Ursprungs und Teil des sogenannten Feuerrings im Pazifik. Großartige, teils aktive Vulkane dominieren die Inseln, manche sind der ganzen Welt bekannt – wie Japans Fudschijama.

EINLEITUNG

In Südasien mit Ländern wie Afghanistan, Bhutan, Ceylon, Indien, Nepal und Pakistan erstrecken sich Hochplateaus, breite Flusstäler winden sich durch das Land, das neben Wüsten üppige Regenwälder aufweist. Der »Subkontinent« Indien hat die Menschen schon immer fasziniert, mit seiner unglaublichen Topographie wie auch seinem Reichtum an natürlichen Ressourcen.

Zu Südostasien zählt die Region zwischen Burma und Vietnam und die Gegend südlich bis zur malaiischen Halbinsel vor Indonesien sowie den Philippinen. Sanfte Hügel und tropische Regenwälder prägen die Region, in der ganzjährig ein feuchtheißes Klima herrscht. Inseln wie Borneo sind die exotischsten Flecken in dieser Welt. Die verschwenderische Fülle an Flora und Fauna in Borneos Urwäldern, aber auch unter Wasser, fasziniert nicht nur Biologen.

Südwestasien, auch »Mittlerer Osten« genannt, umschließt Iran, Irak, Syrien, Libanon, Türkei, Jordanien, Israel und die Länder der arabischen Halbinsel. Zu den wichtigen Flüssen gehören Tigris und Euphrat, die Wiege frühester Zivilisationen der Menschheitsgeschichte. Im Mittleren Osten liegen große Ebenen und weite Wüsten-Plateaus. Die wunderbarsten Wüsten, Sinai und Negev, faszinieren ebenso wie das Tiefland des Toten Meers.

Im kulturellen Reichtum Asiens sieht sich der Besucher ehrfürchtig großen Denkmälern und religiösen Stätten gegenüber: Hagia Sophia, der Tadsch Mahal, die Chinesische Mauer, die Verbotene Stadt, die Ruinen der alten Stadt Petra in Jordanien, Angkor Wat, unzählige Teehäuser und Shinto-Schreine schaffen ein perfektes Gegengewicht zu ästhetischen funktionalen Architektur der Gebäude. Die Naturwunder Asiens umfassen die Himalaja-Region, unvergleichliche Sandwüsten, Tiefland wie am Toten Meer, Urwälder wie die auf Borneo, spektakuläre Wunder der Natur wie den Stratovulkan Fudschijama in Japan. Der Vulkan, mit 3776 Metern der höchste Berg Japans, brach zum letzten Mal im Jahre 1707 aus und wird im Shintoismus als göttlich verehrt. Die nahezu unbegreiflichen Manifestationen der Natur im größten Kontinent der Erde scheinen ihm zu ähneln, denn sie bleiben oft voller Rätsel und Überraschungen.

90 oben rechts
Dieses Bild des Mount Everest aus dem All wurde im Sommer aufgenommen, so dass hier nur wenig Schnee die dreidimensionale Qualität des Bildes beeinträchtigt. Der schneebedeckte Everest ist in der Bildmitte zu erkennen; von dort aus schlängeln sich Flüsse in alle Richtungen

90 unten
In Wolken gehüllt erhebt sich in der Karakorum-Kette mit 8602 Metern der zweitgrößte Berg der Erde, der K2. Die unglaublich hohen Felswände scheinen sich endlos in den Himmel zu erstrecken.

90–91
Die Nordwand des Mount Everest, mit 8848 Metern höchster Berg der Welt, stellt eine Herausforderung für Bergsteiger im Zentrum des Himalaja dar. In Nepal als »Sagarmatha« und in Tibet als »Quomolongma« bekannt, ist der ständig in Schnee und Wolken gehüllte Berg ehrfurchtgebietend und unheimlich zugleich.

91 unten
Der Himalaja, wie er sich dem Bergsteiger zeigt, der einen seiner Gipfel erklommen hat. Mit der Nordflanke des Jannu in Nepal im Vordergrund zieht sich die Bergkette bis zum Horizont. In der Ferne erkennt man den Mount Everest.

92–93
Die Landschaft nahe Üçhisar in Zentralanatolien bietet sich als Einführung in die seltsamen Wunder Kappadokiens geradezu an. Durch Erosion geformte Kegel scheinen sich aus dem Fels herauszudrücken. Die Region ist berühmt für ihre natürlichen, in das vulkanische Tuffgestein modellierten Gebilde.

92 unten links
Auf der alten Seidenstraße vom Mittleren Osten nach Asien begegnet man zwischen Çavusin und Göreme geologischen Wundern wie etwa diesem erodierten Felskegel. In dem Freilichtmuseum Göreme kann der Besucher in den Fels gehauene Kirchen und ihre Fresken bestaunen.

92 unten rechts
Auf Geheiß der türkischen Regierung haben die Bewohner die alten Felsenwohnungen geräumt. Die Gegend nahe Zelve wurde zu einem Freilichtmuseum erkoren. Viele dieser »Feenkamine«, wie man sie im Volksmund nennt, dienten vor Hunderten von Jahren als klösterliche Zufluchtsorte.

93 oben
Diesen »Feenkamin« mit drei Aufsätzen findet man in Zelve, einem für seine Höhlenwohnungen berühmten Landstrich.

93 unten
Das türkische Üçhisar ist eine kleine, in Tuffsteinformationen gehauene Stadt. Auf diesem Foto erkennt man Fenster und Türen.

FEENKAMINE

KAPPADOKIEN, TÜRKEI

Wandert man einen staubigen Pfad hinunter, ragen über einem rost- bis rosafarbene mächtige Felsformationen auf. Tiefer im Tal nehmen die seltsamen Felskegel nahezu surrealistische Formen an. Einige balancieren große Felsbrocken auf ihrem Kopf, die aussehen, als könnten sie beim geringsten Lufthauch herabstürzen. Andere haben Türen und sind zu Behausungen ausgehöhlt. Kilometer um Kilometer erheben sich diese seltsamen natürlichen Monumente unvermittelt aus der Erde, die als Wahrzeichen der türkischen Region Kappadokien gelten.

Kappadokien, im Zentrum der Türkei, bildet ein Dreieck mit den jeweils 100 Kilometer auseinanderliegenden Eckpunkten Kayseri im Nordosten, Aksaray im Westen und Nigde im Süden. Für seine bizarr anmutende Mondlandschaft zeichnet das Vulkanplateau verantwortlich, das sich vor 50 bis 150 Millionen Jahren durch Eruptionen des Erciyes und Hasan bildete. Die Vulkane warfen Lava und Asche aus, die sich zu Tuff verdichtete und eine dicke Schicht auf dem altzeitlichen kappadokischen See bildete. Wind und Wetter bildeten miteinander verbundene Täler und steile Cañons aus. Das weiche Tuffgestein nahm unter den Kräften der Naturgewalten sagenhafte Gestalten an, die an Kegel, Pyramiden, Pilze, Tiere und Säulen erinnern und im Volksmund »Feenkamine« genannt werden.

Die Besiedlung dieser abgelegenen Region reicht mehr als 10.000 Jahre zurück. Von 2000 bis 1200 v. Chr. siedelten die Hethiter dort, gefolgt von persischen Pferdezüchtern, die die Region von 546 bis 333 v. Chr. bewohnten und sie »Katpatuka«, »Land der schönen Pferde«, nannten. Hier lebten auch die ersten Christen, geführt vom heiligen Paulus. Sie erachteten die wilde Schönheit und Abgeschiedenheit als ideal zum Fasten und Beten, außerdem fühlten sie sich dort vor Verfolgung sicher. Sie meißelten mehr als 1000 Kirchen in die Felsen bei Göreme, Soganli und Ihlara. Unterirdische Städte entstanden bei Kaymakli, Derinkuyu und Özkonak, natürliche Felsburgen bei Ortahisar und Üçhisar. Die seltsamen Häuser, Festungen und Kirchen konnten nicht zuletzt wegen der weich-porösen Beschaffenheit des Tuffsteins errichtet werden. An einigen Stellen wurden sogar architektonische Besonderheiten wie Säulen, Pfeiler und Portiken gestaltet.

Bei einem Spaziergang zwischen den Felsgebilden erlebt man imposante Farbwechsel mit dem sich verändernden Tagesicht. Im Frühling sind die Täler und Plateaus übersät mit Wildblumen und Grünpflanzen. Im Herbst bezaubern die harschen Kontraste von Licht und Schatten auf den Felsen. Aber der Winter übertrifft alles an Schönheit: Dann bedeckt häufig Schnee die »Feenkamine« und hebt sich gegen den hellgrauen und roten Fels ab.

Die bekannteste Region zur Besichtigung dieses wundersamen Märchenlands ist das Göreme-Tal mit seinem feinkörnigen, aus verfestigter Asche bestehenden Erdboden im nordöstlichen Kappadokien. Durch das darunterliegende Sandbett erhält der Fels an vielen Stellen einen rosafarbenen Ton. Seltsame Ansichten bieten sich hier: Ein Kamin mit drei Aufsätzen

ruht neben einem Weinberg; dann sieht man plötzlich Menschen aus einem scheinbar massiven Felspfeiler heraustreten; manchmal stockt einem der Atem: Ein Felsblock nicht vulkanischen Ursprungs scheint sich gerade noch auf einem erodierten Kegel halten zu können.

Auch die bislang weniger erschlossene Westecke Kappadokiens weist interessante Formationen auf. Das schmale Ihlara-Tal kann im Vergleich zu anderen Teilen der Region als üppig bezeichnet werden. Überall in der Region der vulkanischen Formationen sieht sich der Besucher in Fels gehauenen Siedlungen, Klöstern, Kirchen und unterirdischen Städten byzantinischer Zeit gegenüber.

Kappadokien präsentiert sich als ein raues und lange in Vergessenheit geratenes Land fantastischer Schönheit – ein Genuss für Auge und Sinne, eine Gegend der Muße und des Friedens, bereichert von der Mystik der »Feenkamine«.

94 oben
Die Kapelle der Heiligen Dreifaltigkeit auf dem 2286 Meter hohen Djebel Musa (Mosesberg), der vielen als der biblische Berg Sinai gilt. Laut Überlieferung wurde die Kapelle an der Stelle errichtet, an der Gott in der Gestalt einer Feuerwolke zu Moses sprach.

94 unten
Das Katharinenkloster wurde im 6. Jh. von Justinian I. am Fuße des Djebel Musa errichtet, zum Schutz der Mönche.

HEILIGE STÄTTEN

DIE WÜSTE SINAI

Das Sonnenlicht färbt die hohen sich bis zum Horizont erstreckenden Bergkuppeln orangerot und läßt sie blauviolette Schatten werfen. Diese traumhafte Farbkomposition lässt an die Gemälde impressionistischer Maler erinnern.

Wenn die größte Tageshitze in der Wüste nachlässt, wandern die Gedanken unwillkürlich zu den drei großen Gestalten der Weltreligionen, Moses, Jesus und Mohammed, die in die Wüste gingen, um zu fasten, zu beten und die Stimme Gottes zu vernehmen. Die Wüste mit ihrer immensen Weite, ihrer unerbittlichen Kargheit und Eintönigkeit lädt zu Meditation ein, sammelt die inneren Kräfte und war den drei Religionsstiftern Ort der Offenbarung.

Die heiligen Stätten liegen in der Wüste der Sinai-Halbinsel. Auf der Ostseite des Jordans ist der Sinai trocken und unwirtlich, dennoch wartet hinter jeder Biegung des trockenen Flussbettes oder einer Felsformation eine Überraschung: Das Landschaftsbild bestimmt grober, rötlichbrauner Granit

und Sandstein mit karger Vegeatation, die wie kleine Farbtupfer anmutet. – Aber wie aus dem Nichts zeigt sich plötzlich prächtig leuchtendes buntes Gestein oder die üppige Schönheit einer Oase.

Die scheinbar lebensfeindliche Wüste hat verborgene Reize, die entdeckt werden wollen. Der Sinai besteht eigentlich nicht aus Sanddünen, sondern aus Felsformationen und rissigen Bergen. Cañons mit steilwandigen Hängen aus braunem und gelbem Fels weisen Hohlräume auf, die groß genug sind, um sich darin zu verstecken. Das Land ist von hausgroßen Felsen und geologischen Kuriositäten geprägt. Hier und da verstreut liegen grundwassergespeiste Oasen, fantastische kleine Paradiese mit Frauenhaarfarn und Feigenbäumen, ein starker Kontrast zu den trockenen Felsen oberhalb. Die Echos von fallenden Steinen, Tieren und manchmal menschlichen Stimmen scheinen von überall und nirgends zu kommen. Die gespenstischen Geräusche dieser lebensfeindlichen Region scheinen das ehrfurchtgebietende Vermächtnis der Visionen der Propheten zu stützen, die hier einst wandelten. Besucher, die sich in diese menschenleere Gegend wagen, haben Gelegenheit zur inneren Betrachtung und Meditation. Die Naturschönheiten laden zu einsamen Wanderungen an.

Östlich befindet sich das Rift Valley, eine der aktiven Gräben der Erdkruste. In diese tiefste Spalte der Erdoberfläche ist das Tote Meer eingebettet. Die Trennung der hier auseinanderdriftenden tektonischen Platten, Asien und Afrika, begann vor etwa 25 Millionen Jahren. Und tief unter dem Roten Meer gibt es Anhaltspunkte dafür, dass Asien und Afrika immer noch auseinander gleiten.

Im Norden des Roten Meers wird das etwa 24 Kilometer breite Rift Valley von Steilhängen begrenzt. Das östliche Hochland von Jordanien erhebt sich auf über 1524 Meter.

Im Westen des Rift Valley liegt die Sinai-Halbinsel, ein riesiges, 97.954 Quadratkilometer umfassendes Dreieck mit unterschiedlichen wüstenähnlichen Landformen. Im Westen mit der Sahara verbunden bedeckt der Sand der Wüste Sinai ein immenses Felsplateau, das sich auch auf der arabischen Halbinsel fortsetzt. Die Halbinsel steigt nach Südwesten an und fällt nach Südosten zum Golf von Akaba und dem Rift Valley hin ab. Die Sinai-Wüste stellt keine ebene Wüste dar,

95 unten links
Diese Ansicht aus dem All zeigt in der Mitte die Sinai-Halbinsel. Unterhalb erkennt man das tiefblaue Rote Meer mit seinen aufwärts gereckten Armen.

95 unten rechts
Manche Inschriften berichten von 500.000 Jahre alten Geschichten, manche stammen aus neuerer Zeit, wie beispielsweise diese Hieroglyphen der alten Ägypter.

94–95
Eine Oase bei Ain Uhm Ahkmed, beispielhaft für andere in der Wüste verstreute Flecken, an denen Wasser aus natürlichen Quellen an die Oberfläche sprudelt. Oasen werden in der Regel bewirtschaftet.

96 oben links
Der Wüstenfuchs stammt aus der gleichen Familie wie der Rotfuchs. Er zieht seine Jungen mit kleinen Säugetieren auf.

96 oben rechts
Eine Wüstenlandschaft mit flachem steinigem Terrain und gewaltigen Felsformationen.

96 Mitte
Ein Säulenwald, erodierte Steinformationen, nahe Djebel Fuga in der Wüste Sinai. Diese Säulen sind nur ein Beispiel für die vielen markanten geologischen Erscheinungsformen, die ein Wüstengebiet zu einem lebendigen Ort voller Überraschungen machen können.

sondern eher eine Kombination aus Gebirge und Plateau. Geologisch gesehen, ruht diese Region auf einem Horst – einer zwischen zwei Verwerfungen stehengebliebenen Hochscholle.

Im Norden erstrecken sich staubige Ebenen, die im Zentrum der Halbinsel von einem Kalksteinmassiv als Untergrund der Wüste Tih abgewechselt werden. Der Süden ist mit seinen hohen Bergen die spektakulärste und bekannteste Region der Halbinsel. Palmen säumen felsige Flussbetten, die sich durch die Gebirgsausläufer winden. Die Berge bestehen aus dunkelrotem, grau und gelb durchsetztem Sandstein. Der höchste der Sinai-Berge, der Djebel Katherin (Katharinenberg), erhebt sich 2637 Meter über dem Meeresspiegel.

96 unten
Der Golf von Akaba endet an der ägyptischen Küste nahe Taba. Die Hügel wirken trist und karg im Vergleich zum korallenreichen Wasser des nach Süden ins Rote Meer führenden Golfs, der für seinen Fischreichtum bekannt ist.

96–97
Kunstvolle Felsinschriften bei Rod al Air bezeugen, dass dort schon vor 500.000 Jahren Menschen lebten. Dank günstiger klimatischer Bedingungen sind diese Piktogramme gut erhalten.

Am Ostrand des Sinai fallen die Bebirgszüge zum Golf von Akaba ab, der mit seinem türkisfarbenen Wasser, roten Korallen und einer Vielfalt an tropischen Fischen geradezu traumhaft anmutet. Der Golf beheimatet mehr als 100 Korallen-, 800 Fisch- und Hunderte von Mollusken- und Schalentierarten. Korallen ist so leuchtend bunt und pulsierend als gäbe es winzige Lichter in ihrem Innern. Fische findet man in Hülle und Fülle, darunter den Nashornfisch. Die wundersame Unterwasserwelt macht diesen Ort zu einem der beliebtesten Tauch- und Schnorchelreviere der Welt. 500.000 Jahre alte Felsinschriften auf den Cañonwänden beweisen, dass Menschen schon seit Urzeiten in diesen Wüsten lebten. Die Sinai-Halbinsel wird seit Tausenden von Jahren heiß umkämpft, und das nicht wegen vermeintlicher Reichtümer, sondern weil sie die einzige Landroute zwischen Asien und Afrika darstellt. In der Wüste Sinai empfing Moses die Zehn Gebote und sah den brennenden Dornbusch, Begebenheiten, die noch von den heutigen Bewohnern in ehrfürchtigem Gedenken bewahrt werden – vor allem im Katharinenkloster am Fuße des Djebel Musa, das 557 n. Chr. zum Schutz der Mönche errichtet wurde.

Die Fauna des Sinai umfasst – neben anderen – die strahlend weiße Oryxantilope, Rennmäuse, die Wüstenspringmaus und die Schlafmaus. Auch Sandkatze, Wüstenfuchs, Wolf und Leopard sind hier heimisch. Kragentrappen mit ihrem schwarzweißen Federkelid kann man jedes Frühjahr bei der Balz beobachten. Ägyptische, israelische und jordanische Naturschützer arbeiten seit einigen Jahren gemeinsam daran, die einheimische Tierwelt der Region wieder in großer Zahl anzusiedeln.

Einige extrem widerstandsfähige Pflanzen haben sich im Lauf der Evolution den widrigen Bedingungen der Wüste, den salzigen Böden und der Trockenheit angepasst. Gelegentlich trifft man auf von natürlichen Quellen bewässerte Oasen mit mächtigen Palmen oder Feigenbäumen, die sich deutlich gegen den ockerfarbenen und roten Wüstenfels abheben. In höheren Regionen gedeihen Akazien und sogar einige Wacholderbäume.

97
Farbige Felsen an der Straße zum Katharinenkloster weisen verschiedene Erosionsformen auf. Die Felsen der Wüste geben Aufschluss über die geologische und kulturelle Geschichte der Region.

98–99
Im Südsinai liegt der häufig mit dem Sinai-Berg der Bibel zusammengebrachte Mosesberg, auf dem Moses die Zehn Gebote empfing. Zweifellos ist die Wüste ein Ort der inneren Einkehr, an dem viele Mystiker und Propheten metaphysische Einsichten gewonnen haben. Das Foto vermittelt einen Eindruck von der kargen Einsamkeit, der wilden Topographie und unglaublichen Farbenpracht des Sinai.

Die Wüste Sinai hat Naturwunder ganz eigener Art aufzuweisen – aber der Besucher der Region muss einige Geduld aufbringen, um dieses verborgene Leben in der Wüste aufzuspüren. Der Eindruck einer trockenen, lebensfeindlichen Region weicht wird an einigen Stellen auf wundersame Weise aufgehoben: sprudelnde Quellen und herrliche Palmen inmitten einer Landschaft aus heißem Sand. Die fantastischen Felsformationen, die geologische und farbliche Vielfalt des Gesteins beeindrucken immer wieder aufs Neue. Die meisten, die die Abgeschiedenheit der Sinai-Wüste einmal selbst erfahren haben, haben es als echte Bereicherung ihres Lebens empfunden, auch als Stärkung des Geistes – wie im Fall der religiösen Führer, die hierher kamen, um mit Gott Zwiesprache zu halten.

HOCHLAND UND FLACHLAND

NEGEV UND TOTES MEER, ISRAEL

Wandert man in der Wüste umher, beginnt man unwillkürlich nach Zeichen des Lebens, nach Pflanzen und Vögeln, nach Farbe überhaupt Ausschau zu halten. Im trockenen Flussbett des Tzin wird man tatsächlich fündig: buschige Tamariskenbäume und andere grüne Flecken sind zu sehen. Bei Sonnenuntergang erleuchten plötzlich wunderbare Farben den Himmel, mit feuerigen, purpur- und tiefroten Tönen. Die umliegenden Felsen verwandeln die Landschaft in ein Kaleidoskop der Farben. Der Sonnenuntergang scheint in diesem Land still zu stehn, man kann jeden Augenblick genießen. Das ist der Negev Israels.

Der Negev, auch Wüste Negev (Negev bedeutet »trockenes Land«), macht in Form eines riesigen Dreiecks von etwa 13.000 Quadratkilometern den südlichen Teil Israels aus. Er liegt nördlich des Golfs von Akaba und südwestlich des Toten Meeres, dem salzhaltigsten Gewässer und dem tiefst gelegenen Binnensee der Erde. Er weist viele Bodenarten auf und wird teilweise bewässert und als Ackerland genutzt.

Hoch über diesen Küsten ragt das Negev-Hochland etwa 430 bis 900 Meter über dem Meeresspiegel auf. Durch die Höhe ist es dort milder und kühler als in der Wüste unterhalb. Heute ist die Region nur spärlich besiedelt, was die verschiedenen natürlichen Ressourcen schützt. Vier Nationalparks, die archäologische Stätten der alten Nabatäer-Städte umfassen, liegen dort. In der Nähe von Qumran an der Nordwestküste des Toten Meers fand im Jahre 1947 ein Beduinenjunge Menschenschädel in einer Höhle.

Die atemberaubend schöne Schlucht En Avdat mit ihren Felsblöcken oberhalb der Steilhänge durchschneidet die Wüste Negev mit dem Flussbett des Zin über eine Strecke von einer Meile. Die Gegend beheimatet zahlreiche Wildtiere, darunter Steinböcke, Taschenratten, Wüstenleoparden. Beim Durchwandern des in der Regel trockenen Flussbetts kann man dichte Vegetation und ungewöhnliche Felsformationen bewundern. Tiefe, innerhalb von Tausenden von Jahren durch Erosion und Überflutung entstandene Becken, die von unterirdischen Strömen gespeist werden, haben die Gegend berühmt gemacht.

Im Frühjahr erwacht ein Blumenmeer in der Negev zum Leben. Von Februar bis April bietet die Wüste eine einmalige Farbenpracht, braune, dunkelviolette und -rote Irisarten prägen das Bild. Die violette Negev-Iris wächst dabei weiter südlich als alle anderen ihrer Art. Eine andere Irisart findet man ausschließlich in der Nähe der Stadt Yeroham, wo eigens für diese Pflanze ein Naturschutzgebiet geschaffen wurde.

Oryxantilope, Onager und Vogelstrauß sind bis auf das letzte Exemplar bejagt worden, andere Arten konnten die Naturschützer retten, darunter Gazellen, Steinböcke und auch, durch die Wiederansiedelung ihrer Beutetiere, Leoparden. Den Biologen des Hai-Bar-Wildreservats ist es gelungen, einheimische Arten wie Onager und Oryxantilope in kleiner Population wieder im Negev anzusiedeln. Wüstentiere sind eher nachtaktiv und meiden heiße Tagestemperaturen. Der Negev bietet außerdem Füchsen, Hyänen, Wüstenluchsen und Wölfen Lebensraum. Millionen von Zugvögeln nutzen den Landstrich auf ihrem Weg von Europa und Asien nach Afrika als Wasserstelle, beispielsweise Kraniche, Kormorane, Adler, Geier, Pelikane und Störche.

Im Herzen der Region nordöstlich des Negev liegt das Tote Meer, das einen neunmal höheren Salzgehalt als alle Ozeane der Erde hat.

Es trägt den Namen Totes Meer, weil der hohe Salzgehalt

100 oben
Bänke aus weißem Sand unterteilen das salzige grüne Wasser des Toten Meers in einzelne Becken. Wie andere Orte auf der Erde, wo man kein Leben erwartet, überrascht die Wüste nahe dem Toten Meer mit einer faszinierenden Vogel-, Reptilien- und Insektenwelt.

100 unten
Der hohe Salzgehalt des Toten Meers, der kein Leben zulässt, ist auf die starke Verdunstung infolge der großen Hitze zurückzuführen.

100–101
Im Hintergrund, über dem Toten Meer, steht die Festung Masada auf einem flachen Berg. Die 48 Kilometer südöstlich von Jerusalem gelegene Masada (Hebräisch für »Festung«) ist Nationalheiligtum. Bei der Revolte der jüdischen Zeloten gegen die römische Herrschaft in den Jahren 66 bis 73 entkam eine Gruppe zu diesem einst römischen Palast und konnte hier den Belagerern Kräften zwei Jahre standhalten. Bei der Gefangennahme begingen alle bis auf sieben der 960 jüdischen Verteidiger Selbstmord.

101 unten links
Die Stadt Mizpe Ramon erhebt sich 263 Meter hoch über die umgebende Wüste. Am Fuße des Berges erkennt man das trockene Flussbett des Nahal Ramon: Trotz der Trockenheit der Region bieten die Flussbetten der Wildfauna und seltenen widerstandsfähigen Pflanzen Lebensraum. In der Ferne verlieren sich parallel verlaufende Bergkämme.

101 unten rechts
Die im grellen Mittagslicht eintönig wirkenden, pilzförmigen verwitterten Felsformationen im Negev werden im Farbenspiel von Sonnenauf- und -untergang richtig interessant.

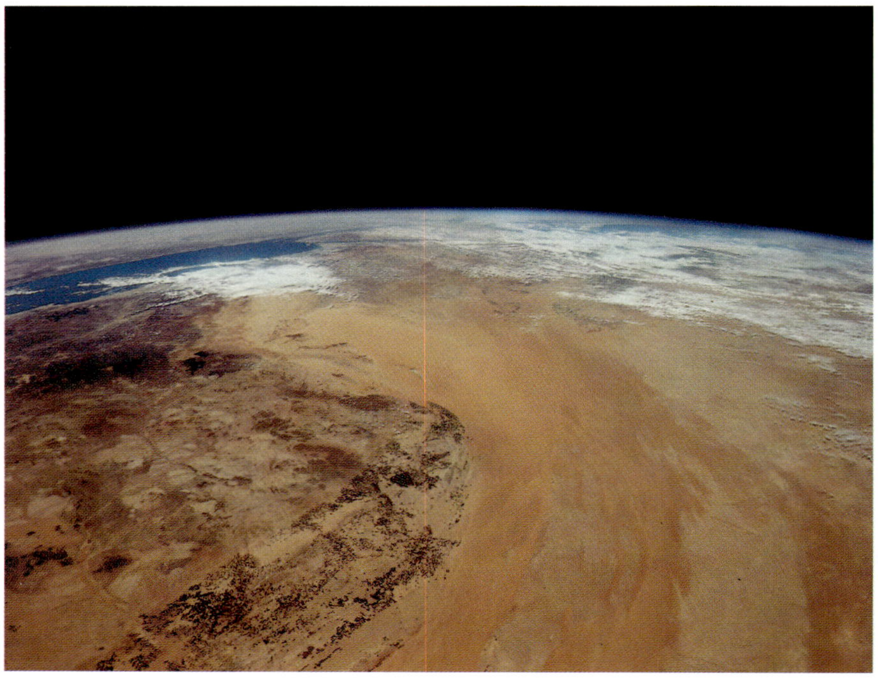

102–103
Die jordanische Wüste östlich des Toten Meers beherbergt Sandsteinmonolithen und von schwarzen Cañons durchschnittene Erhebungen.

102 unten links
Dieser Anblick der Erde wurde genau über Saudi-Arabien aufgenommen. Hier zeigt sich deutlich die abnehmende Steigung von den Bergen entlang des Roten Meers oben links im Bild über das Plateau etwa in der Mitte bis zur flachen Wüste in Ad Dahna rechterhand.

seines Wassers keinerlei Leben zulässt. Die große Hitze in der Region lässt das Wasser schnell verdunsten, das Salz bleibt zurück und somit eine wunderbare neblige Atmosphäre. Wegen der starken Verdunstung wird das Tote Meer immer kleiner. Die weißen Salzablagerungen am Ufer wirken vor den dunkelroten Bergen am Horizont wie frischer Schnee.

Das Tote Meer liegt zwischen Israel und Jordanien, etwa 24 Kilometer östlich von Jerusalem, südlich der Judäischen Wüste, die über eine Strecke von 32 Kilometern rasch zum Wasser hin abfällt und dabei 515 Höhenmeter überwindet. Die letzte Stufe stellt eine 183 Meter hohe Klippe dar, die direkt ins Meer abfällt. In das Nordende des mit durch-

schnittlich 300 Metern extrem tiefen Meeres mündet der Jordan.

Im tiefen Tal des Toten Meers trifft man auf herrliche Bananenplantagen, und weiter südlich sieht man das Wasser über die vielfarbigen Felswände oberhalb des Tals stürzen. In Meereshöhe liegen Felsblöcke in vielen Farben am Strand verstreut. Entlang des Ufers erstrecken sich zahlreiche schmale Cañons mit Wänden, die oft 150 Meter auf jeder Seite emporragen und kleine Bäche auf den Weg ins Meer geleiten. Schwalben sirren durch die Luft und Frösche sind scheinbar überall zu hören. Die krustigen Salzablagerungen am Ufer bieten einen ungewöhnlich bizarren Anblick.

Das Tote Meer ist für seine Kurorte und heißen Quellen auf der israelischen Seite berühmt. Heiße Schwefelquellen umgeben von modernen Gebäuden für therapeutisches Badekuren im Salzwasser prägen die Gegend. Der Salzgehalt des Wassers ist im Toten Meer so hoch, dass man darin reglos treiben kann, ohne unterzugehen.

Ein Spaziergang am Rande der Wüste, nahe des Toten Meeres, birgt zahlreiche Überraschungen, von der Schönheit der kargen Felsen zum stillen Wasser unterhalb, von den mit schneeweißem Salz gesäumten Stränden zur exotischen Fauna der Region.

102 unten rechts
Nur der Wind stört die Stille im Wadi Rum. Die Region eignet sich hervorragend für einsame Wanderungen zur Entdeckung der Naturschönheiten und ihrer fantastischen Farbspiele. Hier leben vorwiegend Beduinen in Zelten, denen das Kamel als Transportmittel dient.

103
Wadi Rum ist ein Paradies für Geologen bei der Erforschung des Rift Valley und der Spaltung der Tektonikplatten Asien und Afrika. Vom Rift Valley steigt das östliche Hochland Jordaniens, in dem man Felsformationen wie diese bestaunen kann, auf über 1525 Meter an.

104–105
Diese grandiose Ansicht der Zin-Wüste zeigt das Bergland mit seinen Steilhängen von Mizpe Ramon. Die prächtigen Farben im Gestein wechseln mit dem Tageslicht und bieten besonders bei Sonnenauf- und -untergang einen unvergesslichen Anblick. Im Hochland leben Steinböcke und Wüstenleoparde in einer Stille, die nur vom Echo gelegentlich fallender Steine oder dem Schrei eines Raubvogels gestört wird.

106 unten links
Die Morgensonne liegt auf den fünf Amir-Seen, die von einem natürlichen Kalksteindamm eingefasst sind. Zeizweise tritt das Wasser über den Damm und fließt in den Band-I-Amir-Fluss. Die Seen liegen durchschnittlich 2987 Meter hoch, zwischen der niedrigeren Wüste und den schneegekrönten Gipfeln des Hindukusch.

106–107
Die Seen Band-I-Amir im Norden Afghanistans liegen hoch in den Bergen, 193 Kilometer westlich von Kabul. Das Land ist rau und nur mit Geländewagen zugänglich.

BLAUE SAPHIRE IN DER WÜSTE

DIE BAND-I-AMIR SEEN AFGHANISTAN

Heiß und durstig fährt man stundenlang im Geländewagen, um so von Staub bedeckt zu werden, dass man wie ein Gespenst aussieht. Das Land ist eintönig und zerklüftet und beherbergt nur wenig Vegetation.

Plötzlich glitzert etwas Blaues wie eine Fata Morgana im Sonnenlicht, und dann taucht in dem rotbraunen Land ein breiter See auf. Bei näherem Hinsehen stellt man fest, dass es sich eigentlich um eine Reihe von fünf Seen handelt; diese sind von 6 Meter hohen natürlichen Kalksteindämmen eingefasst. Man hat den Eindruck, die Seen würden jeden Augenblick über diese Dämme schwappen oder sie durchbrechen. Aber das Wasser wird gehalten. Im Norden Afghanistans, zwischen Hindukusch und der Grenze zu Turkmenistan, liegen die Band-i-Amir-Seen hoch im Gebirge, etwa 190 Kilometer Luftlinie westlich von Kabul. Von der Hauptstadt aus muss man die Gebirgskette des Hindukusch überqueren, um zu den Amir-Seen zu gelangen.

Die Seen liegen durchschnittlich 3000 Meter hoch, und ihr tiefblaues Wasser spiegelt das öde Wüstenland ringsum. Wenig Vegetation, aber eine um so größere Farbenpracht der Umgebung prägen den Ort. Die fünf Seen fließen in den Band-i-Amir-Fluss, der wie viele Flüsse Afghanistans im Landesinnern versickert. Nur der östliche Fluss Kabul erreicht den Indus. Die fünf Seen und natürlichen Dämme umfassen den Band-i-Kahmar, Band-i-Gulaman, Band-i-Aibat, den Band-i-Panir und den Band-i-Pudina. Millionen Jahre alten Mineralabblagerungen sind diese eisig kalten Seen zu verdanken, die etwa 6 Meter höher als das Umland liegen.

Leider sind diese herrlichen Seen heute nur schwierig zu erreichen, da Afghanistan von der sowjetischen Okkupation und islamischen Revolutionen zerrissen ist. Politische Unruhen machen das Land zu einem gefährlichen Ort für Urlauben. Mit ziemlicher Sicherheit werden die Band-i-Amir-Seen in ihrem friedlich idyllischen Zustand fortbestehen und hoffentlich bald wieder für alle Interessierten problemlos zugänglich sein.

106 unten rechts
Die eintönige, wilde Landschaft rings um die Seen wird vom farbigen Glitzern der Wasseroberfläche wettgemacht. Die fünf Seen und natürlichen Dämme umfassen den Band-i-Kahmar, den Band-i-Gulaman, den Band-i-Aibat, Band-i-Panir und den Band-i-Pudina.

107 oben
Die Band-i-Amir-Seen entstanden unter extremen klimatischen und geologischen Bedingungen. Diese frostigen Seen sind Folge von jahrmillionenalten Mineralablagerungen, die etwa 6 Meter höher als das Umland gelegen sind.

107 unten
Das tiefblaue Wasser der Amir-Seen reflektiert das öde Wüstenland ringsum: heiß, ausgetrocknet und staubig mit wenig Grün, aber einer erstaunlichen Farbenpracht der Felsen.

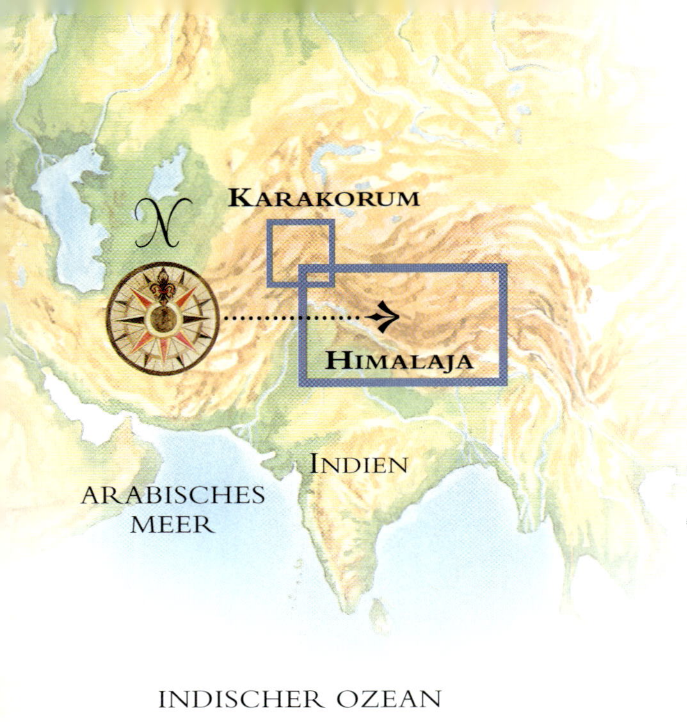

DAS DACH DER WELT

HIMALAJA UND KARAKORUM

108
Mit ihren scharfen Konturen sieht die in Nepal stehende natürliche Pyramide des Dorje Lhakpa wie ein von Meisterhand geschaffenes Werk aus. Der Himalaja entstand durch das Aufeinanderprallen zweier tektonischer Platten, die etwa 8 Zentimeter pro Jahr zusammenrückten. Noch heute wachsen die Berge jährlich um etwa einen halben Zentimeter.

Der Schnee knirscht unter den Schuhen, greller Sonnenschein überflutet das Plateau unterhalb der Bergspitzen. Ihre scharfen Konturen scheinen bis in die Wolken zu ragen. In der dünnen trockenen Luft hinterlässt der Atem seine Spur. Weit in der Tiefe liegen grüne Wälder und Wiesen, in der Höhe reflektiert die glitzernde Pyramide das Licht wie ein Diamant. V-förmige Einschnitte betonen Weite und Höhe der Bergketten und Täler. Die spektakuläre Aussicht erweitert sich mit jedem weiteren Schritt nach oben. Das Ziel ist das »Dach der Welt« – die Berge des Himalaja, dort »wo die Götter wohnen«.

Der Himalaja ist das höchste Gebirge der Erde. Der Name leitet sich aus dem Sanskrit ab und bedeutet »Schneewohnstätte«. Die zerklüfteten, ständig in Schnee gehüllten Berge ziehen seit Jahrhunderten Naturliebhaber und Religionsführer auf der Suche nach göttlicher Inspiration an. Wie die ursprünglichen Wüsten lassen diese mächtigen und erhabenen Berge die menschlichen Sorgen klein erscheinen. Noch heute zieht es Pilger zu Orten der stillen Beschaulichkeit wie dem Berg Kailas und dem Manasrovar-See in Tibet, dem Thyangpoche in Nepal, Badrinath, Kedanath, Yamunotri und Gangotri in Uttar Pradesh, Amarnath in Kaschmir und Hemis in Ladakh. Den europäischen Reisenden erinnern die schlichten buddhistischen Klöster an James Hiltons berühmten Roman »Der verlorene Horizont« (1935).

Wie die Alpen ist der Himalaja ein durch Auffaltung entstandenes, erdgeschichtlich noch relativ junges Gebirge. Es gliedert sich in drei große Gebirgsketten, den Hindukusch in Afghanistan, Tadschikistan und Pakistan, die Karakorum-Kette in Pakistan und China und den Himalaja in Pakistan, Indien, Nepal, Bhutan und Tibet (China). Diese Gebirge verdanken ihren Ursprung der Verschiebung der Eurasischen und der Indischen Platte.

Vor etwa 70 bis 65 Millionen Jahren begann die Auffaltung des flachen Urmeerbetts Tethys zu den Gebirgsketten und Tälern des Himalaja. Obwohl die Hauptgebirgsbildung vor etwa 600.000 Jahren abgeschlossen war, heben sich der Hindukusch, Karakorum und der Himalaja immer noch jährlich

108–109
Der Makalu und der Chimolonzo spiegeln sich hier im herrlichen Sonnenaufgang in einem kleinen tibetischen See im Kama-Tal. Die beiden Berge in der Nachbarschaft des Everest weisen nach Süden. Der Makalu ist mit 8481 Metern der fünfthöchste Berg der Erde.

109 unten links
In dieser Bergkette liegt der 8598 Meter hohe Kangchendzönga in Sikkim. Hier eine Ansicht mit dem Zemu-Gletscher im Kangchendzönga-Nationalpark.

109 unten rechts
Hier erkennt man deutlich die Schneewehen auf dem Dorje Lhakpa. Der Himalaja fungiert als Klimascheide, wobei auf der Südseite reichlich Regenfälle niedergehen und die Nordseite eher trocken ist.

110 oben links
Im Vordergrund der Gipfel des Broad Peak, mit 8047 Metern der zwölfthöchste Berg der Welt, während die Nordspitze des selben Berges dahinter zu sehen ist. Die mächtige Pyramide des K2 erkennt man im Hintergrund links.

110 oben rechts
Die zerklüfteten Spitzen der Karakorumkette nahe dem K2 bestehen aus regelmäßigen eisgepanzerten Kalksteinkegeln auf Granitbasis. Die Kette umfasst insgesamt 60 Berge, die durchschnittlich 6700 Meter hoch sind.

110 unten
Eine Totalansicht des K2 (K_2Chogori), ein Berg voller Erhabenheit. Die Einheimischen nennen ihn auch Lambha, Paha, Dapsang und Kecho.

um etwa einen halben Zentimeter an. Da die Berge geologisch gesehen immer noch aktiv sind, wundert es nicht, dass Erdbeben in der Region üblich sind, ja in einigen Gegenden sogar alle drei Minuten auftreten.

Die Bergketten erstrecken sich insgesamt etwa 2500 Kilometer von West nach Ost, mit einer durchschnittlichen Breite von 200 bis 400 Kilometern. Sie bedecken eine Fläche von ungefähr 600.000 Quadratkilometern, bei einer Durchschnittshöhe von 6100 Metern. Die drei parallelen Ketten umfassen mehr als dreißig Gipfel, die höher als 7300 Meter sind und die nördliche Grenze des indischen Subkontinents bilden. Selbst die Pässe durch diese Berge sind höher als der Montblanc, die höchste Erhebung der Alpen. Der Everest ist mit 8848 Metern der höchste Berg der Erde, gefolgt vom K_2Chogori mit 8602 und dem Kangchendzönga mit 8598 Metern. Die große Himalajakette umfasst allein neun der 14 höchsten Gipfel der Erde. 19 große Flüsse entspringen im Himalaja, darunter der Indus, der Ganges und der Brahmaputra. Der Hindukusch, Karakorum und der Himalaja tangieren die Länder Burma, Indien, Nepal, Bhutan, Tibet (China), Pakistan, Tadschikistan und Afghanistan.

Wer sich in dem Glauben wähnt, der Himalaja bestehe nur aus unwirtlichen, in ewigen Schnee gehüllten Bergen, für den hält die Region einige Überraschungen bereit. Unterhalb der Berggipfel trifft man auf Wasserfälle, grüne Wälder, Wiesen übersät mit Blumen und eisig kalte Flüsse. Eine Wanderung in den niedrigeren Ausläufern der Berge erinnert an die Alpen. Den Unterschied machen allerdings die Bewohner und die Architektur aus: Kleine Dörfer herrschen vor, wo Schaf-, Ziegen- und Yakherden gehalten werden. Gut erschlossene, jahrhundertealte Wege, sogenannte Saumwege, verbinden die Dörfer für den Handel und zu religiösen Zwecken. Die

110–111
Auf der Grenze zu Pakistan und China ruht der gewaltige K2, der zweitgrößte Berg der Welt. Hier mildern das dicke Eis des Gletschers und der Schnee die raue Nordwand des pyramidenförmigen Monolithen. Den Italienern Achille Compagnoni und Lino Lacedelli gelang im Jahre 1954 die Erstbesteigung.

Wanderrouten sind bei Reisegruppen oder »Trekkern« sehr beliebt, die in den meisten Fällen Streckenabschnitte mit einigen spektakulären Ausblicken auswählen, ohne die Gipfel erklimmen zu müssen.

Wegen der enormen Höhe der Berge und der zahlreichen Klimazonen stehen der Himalaja und Karakorum für eine unglaubliche biologische Vielfalt: So gibt es zwei Hauptarten tropischer Wälder im Himalaja: Regenwälder und laubwerfende Wälder. Die Regenwälder sind bis etwa 1200 Meter zu finden, darüber gedeihen Teak-, Eichen-, Magnolien- und Salbäume bis in Höhen von 2200 Metern. In noch höheren Regionen wachsen Zedern, Birken, Haselnuss, Ahorn und Nadelbäume bis 2700 Meter. Ein alpiner Wald aus Wacholder, Rhododendren, Moosen und Flechten erstreckt sich bis auf 3600 Meter, wo sich offene Hochgebirgsmatten mit Sträuchern und Gräsern anschließen. Die Dauerschneegrenze liegt im Himalaja bei etwa 5500 Metern. Die Baumgrenzen liegen bei 4200 Metern.

Die Vegetation ändert sich nicht nur mit der Höhe, sondern auch mit der unterschiedlichen Bergseite. Tropische Regenwälder gedeihen im östlichen Himalaja, während dichte subtropische und alpine Wälder mehr den zentralen und westlichen Himalaja beherrschen. Die Transhimalaja-Region kennt nur Wüste, da die hohen Berge den Regen von dort fernhalten. Gleichermaßen trennen die Berge die üppigen, regenreichen Vorgebirge in Nepals Süden vom trockenen tibetischen Plateau im Norden.

Die Schönheit des Himalajas ist vielerorts zu bewundern, beispielsweise in der Region Annapurna in Nepal mit ihrer atemberaubenden Landschaft und tiefen Tälern. Das Annapurna-Schutzgebiet wird von einer gemeinnützigen Stiftung zur Naturerhaltung und im Sinne eines verantwortungsbewuß-

112–113
Der mit 8848 Metern höchste Berg der Welt, der Mount Everest, im ersten Tageslicht. Seit seiner Erstbesteigung im Jahre 1953 sind Hunderte von Bergsteigern in die Fußstapfen von Hillary und Norgay getreten. Der jüngste war 19, der älteste 60 Jahre alt. Zwei Sherpas haben den Everest mehr als fünfmal bestiegen, und Yuichiro Miura fuhr 1970 sogar an seinen Hängen auf Skiern hinab.

112
Die Nordwand des Everest, von Tibet aus gesehen. Der Berg stellt eine große Herausforderung dar und mehr als 95 Menschen sind beim Versuch der Besteigung ums Leben gekommen. Heute ist eine Besteigung nur mit staatlicher Genehmigung möglich, dennoch gelingt es mehr und mehr Bergsteigern, den Gipfel zu erreichen.

teren Tourismus verwaltet. Im Rahmen des Ökotourismus erfreut sich der Himalaja zunehmender Beliebtheit, wobei eine hohe Zahl von Besuchern allerdings eine große Belastung für das fragile Ökosystem bedeutet.

Darüber hinaus ist zu beklagen, dass das Holz der Regenwälder im Himalaja immer häufiger der Säge zum Opfer fällt, was das Gleichgewicht der Natur bträchtlich stört. Im Annapurna-Schutzgebiet sowie in anderen staatlichen Parks geht man das »Problem« Tourismus bei gleichzeitiger Erhaltung der Naturschönheiten der Region an.

Der Sagarmatha-Nationalpark in Nepal wurde 1976 gegründet und 1979 zum Weltnaturerbe erklärt. Der Park bedeckt eine Fläche von 1243 Quadratkilometern und umschließt Sagarmatha (Mount Everest). Dort stehen der Himalaja-Tahr, der rote Panda, der Schwarzbär, Wölfe, Murmeltiere und der gefährdete Schneeleopard unter Schutz.

113 oben links
Der zerklüftete Kegel des Ama Dablam erhebt sich über dem nepalesischen Himalaja. Die gewaltige Gebirgsregion Asiens besteht aus Hunderten solcher Berge.

113 oben rechts
Der Nuptse scheint ein Sinnbild des nepalesischen Glaubens, die Berge seien das Reich der Götter und Heiligen.

113 unten
Sonnenuntergang auf dem Nuptse, vom nepalesischen Kala Pattar aus gesehen. Die große Himalaja-Kette ist das Rückgrat der gesamten Himalaja-Region und umfasst 9 von 14 der höchsten Berge der Erde.

Die Tatopani ist mit 1830 Metern die tiefste Schlucht der Erde, flankiert von zwei über 7925 Meter hohen Bergen, dem Annapurna und dem Dhaulagiri. Obwohl es nicht wie eine Schlucht wirkt, wenn man darin steht, weil die beiden Berge fast 16 Kilometer auseinander liegen, ist der Blick empor überwältigend. Das stille Wasser des Phewa-Sees reflektiert die erhabenen Gipfel. Das flache Pokhara-Tal breitet sich unterhalb des Phewa aus, vor der Kulisse des majestätischen Machhapuchhare.

Die zahlreichen Berggipfel beherrschen die oberen Regionen. Die abgeflachte Pyramide des Mount Everest ist in Nepal als »Sagarmatha« und in Tibet als »Quomolongma« bekannt. Der britische Landvermesser, Sir George Everest, der dem Kartografen-Team angehörte, das die Höhen des Himalajas erstmalig richtig geschätzt hat, taufte den Berg mit seinem Namen. Der ständig in Schnee und Wolken gehüllte Everest strahlt eine eigenartige Magie aus, sein weiß-braunes Äußeres ist unfreundlich und zauberhaft zugleich.

Bereits 1922 begann man mit Ersteigungsversuchen am Everest, aber erst am 29. Mai 1953 glückte es dem Neuseeländer Sir Edmund Hillary mit seinem Sherpa-Führer Tenzing Norgay, den Giganten zu erklimmen. Seither waren mehr als 550 Bergsteiger aus zwanzig Ländern bei der Besteigung erfolgreich, während 95 Menschen bei dem Versuch ihr Leben ließen. Die Besteigung ist wegen des Sauerstoffmangels äußerst schwierig und darf zudem nur mit staatlicher Genehmigung erfolgen. Von 14 Erstbesteigungen der Achttausender im Himalaja entfallen drei auf die Österreicher, auf Briten, Franzosen und Schweizer je zwei und auf Deutsche, Amerikaner, Italiener, Japaner und Chinesen je eine.

Die zweithöchste Erhebung der Welt stellt der 237 Meter niedrigere K2 (K_2Chogori) in Pakistan dar. Die beiden höchsten

114–115
Die Trango Towers der Karakorum-Kette erheben sich ehrfurchtgebietend, mit pfeilförmigen Felsen an den Abhängen.

Rechts im Bild der »Berg ohne Namen« – auch er liegt in Pakistan.

Berge sind in ihrer massigen Erscheinung recht ähnlich. Unterhalb des Kangchenzönga, dem dritthöchsten Berg, blickt man von der windgepeitschten, schroffen Gegend auf atemberaubende Gipfel des Massivs unter klarem blauem Himmel. Im schwindenden Tageslicht wechselt seine Farbe von Gold zu Dunkelrot, und er scheint über den niedrigeren Wolken des Tales zu schweben. Weitere bedeutende Achttausender sind Lothse (8511 m), Makalu (8481 m), Dhaulagiri (8167 m),

Manaslu (8156 m), Cho Oyu (8153 m), Nanga Parbat (8125 m), Annapurna I (8091), Gasherbrum I (8068 m), Broad Peak (8047 m) und Shiha Pangma (8013 m).

Der Himalaja ist reich an ehrfurchtgebietenden Bergen, die lange nicht so bekannt sind, weil sie von Everest, K2 und Kangchenzönga überschattet werden. Aber diese anderen Berge wären Giganten, würde man sie an eine andere Stelle in der Welt versetzen. Viele von ihnen sind eigentlich schöner als ihre höheren Nachbarn. Der Himalchuli beispielsweise ist eigentlich ein Kamm mit drei Hauptgipfeln und von Westen her gesehen eine sehr imposante Erscheinung; der tiefe weiße Schnee unterstreicht die herrlichen Blautöne der gezackten Bergflanke. Der Annapurna ist ein traumhafter Berg mit seiner gewaltigen mittleren Kuppe und wunderbaren Stimmungswechseln bei sich verändernden Lichtverhältnissen. Der Pumo Ri erscheint mit seiner klassischen weißen Pyramide perfekt. Der Bhagirathi Parbat beherrscht mit seinen drei Hauptgipfeln das Ende des zum Gangotri-Gletscher führenden Tals.
Aus diesem größten Gletscher des Himalaja entspringt der Ganges.

Der Machhapuchhare (»Fischschwanz«) ist einer der berühmtesten und elegantesten Berge der Welt: Er läuft spitz zu und scheint in einen weißen Schornstein zu münden.
Ein ähnlicher Berg ist der Shivling, aufgrund seiner Form auch »indisches Matterhorn« genannt.

114 unten links
Der Paiju in der Karakorum-Kette zeugt von der gewaltigen Aufwerfung, die diese schroffen Wände gebildet haben.

114 unten rechts
Der mysteriöse umwölkte Trango-Tuomo hebt sich scharf vom pakistanischen Flachland ab. Zerklüftete, eisgekrönte Bergkuppen wie diese bestimmen die gesamte Horizontlinie im nördlichen Pakistan.

115
Die Westwand des Gasherbrum IV in der pakistanischen Karakorum-Kette zeigt die typische Form dieser Berge. Sie scheinen geradewegs aus dem Boden bis in den Himmel zu ragen. Jährlich heben sich die Berge des Himalaja um einen halben Zentimeter an.

116 unten rechts
Das Bild zeigt einen Berg nahe des Flusses Bhagirathi in Uttar Pradesh und drei andere am Ende des nach Gaumukh führenden Tales.

116–117
Die majestätische Flanke des Kailas dominiert dieses Bild. Der Himalaja, als Quellgebiet zahlreicher Flüsse, nahm seinen Anfang als von prähistorischen Flüssen abgelagertes Sediment, das durch die Kollision der Kontinentalplatten zum höchsten Gebirge der Welt emporgehoben wurde.

116 unten links
Das nordindische Gaumukh befindet sich am Ende des Gangotri-Gletschers, aus dem der Ganges entspringt. Nicht weniger als 19 große Flüsse nehmen ihren Ursprung im Himalaja, darunter der Indus, der Ganges und der Brahmaputra.

Himalaja und Karakorum

Der weißflankige Nanga Parbat in Pakistan (mit 8125 Metern der zehnthöchste Berg der Erde) bildet ein Gegenstück zu den spitzen Himalajabergen, er sieht aus wie ein massives, riesiges, über den Horizont gespanntes Segel. In Pakistan reist man zur Karakorum-Kette, Teil der gleichen asiatischen Gebirgsregion wie der Himalaja, aber mit eigener Charakteristik, Schönheit und Großartigkeit. Die gezackten Bergkämme sind entlang der traumhaften Karakorum-Straße zu erkennen, die sich 1286 Kilometer über hohe frostige Bergpässe und um einige der höchsten Berge der Erde windet. Zwischen den vereinzelten Ortschaften erblickt man die grauen herabgefallenen Felsen, von denen sich ein Unzahl im Tal türmt. Weiter oben glitzert heller Sonnenschein auf den Hängen der blendend weißen Berge. Angesichts einer solche Pracht ist es nicht verwunderlich, dass die Einheimischen die Berge mit Ehrfurcht verehren.

Für die Einheimischen sind die Berge Wohnsitz der Götter und Heiligen, und somit ein Wallfahrtsort. Die Gletscher bringen die Flüsse hervor und die Bergmasse bestimmt das Wetter der Region.

Die Karakorum-Kette, die eine Hauptwasserscheide zwischen dem Indus (Indischer Ozean) und dem abflußlosen Tarim-Becken bildet, umfasst insgesamt 60 durchschnittlich 6700 Meter hohe Berge, die noch vom legendenumwobenen K2 mit 8611 Metern überragt werden. Darüber himaus gibt es im Karakorum (von Türkisch »schwarzes Geröll«) viele Siebentausender und ungezählte Sechstausender. Die gezackten, eisgepanzerten Gipfel der Gebirge krönen den Horizont, aber der Betrachter sollte sich nicht zu der Auffassung verleiten lassen, es sei in der Region immer kalt: Die höheren Berge des Himalaja liegen auf dem gleichen Breitengrad wie Florida und Kairo, so können die Sommer recht heiß sein, und die Temperatur sinkt nur mit steigender Höhe.

Die Bewohner der Himalaja-Region nehmen die Bergschönheiten eher gelassen, jedoch nie als selbstverständlich hin. Sie sind nicht davon besessen, jedem Berg, Pass und Fluss einen Namen zu geben und sie zu kartografieren. Wie skurril muss dagegen der Brite T. G. Montgomerie im Jahre 1856 mit seiner Messausrüstung, Papier und Bleistift

117 links
Ein Gebirgsbach des Ganges, der wie viele Lebensadern Indiens seinen Ursprung der Gletscherschmelze im Himalaja verdankt.

117 rechts
Garwhal-Shivling, ein Berg der Bhagirathi-Gruppe, liegt am Oberlauf des Ganges westlich von Nepal.

118 oben
Die vom Sonnenaufgang rot gefärbten eleganten Konturen des Siniolchu im indischen Sikkim, abgemildert durch seine weiße Schneehülle. Jeder Berg im Himalaja hat seine eigene Persönlichkeit, sein eigenes Gesicht und einzigartige Wirkung auf den Betrachter.

hier gewirkt haben. Montgomerie gab dem K2 seinen Namen, als einem von 35 Gipfeln in der von ihm kartografierten Karakorum-Kette. Die Bezeichnung ist geblieben und so setzt sich der Name des zweithöchsten Berges der Erde aus einem Buchstaben und einer Zahl zusammen.

Im äußersten Westen des Himalaja liegt der Hindukusch mit 24 im Schnitt 7000 Meter hohen Bergen. Er wird vom 7690 Meter hohen Mount Tirichmir überragt und bildet als eine ineinandergreifende Kette von Bergen, Tälern, Flüssen und Gletschern eine eigenständige Region, dominiert von der Schönheit der Natur und bekannt für die Zähigkeit und Robustheit seiner Bewohner.

Es überrascht nicht, dass der nepalesische Führer Tenzing Norgay mit Sir Edmund Hillary den Ruhm teilte, als erster den Mount Everest bezwungen zu haben. Ebenso verständlich ist, dass Norgay nicht im Rampenlicht stehen wollte. Er lebte täglich mit den Bergen des Himalaja, die er als enthusiastischer Bergsteiger liebte, aber als die Berge seiner Heimat eher gelassen betrachten konnte, was einem Fremden schwer fallen würde.

Die unglaubliche Topographie der Himalaja-Region, die wahrhaft ehrfurchtgebietend ist, versammelt die meisten geografischen Merkmale der Welt: Berge, Regenwälder, Wüsten und Plateaus. Dieses höchste Gebirgssystem der Erde bleibt bei allen, die eine Reise dorthin unternommen haben, ein unvergessliches Erlebnis.

118–119
Die Flanke des Annapurna erhebt sich 8078 Meter hoch. Der Berg und seine Umgebung gehören zum nepalesischen Nationalpark, einer der beliebtesten Trekking-Regionen im Himalaja. Der berühmte Annapurna-Circuit führt durch vielfältige geologische und biologische Zonen. Eine Route erstreckt sich meist über zwei bis drei Wochen.

118 unten
Eine weiterer großartiger Berg, der Chulatse mit Schneeflanke und Gletschern.

119 unten
Der gezackte Kamm des Annapurna steht für atemberaubende Anblicke und steile Täler. Die Tatopani-Schlucht ist mit mehr als 1830 Metern die tiefste der Welt. Im Annapurna-Schutzgebiet rings um den Berg versucht man, touristische Aktivitäten mit der Erhaltung der Natur in Einklang zu bringen.

120–121
Ein Wirrwarr üppiger Vegetation prägt den Regenwald Borneos. Als einer der ältesten Regenwälder, unterstützt durch das feuchtwarme Klima, ist seine Fauna- und Floravielfalt unvergleichlich.

120 unten links
Ein seltener Anblick ist die Rafflesie, die größte Blüte der Welt, die hier auf einer holzigen Liane am Boden des Regenwaldes blüht. Rafflesien, die weder Wurzeln noch Stängel haben und rosafarben blühen, sind parasitär; ihre Pracht täuscht über ihren Aasgeruch hinweg.

121
Ein Nashornvogel mit seinen riesigen farbigen Schnabel. Nashornvögel werden bis zu 152 Zentimeter lang, und einige Arten wie dieser tragen einen höckerförmigen hornigen Aufsatz auf ihrem großen, aber ebenso leichten Schnabel.

120 unten rechts
Eine Gruppe Kannenpflanzen mit trichterförmigen Blättern gedeiht am Boden des Regenwalds. Hineinkriechende Insekten werden von den abwärtsgerichteten dornigen Härchen festgehalten und fallen schließlich auf den Grund der Blattkanne, wo sie von Säften zersetzt und verdaut werden. In der Regel wachsen Kannenpflanzen auf kargem Boden, mit den Insekten bereichern sie ihr Nahrungsangebot.

IM TIEFEN URWALD

Borneo

Eine große grüne Schlange gleitet über einen Baumstamm und Affen schwingen sich von Ast zu Ast und schütteln dabei Blätter herunter. Niedrige, üppig bewachsene Berge mit einem Labyrinth aus Bäumen, Kletterpflanzen und Unterholz überragen das azurblaue Meer. Die Einheimischen wohnen in Langhäusern, die zwischen Regenwald und Fluss gerade noch Platz haben. Neben riesigen Palmwedeln kriechen große Echsen durch das Unterholz und man hört das Plätschern eines Wasserfalls. – Wir befinden uns im Urwald Borneos, einer seltsamen und fantastischen Welt.

Mit Borneo assoziiert man Begriffe wie »unbekannt«, »mysteriös«, »Kopfjäger«, »Regenwald«, »wilder Mann Borneos«. Auch wenn dies alles zu Geschichte Borneos gehört, ist die Region heute vornehmlich bekannt für ihre stillen Strände, Korallenriffe und nicht zuletzt für die Schutzbemühungen um den uralten, von Rodung bedrohten Regenwald. Borneo, eine der großen Sunda-Inseln, hat mit seinen Nebeninseln eine Gesamtfläche von 754.770 Quadratkilometern, wovon der größte Teil mit Urwald bedeckt ist. Die Besiedlung ist entsprechend gering: rund 10 Einwohner pro Quadratkilometer. Die Wirtschaft Borneos ist wenig ausgeprägt. Es gibt Kohle- und Erdöl- und Diamantenvorkommen, daneben Kautschukplantagen und Rohtanggewinnung.

Ein Naturwunder Borneos stellt der bizarr zerklüftete Mount Kinabalu und der ihn umgebende Nationalpark dar. Mit 4102 Metern höchster Berg Südostasiens ragt sein kahler Granitgipfel über den Urwald. Für die Volksstämme der Insel ist er von religiöser Bedeutung. Im Kinabalu-Nationalpark sind 1500 Orchideen-, 27 Rhododendron-, 450 Farn- und 300 Vogelarten heimisch. Auch zehn Arten der seltenen fleischfressenden Kan-nenpflanzen mit ihren fünf langen grünen Blättern gedeihen hier. 37 Meter über dem Waldboden wird dort dem Besucher die Vielfalt des Wildlebens auf einem hoch angelegten Pfad nahegebracht. Die Vegetationsstufen Borneos reichen vom Tiefland über Eichen-, Rhododendron- und Nadelwälder bis zu den Hochgebirgsmatten und Krüppelbüschen auf dem Gipfel des Kinabalu.

Im nahegelegenen Poring Hot Springs kann der Urlauber Schwefelbäder genießen oder die Gelegenheit nutzen, die größte Blüte der Welt, die seltene Riesen-Rafflesie zu bestaunen. Die größte bislang gemessene wies einen Durchmesser von 90 Zentimetern auf, mit 2 cm dicken Blütenblättern; sie wog fast 7 Kilogramm! Diese wurzel-, stängel- und blätterlosen Blumen sind Einzelblütler. Jede Blüte produziert nur ein Samenkorn, das auf seiner Wirtspflanze keimen muss, um diese gewaltige Blüte hervorzubringen.

Neben dem Nationalpark, der sich um den Schutz des Regenwalds bemüht, kümmern sich auch andere Organisationen um die Rettung der einheimischen Tierwelt, denen der Lebensraum durch Rodung entzogen wird. Eine der gefährdetsten Arten ist der Orang Utan. Das Orang-Utan-Rehabilitationscenter Sepilok nimmt verwaiste Orang Utans auf und füttert sie auf Plattformen zwischen den Bäumen. Die Affen haben dort Freilauf. Das Center liegt in einem üppigen Regenwald mit mehr als 277 Vogel- und 300 Baumarten. Zu den dort betreuten geschützten Tierarten zählen Malaienbären, Elefanten, Wildkatzen und Krokodile.

Borneos Artenreichtum erstreckt sich bis unter die Erde: In riesigen Höhlen, die zum Teil ein Gangnetz von nicht weniger als 66 Kilometern aufweisen, sind Fledermaus und Salangane beheimatet. Allabendlich schwärmen unvorstellbar große Fledermausscharen aus, vom reichen Insektenangebot der Insel angelockt.

Vor der Küste im Südchinesischen Meer umspült klares warmes Wasser Korallenriffe. Inseln wie Pulau Sipadan vor der Nordostküste Borneos beheimaten die reichsten Korallenriffe der Welt, in denen u. a. Barrakuda, Büffelfisch, Hecht, Papageifisch, Clownfisch, Drachenfisch, Weißflossenhai, Weichtiere, Seestern, die Riesenmuschel, Seeigel und diverse Schildkrötenarten zu Hause sind.

Die prächtige Koralle erscheint in vielfältigen Formen und fantastisch leuchtenden Gelb-, Grün-, Blau- und Rottönen. Auf dem Land setzen sich Borneos Wunder im Nationalpark Gunung Mula fort, eine Region die vor etwa fünf Millionen Jahren entstand, als sich durch Faltung und Anhebung des Urmeerbodens ein Kalksteingebirge bildete. Die Erosion hat

122 oben
Wie die Äste eines Baumes führen die Nebenflüsse eines Flusses zur Sadakan-Bucht auf Borneo. Der dichte Mangrovenwald ist ein idealer Brutort für zahlreiche Vogelarten. Die verschlungenen Mangrovenwurzeln wachsen in seichtem schlammigem Salzwasser.

122 Mitte
Dem Orang-Utan-Weibchen und seinem Jungen steht eine ungewisse Zukunft infolge der raumgreifenden Abholzung des Regenwalds bevor. Männchen werden mit 137 Zentimeter doppelt so groß wie die Weibchen und haben eine Armspanne von 213 Zentimetern. Orangs leben ausschließlich auf den Bäumen und ernähren sich von Blättern und Früchten, besonders von Feigen.

122 unten
Ein Sumatra-Nashorn, eine von fünf noch existierenden Nashornarten, wühlt sich durch das dichte Blattwerk des Regenwalds. Der Nashornbestand ist durch Bejagung und Rodung stark zurückgegangen. Diese Art unterscheidet sich von anderen durch die Kombination von zwei Hörnern, Schneidezähnen und Eckzähnen sowie einer Haut aus Panzerplatten. Nashörner sind Pflanzenfresser.

123
Ein Luftbild des Regenwalds bei Sabah, Malaysia, vermittelt einen Eindruck scheinbar endloser Fläche mit Bäumen und Wasserwegen. Niedriggelegene, bewaldete Sümpfe wie dieser geben Elefanten und Orang Utans Schutz.

eine Reihe von Türmchen mitten im Urwald hervorgebracht, während sich unterirdisch ein ausgedehntes Netz von Kalksteinhöhlen befindet. Farbenprächtige Nashornvögel, riesige Flugeichhörnchen, fliegende Frösche und Hunderte von Schmetterlingsarten sind hier beheimatet.

Im Bako-Nationalpark auf Muara Tebas, einer 26 Quadratkilometer großen Halbinsel im Südchinesischen Meer, hat das Meer die felsige Landzunge zu Bögen und steilen Sandsteinklippen ausgewaschen. Riesige bewachsene Monolithe beherrschen die langen weißen Sandstrände. Im Dschungel tummeln sich neben Langschwanzmakaken bis zu 2,5 Meter lange Warane. Der Nasenaffe ist wohl der interessanteste und scheueste Bewohner der Region. Dieser nur hier lebende große Primat hat eine lange rosafarbene Nase und einen fülligen Körper. Der weiße Schwanz ist dick, das Tier hat graue Beine und einen orangefarbenen Rücken. Fleischfressende Pflanzen wie die seltenen Kannenpflanzen, Sonnentau sowie Wasserfenchel gedeihen ebenfalls in diesen Wäldern.

Borneo verfügt, jedenfalls derzeit noch, über einen wilden Urwald mit einem faszinierenden Tier- und Pflanzenreichtum. Die anderen Regenwälder der Erde sind selten so ursprünglich und homogen. Die niedriggelegenen bewaldeten Sümpfe, die dem Schutz von Elefanten und Orang Utans dienen, der Urwald mit essbaren Farnen, Bambussprossen und ungewöhnlichen tropischen Früchten, der von Reihern, Eisvögeln, Mauerseglern und farbenprächtigen Bienenfressern bevölkerte Himmel machen Borneo unvergleichlich. Seine Korallenriffe, Höhlen und Urwälder gehören zu den spektakulärsten Naturwundern der Welt.

124 oben
Ein Warzenschwein durchstreift den Wald des Wildschutzreservats Yankari, Nigeria, auf der Suche nach Gras, Wurzeln, Beeren, Rinde und Aas. Seine scharfen Hauer dienen als Waffe zur Verteidigung gegen Raubtiere, vornehmlich Löwen.

AFRIKA

EINLEITUNG

Ein Bergsteiger schnappt beim Erreichen des eisverkrusteten Gipfels des Kilimandscharo nach Luft. Von hier aus sieht man die umliegenden weiten Ebenen mit ihrem ockerfarbenem Staub. Irgendwo da unten stellen sich Millionen von faszinierenden Lebewesen jeden Tag aufs Neue dem Kampf auf Leben oder Tod. Der Kilimandscharo ist nur einer von Tausenden herrlicher Flecken des afrikanischen Kontinents. Von der Spitze dieses Berges bis zu den Tiefen der Schlucht der Victoria-Fälle, von den großen Sanddünen der Namib bis zu den Korallenwundern im warmen Roten Meer bietet Afrika vielfältige Abenteuer und urtümliche Schönheit.

Die Europäer nannten Afrika lange den »dunklen Kontinent«, da sie so wenig über ihn wussten. Nur die Einheimischen kannten die sagenhaften Flüsse, Berge, Savannen, Seen, Wüsten und Wasserfälle. Bereits frühe Forschungsreisende waren fasziniert von der unvergleichlichen Fülle des afrikanischen Wildlebens. Die Tatsache, dass menschliches Leben vor fünf bis acht Millionen Jahren in den Ebenen Afrikas begann und der Kontinent somit als Wiege der Menschheit gilt und ferner eine der ersten Zivilisationen sich vor etwa sieben tausend Jahren am lebenspendenden Nil in Ägypten entwickelte, reizt nicht nur Forscher bis heute. Das war und ist Afrika, der zweitgrößte Kontinent der Erde.

Afrika bedeckt mit 30,3 Millionen Quadratkilometern 22 Prozent der globalen Landfläche. Vom Cape Blanc in Tunesien zum Cape Agulhas in Südafrika ist es 8000 Kilometer lang und in Höhe der Sahara 7562 Kilometer breit. Die Küstenlinie weist nur wenige Einschnitte und daher wenige Häfen auf. Der Kontinent ist weitgehend ländlich geprägt, ohne nennenswerte wirtschaftliche Entwicklung, er verfügt jedoch über natürliche Ressourcen wie Gold, Diamanten und Öl.

Weite, tiefgoldene Wüsten bedecken etwa zwei Fünftel der Fläche Afrikas, darunter die riesige Sahara im Norden und die kleineren Wüsten Kalahari und Namib im Süden. Üppige tropische Wälder machen dagegen nur ein Fünftel des Kontinents aus, vorwiegend im Kongo-Becken und den Küstenbereichen Westafrikas. Savanne mit vereinzeltem Baumbestand und Sträuchern herrscht vor.

Wasserfälle findet man häufig in Gegenden, in denen Hochland wie Ebenen zu finden sind. Hier stürzen Flüsse vom Hochland in die Tiefe. Ein Wasserfall wie die Victoria-Fälle ist derart gewaltig, dass er die menschliche Vorstellungskraft zu übersteigen scheint, vor allem wenn man direkt neben ihm steht. Sein bebendes Donnern und die unglaubliche Sprühwolken scheinen wie ein Sinnbild der afrikanischen Naturgewalten. In Senken, zwischen parallelen Bruchlinien der Erdkruste, haben sich stehende Gewässer gebildet. Ein Beispiel dieser Art ist – neben dem Roten Meer – der Tanganjika-See, der mit 675 Kilometern Länge der längste Süßwassersee der Erde ist. Die Senke unter dem See ist 1432 Meter tief.

124 unten
Ein Silberrücken-Berggorillamännchen – aufgenommen in den Virunga-Bergen. Gorillas sind sehr scheu und leben friedlich im dichten Wald.

124–125
Das Klima in den sich im Süden Zentralafrikas erhebenden Ruwenzori-Bergen ist feuchtheiß. Auch hier findet man Urwald; recht untypisch für Afrika, denn nicht einmal ein Fünftel des Kontinents ist mit tropischen Wäldern bedeckt.

125 unten links
Im Südwesten Nigerias bedeckt grüner Wald die Hänge nahe der Stadt Ife. Das feuchte Tiefland entlang der Küste hat dichte tropische Wälder gedeihen lassen und bietet Krokodilen und Schlangen Lebensraum. Hier wachsen auch Mahagonibäume und Ölpalmen.

125 unten rechts
Die Weite des Nigerdeltas ist auf dieser Luftaufnahme gut erkennbar. Es ist mit 36.260 Quadrakilometern Fläche, bei einer Breite von 160 und einer Länge von 95 Kilometern, das größte Flussdelta Afrikas und umfasst Mangrovensümpfe und Lagunen, wo Reptilien und Wasservögel leben.

126 oben links
Ungewöhnliche Pflanzen beherbergt der Ngorongoro-Krater in Tansania, die größte vollständige Caldera der Erde mit einem Durchmesser von 195 Kilometern, umgeben von Wänden, die 600 Meter hoch sind.

126 Mitte links
Das Ökosystem Serengeti-Mara-Ngorongoro in Tansania bedeckt eine Fläche von über 46.620 Quadratkilometern und bietet insgesamt über drei Millionen Tieren Lebensraum – darunter Gnus, Löwen, Geparden, Giraffen, Elefanten und Affen. Die Serengeti besteht aus großen offenen Ebenen und Gebirgsausläufern, trockenen Regionen sowie Stellen mit üppiger Vegetation in Flussnähe.

126 unten links
Die Schlucht mit dem steilen Felskamm nahe Pointe Noire an der Küste von Zaire verläuft mitten durch einen Wald.

126 rechts
Wasserstellen in Tansania sind lebenswichtig, aber auch gefährlich. Löwenrudel warten faul im Schatten der Bäume auf schwächliche Zebras oder Gazellen.

127
Der Kegel des aktiven Vulkans Ol Doinyo Lengai (Gottesberg) erhebt sich 2878 Meter hoch über die tansanische Ebene. Auch bei seinem letzten großen Ausbruch im Jahre 1966 spie er mehr Alkali-Asche als Lava. Heute sind seine steilen Hänge mit tiefen Furchen durchzogen, die starke Regengüsse in die weiche Asche gegraben haben.

128–129
Die schöne Insel Sansibar liegt vor der Westküste Tansanias im Indischen Ozean, ein grünes Land, berühmt für seine Gewürznelken- und Zimtbäume. Auch traumhafte Stränden und Korallenriffe gibt es dort.

Die höchsten Erhebungen Afrikas finden wir im Nordwesten und Mittelosten, darunter das Atlasgebirge, den Kilimandscharo und Mount Kenia.

Die afrikanischen Berge bilden weniger Ketten, als vielmehr einzelne, in kurzen Abständen aufeinanderfolgende Erhebungen, die majestätisch über den Ebenen und Regenwäldern aufragen. Bei den Ruwenzori- und Virunga-Bergen in Äquatorialafrika handelt es sich um kurze Bergzüge, die berühmt für ihre üppige Vegetation sind. Letztere beheimaten den versteckt lebenden Berggorilla.

Als einer der faszinierendsten Aspekte des afrikanischen Kontinents gilt sein vielfältiges Wildleben: Herden grasender Zebras, Antilopen und Giraffen ziehen im Jahreszyklus durch das Land, während Raubtiere wie Löwen, Leoparden, Hyänen und Schakale überleben, indem sie Jagd auf kranke, alte und schwache Tiere dieser großen Herden machen. Majestätische Elefanten und Nashörner durchstreifen den Busch, während sich Flusspferde im Wasser suhlen.

Glücklicherweise haben die afrikanischen Länder den Wert von Nationalparks und Naturreservaten früh erkannt. Einige von ihnen – wie die Serengeti und der Ngorongoro-Krater – haben den Status des Weltnaturerbes erlangt; dort bewegen sich die Wildtiere frei in ihrer natürlichen Umgebung. Weder Nordamerika noch Asien können sich solcher unberührter, ursprünglicher Wildhabitate rühmen. In den Regenwäldern leben Schimpansen, Gorillas und andere geschützte Affenarten. Auch in den Wüsten stößt man auf Leben, und zwar solches, das sich an die Trockenheit angepasst, also spezialisiert hat; hierzu zählen einige der faszinierendsten Lebewesen der Erde. Die Tiere der Wüste von den schädlichen Umweltveränderungen des 20. Jh. überwiegend verschont geblieben.

So vielfältig wie seine Fauna zeigt sich auch die Flora des Kontinents. In den tropischen Wäldern stehen Ölpalmen, früchtetragende Bäume neben Harthölzern wie Ebenholz und Mahagoni. Akazien, Affenbrotbäume, Dornbüsche und Palmen gedeihen in den Weiten der Savanne.

Man kann den Nil als eine Aorta des afrikanischen Kontinents begreifen, er garantiert in einem großen Gebiet Leben und Fortbestand. Als längster Fluss der Welt bringt er der größten Wüste der Erde Wasser. Früher waren die Menschen am Nil der Willkür des Flusses ausgeliefert, Überschwemmungen Ufer waren verantwortlich für Erfolg oder Misserfolg der Ernte und damit für Leben oder Untergang der Bevölkerung der Nilebenen. Hier hat der Mensch regulierend eingegriffen – mit dem Bau des Assuan-Staudamms. Flussaufwärts schwemmt der Strom weiterhin fruchtbaren Boden an.

Afrika übt eine magische Anziehungskraft aus, und führt uns zu unseren Wurzeln, gewährt uns Einsicht in das, was wir sind und lässt uns unsere künftige Entwicklung erahnen.

130–131
Die herrlichen Tis-Isat-Wasserfälle des Blauen Nils nahe seiner Quelle in Äthiopien im Tana-See. Von dort hat der Fluss noch mehr als 1400 Kilometer bis zum Zusammenfluss mit dem Weißen Nil in Khartum zurückzulegen.

130 unten links
Der breite Victoria-Nil fließt durch Uganda und passiert auf seinem über 322 Kilometer langen Weg zum Albert-See zahlreiche Seen und Wasserfälle. Vielfältigem Wildleben bietet dieser reißende Fluss entlang seinen Ufern Lebensraum.

130 unten rechts
Die unvorstellbare Gewalt des Nils, der sich seinen Weg durch die Wasserfälle in Uganda bahnt, macht ihn zum mächtigsten natürlichen Fluss der Erde. Ein zauberhafter Wassernebel mit traumhaften Regenbögen steigt in die Luft über den Millionen Tonnen Wasser, die auf die Felsen darunter stürzen.

131 oben
Die azurblaue Pracht des Victoria-Sees entfaltet sich zwischen Tansania und Uganda sowie an der Grenze zu Kenia. Er wurde nach der britischen Königin benannt und ist mit 69.485 Quadratkilometern der zweitgrößte Süßwassersee der Welt, nur übertroffen vom Lake Superior in Nordamerika.

131 Mitte
Ein Nilpferdmännchen mit seinen mächtigen Eckzähnen taucht aus dem Victoria-See auf. Flusspferde wiegen mehr als 40 Zentner und verbringen den größten Teil des Tages im Wasser auf der Suche nach Futterpflanzen. Sie können bis zu 25 Minuten unter Wasser bleiben.

131 unten
Die bekannteste Krokodilart, das Nilkrokodil, gibt es bereits seit 200 Millionen Jahren, aber mittlerweile ist auch das Nilkrokodil in seinem Bestand bedroht. Als gefährliches Raubtier mit 60–80 versetzt angeordneten Zähnen kann es seine Beute mit Leichtigkeit zermalmen.

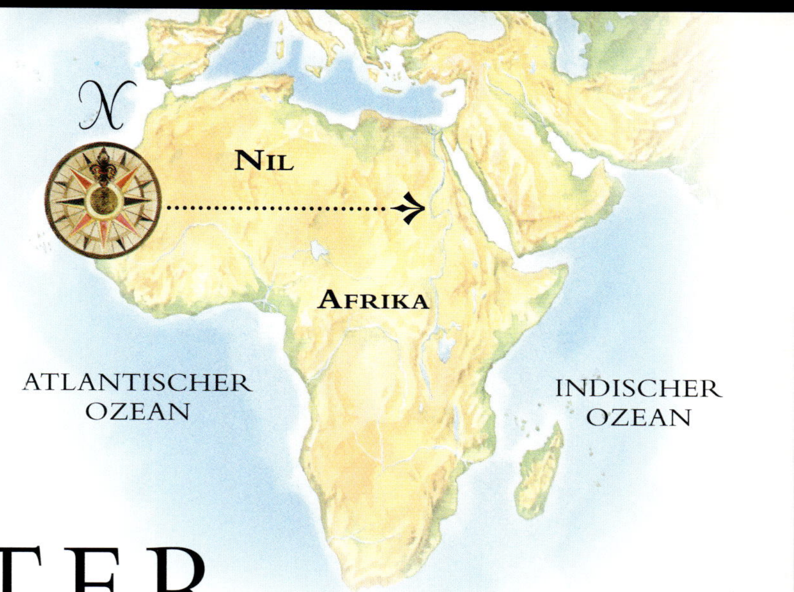

Mutter der Zivilisation

Der Nil

Der Nil ist der Fluss, der den Korb mit Moses und die Barke Kleopatras trug, der den alten Ägyptern Wasser und Nahrung brachte, Alexander den Großen und Julius Cäsar zu ihren Eroberungen inspirierte und an den imposanten Pyramiden vorbeifloss.

Wenige Flüsse durchqueren auf ihrem Weg zum Meer derart unterschiedliche Landschaften wie der Nil, dieser Fluss der Superlative.

Als längster Fluss der Welt erstreckt er sich von Süden nach Norden über 6648 Kilometer und bildet den Zusammenfluss des Blauen und des Weißen Nils und des Atbara. Das Flussbett bedeckt ein Zehntel des gesamten afrikanischen Landes, mehr als 3.348.870 Quadratkilometer. Die meisten denken an den Nil nur als Fluss in Ägypten, aber er beginnt bereits 4827 Kilometer tiefer im Herzen Afrikas und windet sich zunächst durch tropische Regenwälder, Gebiete mit Kaffeesträuchern, Bambus-, Bananen-, Gummi-, Ebenholzbäumen, Savannengrasland und Sümpfen, bevor er die Wüsten erreicht.

Bereiste man den Nil von seiner Quelle an, würde man mit dem Kagera beginnen, der in Burundi entspringt und zum Victoria-See fließt. Der größte See Afrikas ist 338 Kilometer lang und 241 Kilometer breit und bildet das Hauptreservoir des Nils. Die Uferlinie des Sees zeigt sich sehr abwechslungsreich. Das Südwestufer fällt 90 Meter tief ab, der Nordwesten ist flach und kahl und am Westufer erfreuen Papyrussümpfe mit grasenden Nilpferden das Auge.

Der in diesem Abschnitt »Victoria-Nil« genannte Fluss fließt aus dem See durch die 26 Kilometer langen atemberaubenden Stromschnellen der Karuma-Wasserfälle. Elefanten, Kamas, Giraffen, Antilopen und zahllose Vögel durchstreifen die Ufergegend, während die Krokodile geduldig im Wasser auf Beute lauern. Der Fluss braust in furchterregender Geschwindigkeit auf die Murchison-Wasserfälle am Rande des Albertsees zu. Dort verschmälert er sich, um sich schäumend durch einen 5 Meter breiten Felsspalt zu zwängen und 40 Meter tief in einen tobenden Strudel zu stürzen, so dass die Felsen durch die gewaltige Kraft erbeben.

Anschließend mündet der Fluss in den nach dem Prinzgemahl von Königin Victoria benannten Albert-See. Auf seinem Weg durch den Sudan heißt er »Weißer Nil«, er passiert die riesigen Sümpfe im Südsudan, die eine Großzahl von Nilpferden beheimaten.

In Khartum, der Hauptstadt des Sudans, wird der Nil von seinem ersten Nebenfluss, dem Blauen Nil, gespeist, der in den äthiopischen Bergen nahe dem See Tana entspringt. Bis dorthin wechselt die Landschaft von Wald über Sumpf und Grasland zu Wüste, der nubischen Wüste.

322 Kilometer nördlich von Khartum ergießt sich der Atbara aus dem äthiopischen Hochland als letzter der drei großen Nebenflüsse in den Nil.

Der Nil fließt in einer großen S-Form in einem Cañon durch die trockene nubische Wüste im Nordsudan.

In diesem nordsudanesischen und südägyptischen Abschnitt wälzt sich der mächtige Strom durch sechs »Katarakte« genannte Stromschnellen. Der zweite frühere Katarakt existiert nicht mehr, da sich der Fluss nun unterhalb der ägyptischen Grenze in den

132–133
Das Nildelta breitet sich auf 15.540 Quadratkilometern aus. Durch Versandung büßt der Nil hier einen Teil seiner Wassermenge ein.

132 unten links
Der Nil bei Luxor, wo er in der Vergangenheit eine bedeutende Rolle im wirtschaftlichen, politischen und religiösen Leben spielte. Die Ägypter erbauten die Pyramiden von Gizeh, die Gräber im Tal der Könige, große Tempel und Städte entlang seinen Ufern. Heute bringen Boote die Touristen zu den Tempeln von Luxor, Karnak und Abu Simbel.

132 unten rechts
Der Nil bei Assuan mit Feluken – leichten, typisch arabischen Segelbooten. Von hier an erstreckt sich der Nasser-See 515 Kilometer gen Süden. Als das steigende Wasser des Sees mehrere alte Bauten zu überschwemmen drohte, vornehmlich den Tempel von Abu Simbel und den Philae-Tempel, wurden beide Stein für Stein zu einem höher gelegenen Ort gebracht.

132 oben links
Diese Ansicht aus dem All zeigt das Niltal und sein Delta oben links. Der Moeris-See und sein fruchtbares Umland bilden eine Blattform links des Flusstals. Der Golf von Suez und die Sinai-Halbinsel sind linkerhand zu erkennen.

132 oben rechts
Eine Ansicht des Assuan-Staudamms am Nasser-See in der Dürre von 1980 mit stark gesunkenem Wasserspiegel.

Nasser-See ergießt, der durch den Assuan-Staudamm 1971 entstanden ist und mit 5000 Quadratkilometern einen der größten von Menschenhand geschaffenen Seen darstellt.

Allein das Niltal Ägyptens misst 1530 Kilometer Länge. Nördlich von Edfu ist es durchschnittlich 8 bis 16 Kilometer breit und beidseitig von steilen Flanken gesäumt. Nördlich von Kairo geht das Tal in das fruchtbare Delta über.

Das östliche Wüstenland wird von Sahara-Ausläufern gebildet, die vom Nil aus bis auf eine Höhe von 610 Meter ansteigen und östlich vom Nil bis zum Roten Meer verlaufen. Trockene Flussbetten, die Wadis, durchschneiden die gebirgige Region.

Die jährliche Überflutung mit Nilwasser macht die mangelnden Niederschläge wett. Jahrtausendelang hat der Nil dicke schlammige Ablagerungen mit fruchtbarem Boden jährlich über die Ufer verteilt. Heute leben nicht weniger als 90 Prozent der Bevölkerung von dem fruchtbaren Landstreifen beiderseits des Nils. Auf den Uferbänken wechseln sich kleine Bauernhöfe mit Dörfern ab, die erbarmungslos der Hitze ausgesetzt sind, aber auf die Gaben des Nils vertrauen.

In der Region des Nil leben viele Tierarten, darunter der Nilbarsch, der bis zu 79 Kilogramm auf die Waage bringt, Katfisch, Aal, Lungenfisch. Nilkrokodile ruhen am Ufer oder lauern unter der Wasseroberfläche, nur ihre Augen und Nasenlöcher sind sichtbar. Für Eidechsen, Weichschildkröten und mindestens 15 Giftschlangenarten bietet der Wüstenfluss Lebensraum.

133 unten
Der Nasser-See bildete sich aus aufgestautem Nilwasser hinter dem Damm, der 1971 fertiggestellt wurde, für die Regulierung der Wassermenge und zur Stromgewinnung. Dieser See inmitten der Wüste hat die Temperatur der gesamten Region leicht gesenkt.

Schließlich erreicht der Fluss das auf dem Ostufer des Nildeltas gelegene Kairo mit seinen geschätzten 11 Millionen Einwohnern – Hauptstadt Ägyptens und größte Stadt Afrikas. Im Norden Kairos formt der Nil sein 15.540 Quadratkilometer großes Delta, das sich als gigantisches V bis zum Mittelmeer erstreckt. Im Osten begrenzt durch den Suezkanal, im Westen von Alexandria ist es ein geografisches Merkmal vieler Flüsse und wurde nach der Form des Buchstaben D benannt. Der Nil hat dort über Jahrhunderte Boden angeschwemmt, der sich ausgezeichnet als Ackerland eignet.

Trotz der Veränderungen durch den Assuan-Staudamm bleibt der Nil weiterhin eine mächtige Kraft. Er ist die Hauptschlagader des afrikanischen Kontinents, der den tropischen Regen Zentralafrikas durch die Wüste zum Mittelmeer trägt. Er war die Wiege einer der ersten und vielleicht einflussreichsten Zivilisationen und wird fortwährend eine nicht zu unterschätzende Kraft in der Geschichte der Erde darstellen.

134 oben
Die Sahara hat noch andere Wunder als Sanddünen zu bieten, die allerdings selten zu sehen sind, da das so wichtige Lebenselement Wasser rar ist. Die wunderbaren Felsformationen dieses Flusstals liegen in Zentralmarokko, das vom 4070 Meter hohen Irhil M'Ggoun beherrscht wird.

VERSTECKTE OASE

DIE SAHARA

134 Mitte
Die stark erodierten Sandsteinfelsen des Cypsus-Tals liegen im Tassili-n-Ajjer-Gebirge in Ostalgerien, nahe der libyschen Grenze. Unter der Wüste lagert Algeriens Reichtum, Öl- und Erdgasvorkommen.

134 unten
Der Nord- und der Südgipfel des Tizoyag bei Sonnenuntergang, von Assekiem aus gesehen. Der Kontrast zwischen der glatten Pyramide im Hintergrund und dem stark erodierten Vordergrund erinnert an das nordamerikanische Monument Valley.

Eine kristallklare Nacht mit Millionen von Sternen am Firmament, die die trockene Wüstenluft so greifbar nah erscheinen lässt. Die aufgehende Sonne setzt Akzente in den schwarzen Felsen und im rosafarbenen Sand. Endlose Dünen reihen sich hintereinander. Der Wind wellt den Sand ständig neu, Erosion schafft ungewöhnliche Felsformationen. Hier und da lugen Wüstenpflanzen und -gräser mit trockenen braunen Stängeln durch den Sand und warten monate-, ja jahrelang auf lebenspendendes Wasser. Mensch und Tier scheinen verloren in den mächtigen Dünen, die kleinen Silhouetten der Händler und Kamele muten an wie Ameisen vor einem riesigen Sandhügel – die Sahara, ein Land extremer Trockenheit, endloser Horizonte und karger, aber schöner Landschaften.

Der afrikanische Kontinent beheimatet drei Wüsten: die Sahara, die Kalahari und die Namib, die zusammen mehr als ein Drittel des gesamten Kontinents ausmachen. Die Sahara als größte Wüste der Welt bedeckt elf afrikanische Staaten ganz oder teilweise und misst etwa 10 Millionen Quadratkilometer. Sie erstreckt sich 5150 Kilometer von Ost nach West, vom Atlantischen Ozean zum Roten Meer und etwa 2000 Kilometer von Nord nach Süd, vom Mittelmeer zum Savannengürtel der Sahel. Entgegen der allgemeinen Annahme sind nur etwa 20 Prozent der Sahara mit Sanddünen bedeckt; etwa 70 Prozent bestehen aus Fels und Schotter.

Der Westen der Sahara ist felsig und steigt nach Osten hin an. Zwar fällt in der Region kaum Regen, aber die Berge Emi Koussi und Tahat sind im Winter mit Schnee bedeckt. Der östliche Teil der Sahara, auch als »Libysche Wüste« bekannt, ist ebenfalls trocken und besitzt nur wenige Oasen. Daher erstaunt es kaum, dass die gesamte Sahara-Region nur knapp zwei Millionen Menschen beherbergt.

Ungeachtet der unwirtlichen Natur und der lebenswidrigen Umstände hat die Sahara dennoch ihre schönen Seiten: ständig mutierende Sandformationen, die stoische Gelassenheit der Felsen, riesige, trockene, weiß in der Sonne glitzernde Salzseen, die fernen, schneebedeckten Berge, über denen sich Feuchtigkeit bildet.

Die Sahara entstand vor mehr als fünf Millionen Jahren im Pliozän. Seither unterliegt die Gegend wechselweise trockenem und feuchtem Klima. Vor 8000 Jahren war die Sahara noch eine fruchtbare Region, in deren Gewässern sich Fische tummelten und auf deren Ebenen Elefanten und Giraffen grasten. Etwa 4000 v. Chr. änderte sich das Klima und die Region begann auszutrocknen. Während der letzten 2000 Jahre herrschte konstant

135
Die Kamelkarawane lässt die Größe dieser Sanddünen erahnen. Die nahezu ausschließlich von Tuaregs geführten Karawanen transportieren Salz und andere Waren durch die Wüste. Sie sind auf Oasen angewiesen, deren Wasser Mensch und Tier am Leben erhält.

136–137
Das Bild, das sich die meisten von der Sahara machen, entspricht wohl diesem Foto von der marokkanischen Wüste, aber tatsächlich bestehen nur etwa 20 Prozent der Sahara aus Sanddünen.

Die Sahara

138 oben links
Das Foto zeigt Wüstengräser auf den Dünen von Mursuk in Südlibyen. Licht und Schatten malen großartige Bilder auf diese Sandhügel, die leider nur wenige Menschen zu Gesicht bekommen.

Trockenheit, mit Ausnahme der Zeit vom 16. bis 18 Jh., während der »kleinen Eiszeit« in Europa und Amerika, in der die Niederschläge geringfügig zunahmen.

Heute stellt die Sahara eine der trockensten Regionen der Welt dar, nichts als vom Wind geformte Hügel in einer Landschaft aus Sand. Im Norden herrscht trockenes subtropisches Klima mit bis zu 57 °C im Sommer, kalten Wintern und zwei Regenzeiten vor. Das trockene tropische Klima des Südens kennt trockene Winter, heiße trockene Sommer und eine Regenzeit. Der Niederschlag liegt bei 13 bis 26 Zentimetern jährlich, wobei es in manchen Jahren allerdings überhaupt nicht regnet.

Trotz der Trockenheit der Luft und des Bodens gibt es doch Wasser in der Sahara. Wie viele andere Schönheiten dort bleibt es aber dem Auge des Betrachters verborgen. Unterirdische Wasseradern durchziehen den größten Teil der Sahara, wobei die meisten untertellerförmige, artesische Becken zwischen undurchlässigen Felsschichten bilden: An ihren Rändern fließt Regenwasser hinein und bleibt dort für Jahrhunderte gespeichert. Auch unterirdische, in den zahlrei-

138 oben rechts
Die Dünen von Mursuk stehen als Sinnbild für einen Großteil der heißen trockenen Region. Das Saharaklima ist während der vergangenen 2000 Jahre konstant geblieben.

138 unten
Auch in den südwestlichen Wüsten Libyens leben Tiere wie Wüstenfuchs, Renn- und Wüstenspringmaus, cape hares# und dorcas gazelles#. Mehr als 300 Zugvogelarten nutzen die Sahara.

chen Oasen hervortretende Flüsse hat die Wüste zu bieten. Die Flüsse an der Oberfläche sind meist ausgetrocknet. Im Norden fließt der Großteil des Wassers vom Atlasgebirge und vom Hochland von Libyen, Tunesien, Algerien und Marokko in Form von Strömen und Wadis, hier »Oueds« genannt, in die Sahara. Zahlreiche Sträucher und Gräser gedeihen in diesen trockenen Flussbetten. Die Lehmhütten der Berber sieht man in Ostafrika. Ihre Türen sind mit bunten geometrischen Formen bemalt, die die bösen Geister fernhalten sollen. Außerhalb der Oasen glaubt man sich in eine andere Welt versetzt, die keinerlei Leben zulässt.

Spärliche Vegetation ist typisch für die Sahara, im Hochland wachsen Zypressen, Olivenbäume, Akazien und Artemisia, im Flachland Kolbenhirse. Salzresistente Pflanzen, Halophyten, gedeihen in den Senken. Die gesamte Vegetation der Sahara hat sich dem minimalen Niederschlag wie der übermäßigen Hitze angepasst. In den Oasen wachsen Dattelpalmen nahe der Wasserquelle – je größer die Quelle, desto mehr Bäumen spendet sie Leben. Die Wüste beeindruckt jeden Besucher mit ihrer absoluten Stille. Das einzige Geräusch machen die eigenen Schritte. Die Wüste scheint endlos und der Horizont ist in allen Richtungen gleich. Tot, dürr, endlos, ein Irrgarten aus Sand – durch die Sahara zu ziehen heißt von Oase zu Oase zu reisen, in der Hoffnung, dass der Wasservorrat reicht, ob man zu Fuß, mit dem Kamel oder mit dem Auto unterwegs ist. Manchmal unterbrechen in der Ferne Palmen wie eine Fatamorgana die Monotonie. Vielleicht sind es auch nur die hellen Felsen der Gebirge. Graue, scharfkantige Steine ruhen im trockenen, groben Sand. Größere, dunkle bis schwarze Steinbrocken lassen auf vulkanischen Ursprung schließen.

Die Tiere der Wüste sind nachtaktiv, sie meiden die Hitze des Tages. Aber sie sind da: großohrige Wüstenfüchse, kleine Renn- und Wüstenspringmäuse, Wüstenigel, Dama-Gazellen, wilde Esel, Paviane, Tüpfelhyänen, Schakale, Sandfüchse, libysche gestreifte Wiesel und schlanke Mungos. Auch über 300 Zugvogelarten bietet die Sahara zeitweise Lebensraum. Strauße, Sekretäre, Perlhühner, Trappen und Wüstenadler leben das ganze Jahr über in Teilbereichen der Sahara. In den Seen und an den Wasserstellen tummeln sich Frösche, Kröten und Krokodile; zwischen den Felsen und in den Dünen Eidechsen, Chamäleons, Skinks und Kobras. Die meisten Tiere sind im Gebirge beheimatet, wo Felsspalten Schutz vor Sonne und Feinden gewähren. Beim Anblick der kargen Landschaft mag man kaum glauben, dass das Leben sich hier so vielgestaltig zeigt.

138-139
Eine großartige hellbraune Wüstenlandschaft breitet sich vor einer kleinen Oase in der Region Fessan im Südwesten Libyens aus. Als eines der größten Länder Afrikas ist Libyen zu 90 Prozent mit flacher Stein- oder Sandwüste bedeckt.

139
Der Wind modelliert sanfte Wellen in den feinen weißen Sand Südtunesiens. Wo Dattelpalmen wachsen, gibt es auch Wasser. Ihre spektakuläreren Vettern dagegen, die Halophyten, haben sich dem salzhaltigen Boden, dem minimalen Regen und der intensiven Hitze angepasst.

Nach einem langen Treck durch die Wüste, mit Kompass und Karte, taucht endlich die heiß ersehnte Oase auf! Dann kann man nur hoffen, dass der Brunnen nicht ausgetrocknet ist. Oasen sind Zufluchtsstätten der Ruhe und Stille, mit schattenspendenden Palmen. Sie muten an wie kleine Inseln im riesigen öden Wüstenmeer, auf denen die Menschen leben, Handel und Landwirtschaft betreiben. Nie sehen Bäume einladender aus als in einer Oase: das tiefe Braun der Rinde, das üppige Grün der Blätter – man fühlt die Verwandtschaft mit einem lebenden Organismus mitten in der Weite der Wüste.

Setzt man seinen Weg fort, so staunt man über die seltsam schrägen Sonnenstrahlen auf den scharf konturierten Sanddünenkämmen, die sich in S-Kurven bis zum Horizont winden. Durchquert man Algerien, so reist man über den Westlichen und den Östlichen Großen Erg, die zusammen ein Gebiet von der Größe Frankreichs bedecken. In dieser Region sieht man Karamelkaravanen auf endlosen Dünen.

In den Wüstengebirgen Libyens und bei Tassili-n-Ajjer zeugen Höhlen und Wandmalereien von frühen Bewohnern. Kühle rotwandige Cañons winden sich in die Tiefen des Massivs. Die

140–141
Nordwestalgeriens aus dem All gesehen, nahe der marokkanischen Grenze. In Kahel Tabelbala wechseln sich niedrige Hügel, trockene Flussbetten und der Erg Er Raoui, vom Wind geformte Sanddünenwellen, ab. Eine dünne Schicht oxidierten Felsens bringt etwas Farbe in die Einöde.

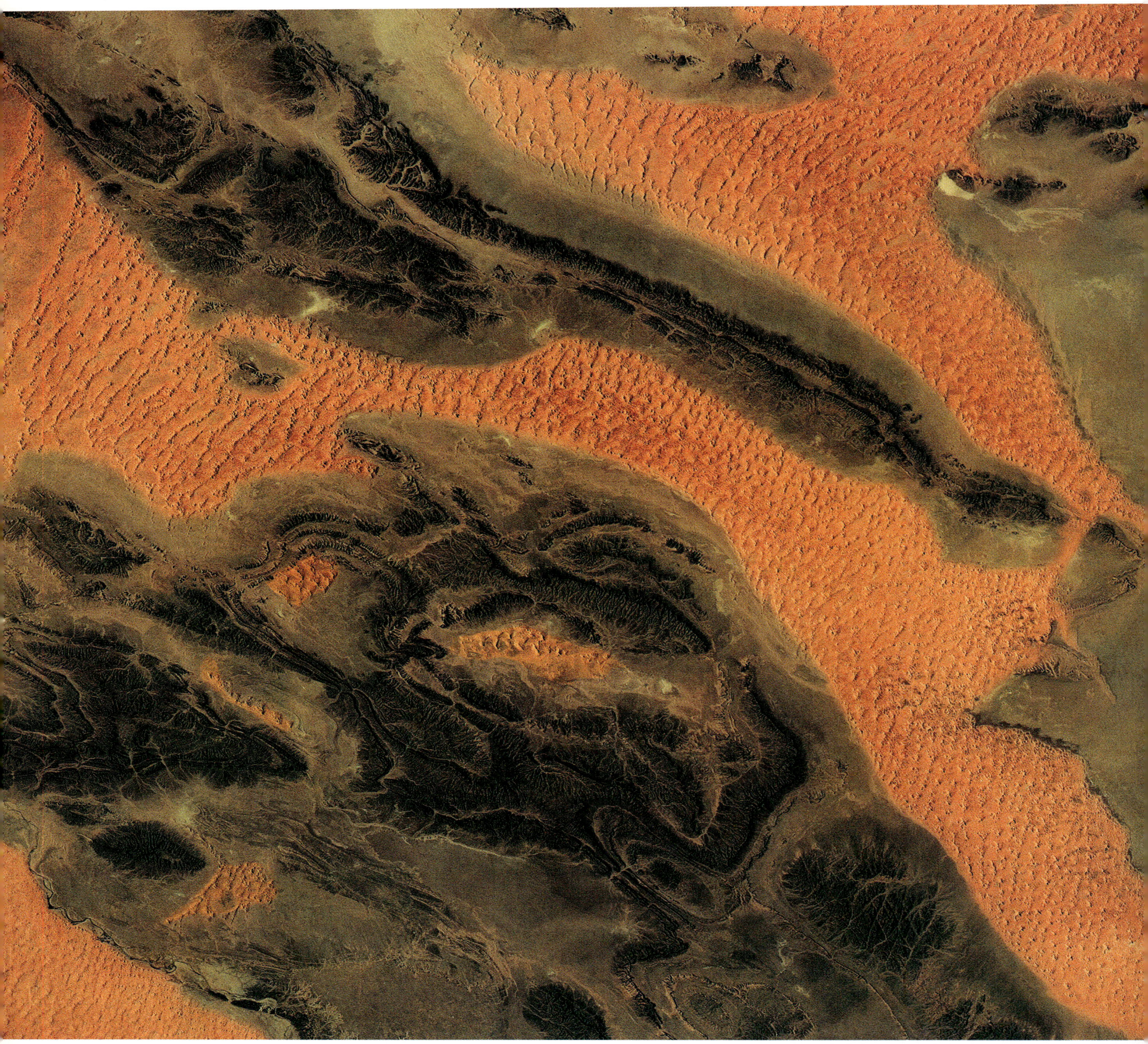

Tadrart- und Akakus-Ketten bieten erstaunliche Landschaften zerklüfteter roter und weißer Felsflanken. Der orangefarbene Sand, vom Wind zu kleinen Wellen geformt, drängt sich an die umstehenden Felstürme und -säulen. Dann das urtypische Sahara-Erlebnis: Nach langer, beinahe zermürbender Eintönigkeit der Landschaft eröffnen sich plötzlich außergewöhnlich schöne Perspektiven.

In der südlichen Region der Sahara liegt der Sahel, ein Streifen Land, der die Wüste von der Savanne trennt. Das Wort »Sahel« stammt vom arabischen Wort für »Kante« oder »Rand«. Der Sahel schrumpft zusehends, da seine wenigen Bäume und Büsche abgeholzt werden, ohne die die dünne Bodenschicht aber verweht wird, so dass sich die Wüste weiter ausbreiten kann. So nähern sich die Kalahari und die Sahara jährlich um 160 Kilometer. Obwohl die Wüste so unwirtlich scheint, findet man doch Pflanzen, Tiere und menschliche Behausungen. Ihre schiere Größe und die unglaubliche Verschiedenheit ihrer Ressourcen machen sie zu einem wahren Weltwunder. Nie wird man die Romantik einer Wüstennacht, die glitzernden Sterne und den aufgehenden Mond über einer Landschaft ohnegleichen vergessen können…

141 oben rechts

Blick aus dem All auf die Sahara im Südwesten Libyens mit dem Mursuk-Sandmeer. Als zerklüftetes Land unten rechts erkennt man den Ostzipfel des Tassili-n-Ajjer-Gebirges und des Tadrart-Plateaus in Algerien. In der Bildmitte kleine, mit Felsausläufern durchsetzte Sanddünenregionen.

141 oben links

Diese Aufnahme aus dem All lässt die Topografie des Nordwestsudan erkennen, ein faszinierendes Potpourri diverser Bodenarten: Rote Erde ist fruchtbarer und älter, die dunkelbraunen Flecken in der Mitte sind möglicherweise Vulkanaschenkegel. Gelbtöne weisen auf Dünen hin.

141 unten

Im Herzen des westafrikanischen Mauretanien liegt das als »Stierauge« bekannte, 40 Kilometer breite und 90 Meter tiefe Naturphänomen. Kräfte aus dem Erdinnern haben es emporgehoben und der Wind erodierte nach und nach die unterschiedlichen Felsschichten, so dass sich die Ringe und Grate bildeten.

142–143
An der Südspitze der Sinai-Halbinsel setzen sich die Klippen des Nationalparks Ras Mohammed unter dem kristallklaren Wassers des Haifischriffs fort, in dem man Korallen und große Fischschwärme findet.

142 unten links
Die Ausdehnung des Roten Meers macht dieses Foto aus dem All deutlich. Am unteren linken Rand erkennt man die Spitze der Sinai-Halbinsel und rechts den Nil längs des Roten Meers. Das herrlich tiefblaue Wasser des Meers und des Nils hebt sich deutlich von der trockenen Wüste ab.

142 unten rechts
Die Tiran-Riffe bei Sharm el Sheikh vor der Ostküste des Sinai. Oben im Bild erkennt man das Jackson-Riff, das durch seinen Bestand an Haien, Schildkröten und anderen Großfischen zu einem berühmten Tauchrevier wurde.

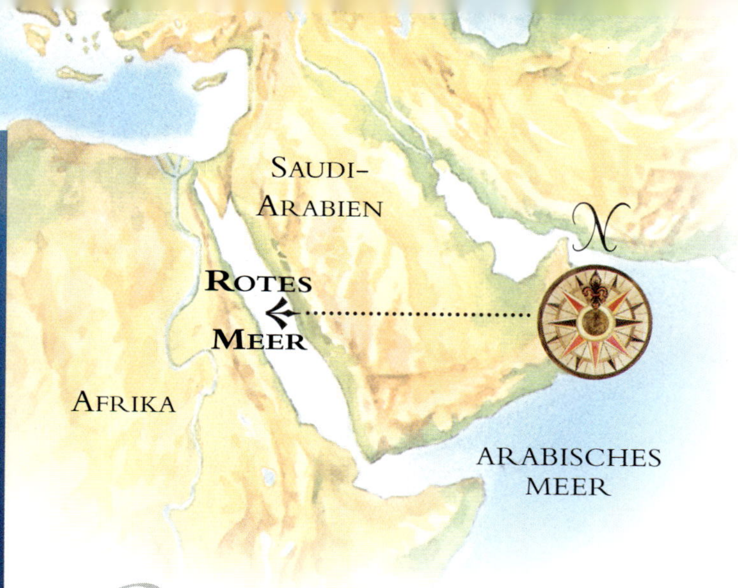

UNTERWASSERWELT

DAS ROTE MEER

Sie sitzen auf dem Bootsrand, Hände auf der Maske, den Atemregler an Ort und Stelle. Der Tauchanzug sitzt eng und das Herz schlägt erwartungsvoll. Sie wollen hinunter in die warmen Tiefen des Roten Meers am Südende der Sinai-Halbinsel, eines der bestbekannten Tauchreviere der Welt. Lässt man sich rückwärts ins Wasser fallen, so umgibt ist man von einer Wolke schnell nach oben steigender Luftblasen umringt. Hat man seine Bewegungen wieder unter Kontrolle und neigt man sich nach unten, traut man zunächst seinen Augen nicht. Die hohen, braun und öde aus dem Wasser ragenden Klippen des Roten Meers setzen sich unter Wasser fort, bis sie sich im tiefen Blau verlieren. In allen Farben erstrahlende Korallen breiten sich vor dem Taucher aus. Gigantische Fischschwärme sammeln sich in den starken Strömungen und größere Fische sind zu sehen, um Beute zu machen.

Das Rote Meer ist aus der Bibel bekannt, es ist das Meer, das sich auf Moses Geheiß hin teilte. Die Israeliten durchwateten das trockene Bett des Roten Meers, wahrscheinlich den Golf von Suez. Ihre Verfolger, die Truppen des Pharaos kamen jedoch in den sich hinter den Flüchtenden wieder schließenden Fluten um.

Das Rote Meer, insbesondere seine Unterwasserwelt, stellt wahrhaft ein Naturwunder dar. Das Wasser ist salziger als andernorts, weil aufgrund des starken Winds und der extremen Hitze viel Feuchtigkeit verdunstet. Die starken Strömungen dieses Meeres sind berüchtigt, sie können Tauchern schnell zum Verhängnis werden. Berühmte Korallenbänke erstrecken sich entlang der Westküste. Flora und Fauna unterscheiden sich von der des Mittelmeers, hier gibt es Haie, Stachelrochen, Schildkröten, Delphine, farbenprächtige Korallen, Schwämme, Seesterne und diverse Mollusken.

Das Rote Meer stellt einen Arm des Indischen Ozeans dar, der die arabische Halbinsel vom nordöstlichen Afrika trennt. Am Nordende teilt die Sinai-Halbinsel das Meer in den Golf von Sinai im Westen und den Golf von Akaba im Osten.

Der kuriose Name »Rot« kann von vielem abgeleitet worden sein, etwa von den umgebenden Bergen, den Korallenriffen, anderen kleinen roten Kreaturen oder den Wasserpflanzen. Das Rote Meer ist etwa 2200 Kilometer lang, nicht breiter als 354 Kilometer und durchschnittlich 600, maximal aber 2100 Meter tief. Seine 437.840 Quadratkilometer Wasserfläche heben sich stark vor dem Hintergrund der braunroten Wüste ab. Seine Küste tangiert Ägypten, den Sudan, Äthio-

143 oben
Die Sandstrände der Dahla-Inseln sind beispielhaft für die Schönheit der Region um das Rote Meer, das 2253 Kilometer lang ist und wunderbare, wenn auch mitunter wüstenähnliche Küstenabschnitte in Ägypten, dem Sudan, Äthiopien, dem Jemen, Eritrea und Saudi-Arabien aufweist.

143 unten
Eine unglaubliche Farbenpracht entfaltet sich, wenn ein hellorangefarbener Goldfischschwarm an roten und rosafarbenen Korallen vorbeizieht. Weil das Wasser hier so klar ist, vergisst der Taucher schnell, dass er sich unter Wasser befindet. Er wird so verzaubert, dass er in Gefahr ist, seinen Sauerstoffvorrat fast vollständig zu erschöpfen.

144–145
Korallen der Spezies Alcyonaria verzweigen sich in wunderbar verästelte Gebilde. Wegen ihres porösen Kalziumkarbonatskeletts zählen sie zu den Steinkorallen. Weit empfindlicher als sie aussehen, sterben Korallen schnell durch Lichtmangel, Veränderung der Wassertemperatur oder Verschmutzung ab. Schon die menschlichen Ausdünstungen im Wasser können eine Gefährdung dieser hochempfindlichen Organismen bedeuten.

pien, den Jemen, Eritrea und Saudi-Arabien sowie Teile Israels und Jordaniens entlang des Golfs von Akaba. Grosse Riffe erschweren die Navigation selbst für kleine Schiffe. Das Ufer ist weitgehend karg und es gibt nur wenige Häfen, aber einige schöne Strände entlang der ägyptischen Küste. Zu den größeren Häfen zählen Al Qusayr und Suez in Ägypten, Port Sudan und Suakin im Sudan, Massawa in Eritrea, Djidda in Saudi-Arabien und Al Hudaida und Mokka im Jemen.

Im kristallklaren Wasser gleitet ein blauer gepunkteter Rochen vorbei. Gelbe Korallen mit Hunderten von leuchtend roten Fischen ziehen den Blick auf sich. Eine Gruppe von Fischen, die mit gleichbreiten gelben und schwarzen waagerechten Bändern geschmückt sind, schwimmt vorbei. Dann macht man ein paar Schmetterlingsfische mit leuchtend gelben Körpern und kleinen schwarzen Stellen um die Augen aus.

Taucht man hier in diesen mysteriösen Tiefen, scheint es schwer vorstellbar, dass man sich mitten in einem riesigen Riss der Erdkruste bewegt, aber in der Tat ist das Rote Meer ein großer, mit Wasser gefüllter Riss im massiven Fels. Vor etwa 45 Millionen Jahren, im Eozän, wurden große Gebiete Afrikas aufgewölbt, die Kontinente drifteten auseinander und brachen schließlich auf, um riesige Lavaströme durchzulassen. Die Vulkantätigkeit setzt sich noch heute in Form von hydrothermischen Schloten am Meeresboden fort.

Tauchgänge werden am Roten Meer als Tagesausflüge oder mehrtägige Bootsausflüge zu den der Küste vorgelagerten Inseln angeboten. Diese Tauchreviere sind berühmt für ihr kristallklares Wasser, senkrechte Wände mit Weich- und Fächerkorallen und farbenprächtige Fischschwärme. Haie sind hier allgegenwärtig, darunter der verbreitete Weißflossenhai, der graue Riff- sowie der scheuere Fuchshai, und Schwärme von Hammerhaien. Muränen sind zwischen den Korallen auszumachen; ferner gehören Thunfisch, Hecht, Barrakuda und Delphin zu den Meeresbewohnern. Dann sieht man einen Drücker-, einen Kugelfisch oder gar einen Oktopus. Eine Stelle nahe Hurghada in Ägypten wird »Aquarium« gennant, weil sich dort die bunten Fische in den Korallengärten so tummeln. Kleine Spalten zwischen den Inseln erlauben es den Gezeiten, die

145 oben links
Durch den wahrscheinlich durch Verschmutzung bedingten Verlust der symbiontischen Zooxanthellen bleichen die Korallen weltweit allmählich aus. Die Korallen im Roten Meer sind davon bisher glücklicherweise verschont geblieben.

145 oben rechts
Ein großer Napoleonfisch, einer der seltenen und schwierig auszumachenden Bewohner der Korallenriffe des Roten Meers.

145 unten
Im klaren warmen Wasser des Roten Meers gedeihen prächtige Pflanzen und Tiere. Venusfächer breiten ihre zwischen 8 und 30 Meter messenden Arme aus, um kleine Meereslebewesen zu erbeuten.

Lagunen zu füllen und zu leeren, wobei starke Strömungen, Bedingungen für eine eindrucksvolle Unterwasserwelt, entstehen. Leuchtende Weichkorallen und die stationären Neonfische machen Orte wie die Brother Islands äußerst reizvoll für Nachttauchgänge.

Aber die Wunder in den Tiefen des Roten Meers beschränken sich nicht nur auf die Tierwelt, sondern auch auf Wasserpflanzen. Es gibt einen prächtigen Wald mit Venusfächern am Südende der Insel Small Brother. Höhlen und Überhänge laden den furchtlosen Taucher ein, wobei ihn dann gelegentlich ein Fuchshai oder große Barsche begleiten. Verschiedene Korallenarten – Korallenzinnen, Weich-, Schwarz- und Löcherkorallen, und Feuerkorallen – entfalten sich in jeder nur denkbaren Größe und Form. Die Wracks langvergessener Boote sind mit weichen Korallen überzogen, über die Schwärme von Goldfischen ziehen. Unter ihnen befinden sich britische Frachter aus der Zeit von 1860 bis 1980 und sogar eine Lastschiff aus dem Zweiten Weltkrieg. Sie alle sind mit farbenprächtigen und erstaunlichen Korallen verkrustet und laden zur Erkundung ein.

Aber alles hat einmal ein Ende. Und ebenso wie Moses und die Israeliten ans sichere Ufer zurückkehren mussten, so gilt dasselbe für den Taucher. Steigt man aus den Tiefen des Roten Meers wieder empor, so wünscht sich manch einer ein Fisch zu sein, um diese Schönheit weiter genießen zu können…

WEIT WIE DIE GANZE WELT

DER KILIMANDSCHARO

146
Die großartige Kuppel des Kilimandscharo ist weithin ins afrikanische Flachland sichtbar. Die Fauna am Fuß des Berges ist überwältigend: Elefanten, Giraffen, Kaffernbüffel, Elenantilopen, Nashörner, Buschböcke, Schlafmäuse, Paviane und eine Großzahl Insekten leben in dieser einzigartigen Umgebung.

146–147
Eisfelder bedecken den Kilimandscharo, wenn die Sonne die Region zu einem neuen Tag erweckt. Gletscher und Felszinnen machen den Kilimandscharo zu einem Bergsteiger- und Wanderparadies. Der deutsche Missionar Johannes Rebmann war 1848 der erste Europäer, der den Berg erblickte; die Erstbesteigung gelang Hans Meyer 1889.

Schaut man über den Rand eines Buschplateaus, so erkennt man das weiße Massiv des Kilimandscharo in der Ferne – schneebedeckt, aufregend und nahezu unglaublich. Die kühle Schneekuppe erhebt sich über die heiße Ebene und lockt mit dem Versprechen auf kühle Bergluft – Staub und Hitze hinter sich lassend.

»…so weit wie die ganze Welt, groß, hoch und unvorstellbar weiß in der Sonne…« beschrieb Ernest Hemingway in seiner Erzählung »Schnee auf dem Kilimandscharo« diesen Berg. Mit 5963 Metern über dem Meeresspiegel ist der Kilimandscharo die höchste Erhebung Afrikas und zudem der höchste freistehende Berg der Welt. (Alle höheren Berge gehören zu einer Gebirgskette.) Der Superlative nicht genug, ist er auch der höchste Vulkan, der je die Erdkruste durchbrochen hat. Heute erloschen, ist er am Fuß 80 Kilometer breit und besteht aus den drei Hauptvulkanen Schira im Westen, Mawenzi im Osten und Kibo in der Mitte.

Der Kilimandscharo liegt gerade drei Grad südlich des Äquators, an der Nordostgrenze Tansanias im mittleren Ostafrika. In der Stadt Moshi am Fuß des Berges blüht der Tourismus rund ums Jahr. In der Regenzeit können die heftigen Niederschläge die sandigen Straßen in Minuten überfluten. Der Regen verteilt seine Gunst hier recht unterschiedlich: Die unteren Bereiche des Berges erhalten nur sehr wenig Wasser, während die oberen Abschnitte etwa 178 Zentimeter jährlich abbekommen. Der Regen bildet in der Mitte, an den südlichen und östlichen Hängen, mehrere Bäche, die in die Flüsse Pangani und Tsavo sowie in den Jipe-See am Fuß des Berges münden. An den Nordwesthängen entspringen der Tsavo und der Zufluss des Amboseli-Sees.

147 oben links
Tagsüber, meist ab 10 Uhr, umnebeln häufig Wasserdampfwolken die Bergkuppe. Aber bei Sonnenauf- und -untergang ist der Gipfel in seiner ganzen Pracht sichtbar.

Die Vegetation auf dem Kilimandscharo bildet verschiedene Stufen, von halbtrockenen Sträuchern auf dem Plateau rings um den Berg bis zu den fruchtbaren südlichen Hängen, von dichten, nebligen, tropischen Wäldern und offenen Hochmooren zu alpiner Wüstenlandschaft mit Moosen und Flechten. Nur eine Handvoll zäher Gräser und robuster Blumen überlebt im alpinen Wüstenklima nahe dem Gipfel. An den unteren Hängen finden sich schöne Wälder, moosig und grün, mit vielen Blumen, Vogel- und Affenarten. Orchideen, Feuerlilien und Anemonen gedeihen in den Wäldern, über denen das Grasland und abgerundete Vulkanhügel zu sehen sind. In der Heidelandschaft darüber gedeihen viele interessante Pflanzen und Sträucher, darunter Proteas und Lobelien. Mit etwas Glück sieht man gelegentlich Elenantilopen, aber größere Tiere meiden die höheren Regionen; stattdessen sind hier Vögel wie der Nektarvogel, Raben und Steinschmätzer heimisch.

Der Kilimandscharo fasziniert jedoch nicht nur mit seinen Hängen, Wäldern, seiner Tierwelt oder der Aussicht, die sein Gipfel gewährt, vielmehr ist es die Totale des Berges selbst: Vom Tsavo-Gebiet wie Amboseli in Kenia aus gesehen badet der Berg im Sonnenlicht und dominiert die Skyline. Sein unvergleichlicher Anblick hat nicht nur Hemingway inspiriert.

147 oben rechts
Vom Kibo, dem größten Vulkankegel des Kilimandscharo blickt man weit über die afrikanische Ebene. Der Krater des Kibo ist 2,4 Kilometer breit und 300 Meter tief. Sein höchster Punkt auf dem steilen Rand heißt Uhuru. Der Kibo ist das ganze Jahr über schneebedeckt, und seine Gletscher reichen bis zu einer Höhe von 4267 Metern.

147 unten
Das Eis der Gletscher auf dem Kilimandscharo schmilzt nicht, sondern verwandelt sich direkt in Wasserdampf. Daher sieht es wie riesige, eben auf den Fels gelegte Eiswürfel aus.

149 unten rechts
Ein Leopard faulenzt im Baum. Nachts wird er zum agilen Raubtier auf der Suche nach Beute. Aus der großen Katzenfamilie sind die Leoparden, die geflecktes oder schwarzes Fell tragen, die weitverbreitetsten: Sie sind in großen Teilen Asiens wie Afrikas anzutreffen.

DAS LEERE LAND

NGORONGORO, SERENGETI UND NATRONSEE

148
Ein afrikanischer Elefant trottet durch die Wälder des Ngorongoro. Das größte Landsäugetier hat eine Schulterhöhe von 4 Metern und wiegt über 68 Zentner. Der muskulöse Rüssel dient als Werkzeug bei der Nahrungsaufnahme und zum Trinken. Ein ausgewachsener Elefant frisst täglich 225 Kilogramm Blätter und benötigt 227 Liter Wasser. Männchen wie Weibchen haben Stoßzähne.

149 oben links
Flusspferde suhlen sich im Wasser, im Hintergrund rosafarbene Flamingos. Der Stammbaum der nur in Afrika heimischen Flusspferde lässt sich durch Fossilien bis ins Pliozän vor fast fünf Millionen Jahren zurückverfolgen.

149 oben rechts
Die Ausdehnung des Ngorongoro-Kraterrands ist hier erkennbar, dessen riesige Ebene zahlreiche faszinierende Kreaturen bevölkern. Das Serengenti-Mara-Ngorongoro-Ökosystem ist eines der wichtigsten und ungestörtesten auf Erden.

Die Massai nennen sie »siringet« – »leeres Land«. Das Flachland sieht in der Tat auf den ersten Blick leer aus und nur wenige Menschen leben dort. Aber die umherstreifenden Tiere bringen Leben in diese Region, die einen der letzten nahezu vom Menschen unbeeinflussten Wildlebensraum darstellt. Das Serengeti-Mara-Ngorongoro-Ökosystem bedeckt eine Fläche von mehr als 46.620 Quadratkilometern – allein auf die Serengeti entfallen 14.763 Quadratkilometer – und beheimatet Gnus, Löwen, Geparden, Giraffen, Elefanten und Affen, insgesamt über drei Millionen Tiere.

Die Serengeti besteht aus großen offenen Flachlandgebieten und felsigen Bergausläufern. Neben trockenen Zonen gibt es auch Flecken mit üppiger Vegetation entlang der Flüsse. Im Süden und Osten der Ebene ragen inselartige, glatte Felsformationen unvermittelt auf.

Glücklicherweise haben die afrikanischen Länder sich schon früh für die Erhaltung des Wildlebens eingesetzt. Bereits im Jahre 1905 wurde in Tansania ein Wildreservat eingerichtet. Der Serengeti-Nationalpark und das Forschungsinstitut wurden 1951 gegründet, um das Wildleben der Nation innerhalb von 64 mal 80 Kilometern zu schützen. Mit der Unabhängigkeit Großbritanniens 1961 veröffentlichte Premierminister Nyere das »Arusha-Manifest« in Tanganjika, worin es heißt: »Das Fortbestehen unseres Wildlebens ist für uns alle in Afrika eine ernste Angelegenheit. Die wilden Kreaturen in den wilden Gegenden sind nicht nur als Quelle von Wundern und der Inspiration bedeutend, sondern sie sind ein Bestandteil unserer natürlichen Ressourcen, künftiger Lebendigkeit und unseres Wohlergehens. Indem wir Verantwortung für unsere Tiere übernehmen, erklären wir feierlich, dass wir alles in unserer Macht stehende tun werden, damit auch die Enkel unserer Kinder sich an diesem reichen und wertvollen Erbe erfreuen können.«

Dieser weisen Voraussicht ist es zu verdanken, dass heute die einzigartige Kombination diverser Lebensräume in der Serengeti zahlreichen Arten von Pflanzen- und Fleischfressern und rund 500 Vogelarten Lebensraum bietet. Es handelt

150 oben links
Diese Luftaufnahme zeigt den Empakaai-Krater mit seinen dicht bewaldeten Hängen und seinem 79 Meter tiefen See. Auf ursprünglichem Grasland weiden Kaffernbüffel. Vom Empakaai sind reizvolle Ausblicke auf die Serengeti, Ngorongoro und den fernen Kilimandscharo möglich.

150 unten links
Ein Löwe, der König der Tiere, ruht sich im Ngorongoro-Flachland aus. Löwen jagen grasende Großtiere in einem energischen Ausfall und fressen dann 18 Kilogramm Fleisch auf einmal, um für bis zu eine Woche auszuruhen. Ein Männchen kann kann 2,5 Zentner wiegen.

150 oben rechts
Das Zebra tarnen weiße und schwarze Streifen, die seine Konturen im schnellen Lauf auflösen. Zebras grasen neben Gnus. In Ngorongoro ist das Burchell-Zebra, das zahlreichste der drei Arten dieses afrikanischen Tiers, zu Hause.

150–151
Die Lieblingsbeute der Löwen, das Gnu, in der Ngorongoro-Landschaft. Weibchen einer der beiden afrikanischen Gnu-Spezies bilden Herden mit den Jungen, während einzelne Männchen ihr markiertes Territorium verteidigen.

NGORONGORO

sich wohl um das komplexeste und ursprünglichste Ökosystem der Erde.

Nördlich der Serengeti, jenseits der Grenze Tansanias, liegt Kenias Massai-Mara-Wildreservat. Mehr als eineinhalb Millionen Gnus streifen jährlich nordwestwärts ins Gebiet Massai Mara auf der Suche nach Wasser und frischem Gras, um anschließend wieder in die Serengeti zurückzukehren. Das Gnu bietet keinen schönen Anblick mit seinem großen bärtigen Kopf, den buckligen Schultern und kurzen Hinterläufen. Wenn Tausende dieser Tiere die trockenen Hänge und Uferbänke einer Furt hinunterlaufen, wissen sie nie, ob vielleicht ein Krokodil im trüben Wasser auf der Lauer liegt. – Plötzlich fühlt ein Tier die schraubstockartigen Kiefer und messerschaffen Zähne, das Krokodilmaul schließt sich und schüttelt die sich krümmende Beute in der tödlichen Umklammerung. Tausende von Tieren ergreifen die Flucht und ziehen weiter.

Eine Gruppe Löwen döst im Schatten der Bäume, bis der Hunger sie wieder zur Jagd treibt. Diese edlen Tiere schleichen sich zwischen Zebra- und Gazellen-Herden langsam an ihre Beute heran. Haben sie ein Opfer auserwählt, greifen sie blitzschnell an. In der Ebene sind ausserdem zahlreiche andere Tiere heimisch: Giraffen, Hyänen und Geparden.

Um ihr Idealgewicht halten zu können, müssen Elefanten täglich mehrere hundert Pfund Blätter fressen. In den bewaldeteren Gebieten des Reservats sind die sanften Riesen häufig im Busch zu hören.

Östlich der Serengeti liegt die größte vollständige Caldera der Welt, der Ngorongoro-Krater. Er misst 17,5 Kilometer im Durchmesser und seine Flanken steigen 600 Meter hoch senkrecht vom Kraterboden auf. Hochgebirgswald erstreckt sich bis zum Kraterrand. Kroton wächst auf den niedrigeren Höhen nahe der Caldera und wird in höheren Lagen von Rotdornakazien abgewechselt.

Unter dem dichten grünen Baldachin suchen diverse

151 unten links
Mit den Gnus und Kamas verwandte Topi grasen im Ngorongoro-Nationalpark. Sie haben kräftige Beine, um schnell vor den Raubtieren davonlaufen zu können und sind für ihre enorme Sprungkraft bekannt.

151 unten rechts
Nach dem beeindruckendsten Tier gefragt, an das er sich je herangepirscht habe, nannte der passionierte Jäger Theodore Roosevelt – der Löwen, Elefanten, Bisons, Grizzlybären und Nashörner gejagt hatte – ohne zu zögern den Kaffernbüffel. Stark und muskulös, mit 1,60 Meter Schulterhöhe, trägt er 90 Zentimeter lange Hörner. Selbst Löwen sind vor einem gesunden Kaffernbüffel auf der Hut.

152–153
Riesige wellige Hügel im weiten Grasland des Serengeti-Nationalparks, Zufluchtsort vieler faszinierender Tiere, darunter Gazellen wie unten rechts im Bild.

152 oben
Neben zu Tage getretenen Gesteinsschichten ist hier grob eine Straße für Geländewagen in der Serengeti erkennbar. Die endlosen Ebenen bestehen vorwiegend aus Grassavannen, in denen zahlreiche Arten großer Pflanzenfresser, Fleischfresser und über 500 Vogelarten leben.

152 unten
Zwei weiße Nashörner in der Serengeti. Diese Tiere sind eigentlich Einzelgänger, bilden aber Herden, wenn sie im offenem Grasland wie der Serengeti leben. In prähistorischer Zeit gab es noch andere Nashornarten, heute kämpfen knapp fünf Spezies weltweit ums Überleben.

Vogelarten nach Nahrung. Der Wald tritt in Nähe des Kraterrands zurück und gibt den Blick auf den Krater selbst frei.

Beim Abstieg in den Krater stellt man fest, dass er größtenteils aus offenem Grasland besteht. Aber daneben findet man hier aktive Vulkane, archäologische Fundorte, wellige Ebenen, Wälder, Seen, Dünen und Waldland. Der Magadi-See erstreckt sich vor dem Betrachter, die Seneto Springs im Norden, der Gorigor-Sumpf im Süden und der Terai-Wald unmittelbar zu seinen Füßen. In den meisten Gebieten ist die Vegetation nur spärlich, jedoch in Bereichen nahe einer permanenten Wasserquelle ist alles üppig und grün. Ngorongoro bietet die Gelegenheit, ein erstaunlich vielfältiges Wildleben in einem konzentrierten Bereich zu beobachten. Grasende Tiere prägen die Region, darunter Zebras, Gnus, Gazellen, Büffel, Elenantilopen, Kamas, Warzenschweine und Elefantenbullen. Löwen und Hyänen suchen die Wasserstellen auf. Strauße sind die größten Vögel der Region. Nur die Giraffe und das Impala trifft man im Krater nicht an. Die Massai dürfen ihr Vieh im Schutzgebiet grasen lassen. Die wie blau gefärbt wirkenden Hänge hinterlassen einen unvergesslichen Eindruck mitten in diesem sumpfigen Grasland, den Seen, Flüssen, Waldland und Hügeln. Etwa 25.000 Großtiere bevölkern den Krater, darunter Schakale, Hyänen, Löwen, Geparden und das seltene schwarze Nashorn. Große Herden von Zebras und Elefanten durchwandern die Ebene. Die vielen Flamingos färben die Seeufer mit ihrem Federkleid rosa.

Vor etwa drei Millionen Jahren dominierte der Ngorongoro zusammen mit dem Kilimandscharo als einer der höchsten Erhebungen Afrika. Als Teil des riesigen afrikanischen Grabensystems brach der Vulkan aus, als die Menschen in die Ebenen vordrangen. Der Kegel des alten Vulkans fiel in sich zusammen und so entstand der heutige Ngorongoro. Er gehört nicht zum tansanischen Nationalparksystem, sondern wird von einer unabhängigen Organisation verwaltet, der Ngorongoro Conservation Area Authority.

Der auffallendste See dieser Region ist zugleich der seltsamste und schönste der Welt: Der Natronsee, ein algenreicher vom Alkalisalz benachbarter Vulkankegel gespeister See.

Seine ungewöhnliche Landschaft ist am besten von einem nahegelegenen Berg wie dem aktiven Vulkan Lengai aus zu sehen. Schaut man auf die grandiose Böschung hinunter, wandert das Auge zu dem schönen blauen See im Osten, umgeben von Tausenden von Sodavulkanen. Das raue genarbte Land, die Farben des Fels und die ruhigen Blautöne des Was-

153 unten links
Aufmerksam die grasenden Tiere beobachtend liegt der Leopard da. Er jagt mehr auf Sicht denn auf Geruch und verlässt sich bei der Beutejagd auf seine phänomenale Geschwindigkeit von 109 Stundenkilometern.

153 unten rechts
Die Statur der Giraffe ist bestaunenswert und elegant. Die Natur hat sie mit einem ausgezeichneten Geruchs-, Gehörsinn und guten Augen ausgestattet. Sie kann bis zu 56 Stundenkilometer schnell laufen. Als größtes aller Tiere erreicht ein Männchen leicht 5 Meter Höhe.

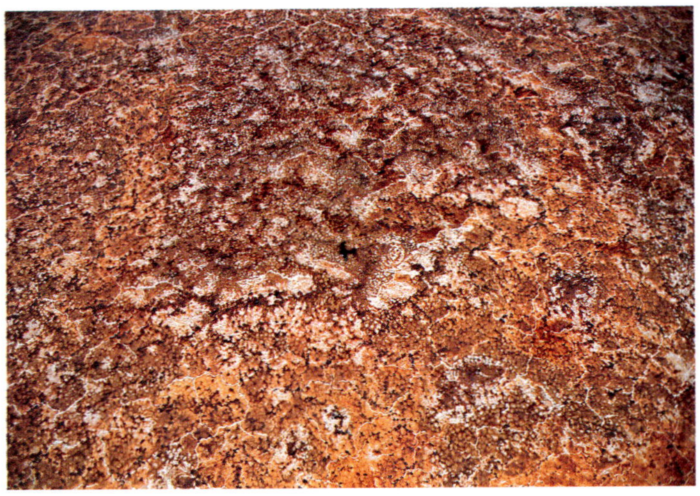

154 oben links
Wie Pockennarben wirken die alten Vulkankrater im Gebiet des Natronsees. Wild ist hier in dieser unglaublich heißen Wüstenregion kaum anzutreffen.

154 oben rechts
Natriumkarbonatsalze sickern in den Natronsee. Bei Sonnenuntergang färbt sich das algendurchsetzte Wasser oft pink, während die Böschungen leuchtend rot strahlen.

Der Natronsee

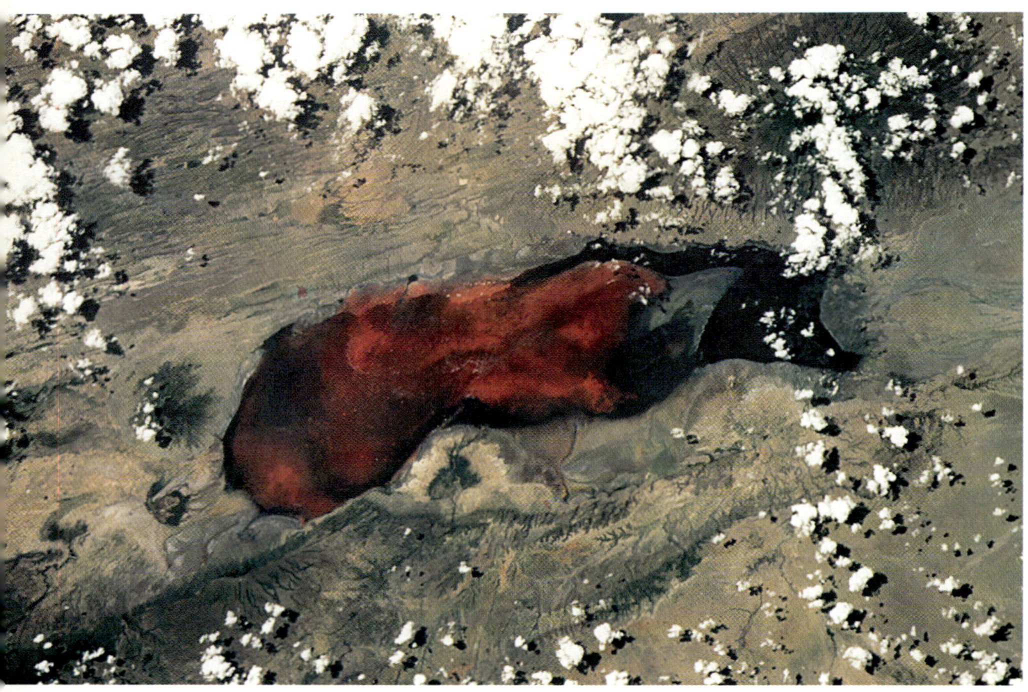

sers schaffen einen unvergesslichen Anblick, besonders bei Sonnenauf und -untergang.

Der See liegt mitten im Massai-Land, einer heißen Wüste mit wenig Süßwasser, in die sich selten Besucher vorwagen. Aber dieses karge Königreich birgt ein unvorstellbares Wildleben. Entlang der Böschung gedeihen neben saftigen Wolfsmilchgewächsen trockene Sträucher. Plötzlich taucht eine Oase mit Dattelpalmen, Feigenbäumen und einem Wasserfall auf. Geht man an den Lachen mit kristallisiertem Natron vorbei, wird der Blick frei auf den See, das Hauptbrutgebiet der dort lebenden Flamingos. Diese Region ist voller Schönheit, und manchmal trifft man auf ein Gnu, Zebra oder eine Giraffe auf der Ebene nahe des Sees.

Zusammen bieten die Landschaften der Serengeti, des Natronsees, des Ngorongoro-Kraters und ihrer angegliederten Parks wertvollen Lebensraum für die letzten wild lebenden Tiere der Erde, die hier noch so zahlreich sind wie ihre prähistorischen Vorfahren aus dem Pliozän und Pleistozän. Der Anblick dieser Tiere vor den klassischen afrikanischen Landschaften bildet eines der grandiosesten Wunder der Natur.

154 Mitte links
Der Natronsee liegt auf dem 56 Kilometer breiten Ostafrikanischen Grabensystem und ist von Natronkarbonat-Vulkanen umgeben, deren Salz durch Erosion in den See befördert wird.

154 unten links
Auf diesem Foto aus dem All von 1993 sind die gesamten Konturen des Natronsees zu erkennen. Die Rottöne resultieren aus chemischen Prozessen, bei den weißen Flecken im Seebett handelt es sich um trocknendes Natronsalz, das Blau des Wassers rechts erklärt Strömung und Tiefe.

155
Eine bizarre Landschaft aus trockenem Salz und genarbter Erde umgibt den Natronsee. Die prächtig blauen Wände der Böschungen bilden hier den Hintergrund. Obwohl die klaren Teile des Sees blau sind, färben Algen und Natronsalze den nördlichen Teil rot.

156–157
Abertausende rosafarbene Flamingos fliegen über dem Natronsee, ihrem Hauptbrutgebiet. Während ihre Nester auf den Salzflächen in der Mitte des Sees liegen, sammeln sie sich meist am klaren blauen Südende zur Nahrungssuche.

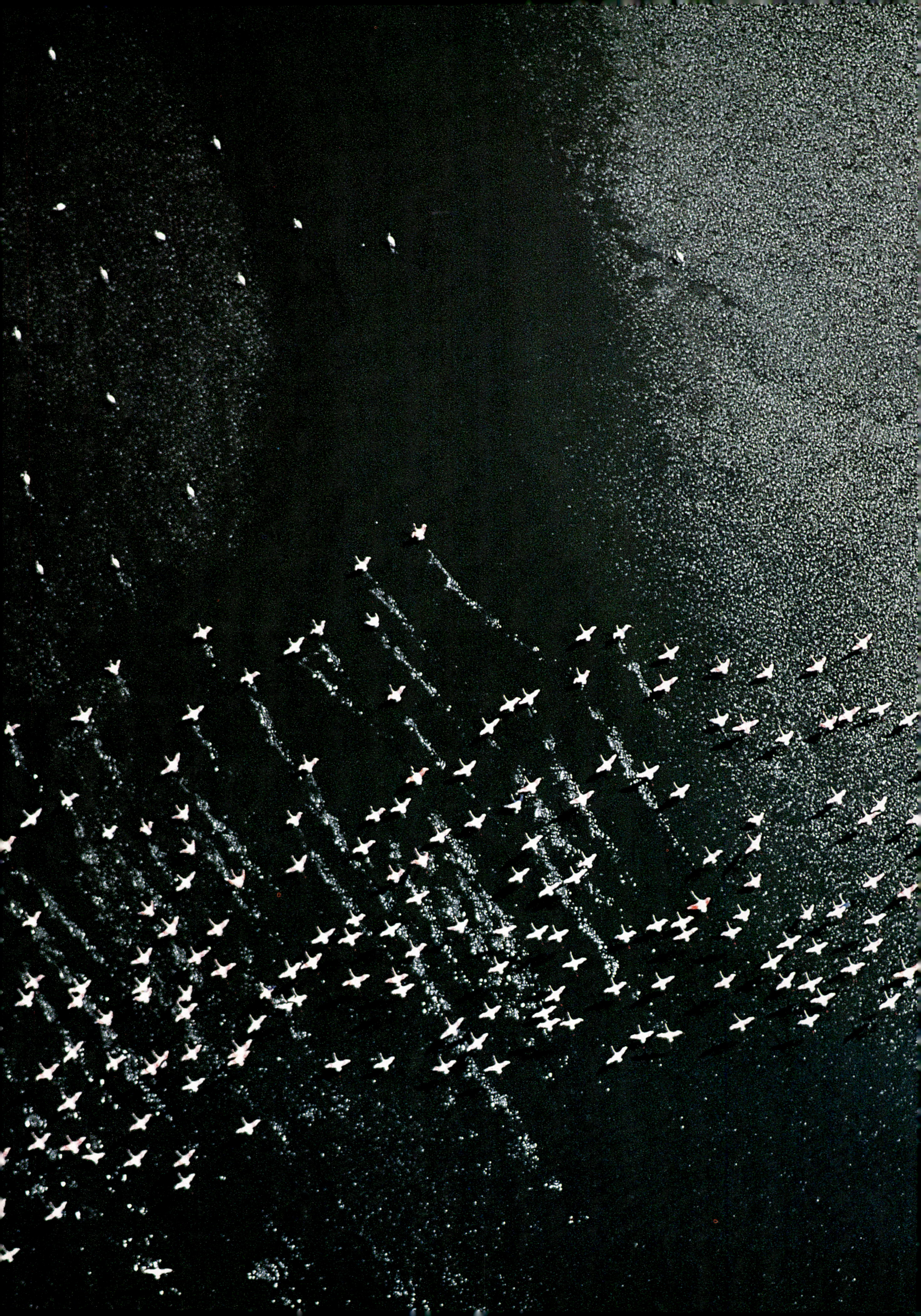

DAS HERZ AFRIKAS

VICTORIA-SEE UND INSEL RUBONDO

Ein Boot gleitet langsam über die Oberfläche des klaren blauen Wassers. Im grünen Schilf grasen Flusspferde. Plötzlich macht ein aggressives Männchen einen Ausfall zum Boot hin, hat aber letztlich im Kielwasser das Nachsehen. Entlang der Küste baden Nilkrokodile in der Sonne, während Vögel die herabhängenden Äste auf der Suche nach Futter im Wasser bevölkern.

Der See erinnert in seiner Größe an ein Binnenmeer, aber er ist kein Ozean oder Meer, sondern ein Süßwassersee im Herzen Afrikas. Der Victoria-See, der größte See Afrikas und Hauptwasserreservoir des Nils, tangiert die Länder Tansania, Uganda und Kenia. 69.485 Quadratkilometern umfassend, ist er nach dem Lake Superior in Nordamerika der zweitgrößte Süßwassersee der Welt. Er liegt 1133 Meter über dem Meeresspiegel und in der Region herrscht feucht-heißes Klima. Im Flachland rings um den See wächst Zuckerrohr und die Einheimischen fischen im See, dessen Wasser eine flache Senke in der Mitte des großen Plateaus füllt, das sich zwischen dem Zentralafrikanischen und dem Ostafrikanischen Graben erstreckt. 1954 wurde der Damm an den Owens-Fällen fertig gestellt und staute den 90 Zentimeter höher gelegenen See zu einem der weltweit größten Reservoirs. Der in Jinja in Uganda gelegene Damm liefert Strom aus Wasserkraft. Der Victoria-See umfasst zahlreiche Archipele und Riffe, die meist bis knapp unter die Wasseroberfläche reichen. 90 Meter hoch ragen die Klippen am Südwestufer des Sees auf, im Westen wechseln diese mit Papyrus- und Ambatch-Sümpfen ab, die das Delta des Kagera-Flusses säumen. Das zerklüftete Nordufer ist sehr flach und karg.

Ein derart großes Süßwasserseebecken in einem solch trockenen Land ist selbstverständlich der bevorzugte Lebensraum zahlreicher Lebewesen – über wie unter Wasser.

158 oben
Eine der ausschließlich im Rubondogebiet beheimateten Sumpfantilopen sucht Schutz in den Papyrussümpfen des Saiwa-Swamp-Nationalparks in Kenia.

158 unten
Der üppige Waldbestand der Insel Rubondo bietet Sumpfantilopen, Schimpansen und schwarzen Nashörnern 453 Quadratkilometer Lebensraum.

158–159
Das trocken karge Inland abseits des Victoria-Sees ist in dieser Ansicht der tansanischen Savanne nicht zu sehen. Sie zeigt das mit mächtigen Bäumen bestandene Westufer des Sees, das den Wildtieren einen idealen Lebensraum bietet.

159 unten links
Flusspferde sind im Victoria-See keine Seltenheit. Einige der Tiere bilden kleinere Gruppen, andere sind Einzelgänger. Flusspferdweibchen sondern sich kurz vor bis etwa zwei Wochen nach der Geburt ihres Nachwuchses ab.

159 unten rechts
Der Fischadler durchstreift seine Jagdgründe an den Ufern des Victoria-Sees. Man erkennt ihn leicht an seinem weißen Kopf. Er stößt einen unverkennbaren, durchdringenden Schrei aus, während er seinen Kopf rückwärts in Richtung Schwanz wirft.

160–161
An der üppigen sumpfigen Küstenlinie des westlichen Victoria-Sees sonnt sich ein Krokodil. Knorpelplatten in der Haut machen es als Beute für andere Tiere unattraktiv.

An Land schlagen Krokodile mit ihrem kräftigem Schwanz nach Beutetieren und versuchen sie ins Wasser zu treiben, wo sie sie besser reissen können.

160
Krokodile jagen vorzugsweise im Wasser, denn so kommen ihre gewaltigen Kiefer und Zähne am besten zum Einsatz. Paradoxerweise kann ein Krokodil zwar die Knochen der größten Tiere zermalmen, doch kann sein Maul auch von der Kraft eines Menschen zugehalten werden. Krokodile legen 20 bis 90 Eier in eine selbstgegrabene Mulde am Ufer, wo sie von Dezember bis Februar von der Sonne ergebrütet werden. Vögel und Warane bedrohen die Brut: Sie graben die Eier aus und verspeisen sie. Ansonsten hat das Krokodil keine natürlichen Feinde.

Der See beherbergt mehr als 200 Fischarten, vorherrschend der wieder eingeführte räuberische große Nilbarsch, der bis zu 90 Kilogramm wiegen kann und die einheimische Fischpopulation stark dezimiert hat: 90 Prozent der endemischen Arten hat er ausgerottet.

Entlang des Seeufers und auf den traumhaft schönen Inseln werden Landschaften und Wildleben geschützt. Ukerewe, eine dicht bewohnte Insel nördlich des Speke-Golfs ist die größte der Seeinseln mit bewaldeten Hügeln, die sich 200 Meter über dem Meeresspiegel erheben. Im Nordwesten des Victoria-Sees befindet sich der Sese-Archipel mit 62 herrlichen Inseln.

Die Insel Rubondo gehört zum tansanischen Nationalpark, der etwa 453 Quadratkilometer im Südwesten des Victoria-Sees umfasst. Mit einer Vegetation, die Savanne, offenes Waldland und dichten Wald umfasst, ist Rubondo für die Sumpfantilope berühmt, eine Antilopenart, die die Papyrussümpfe bewohnt. Schimpansen, Giraffen, Elefanten und schwarze Nashörner wurden hier ausgewildert. In den Wäldern sind farbenfrohe Schmetterlinge heimisch, überall gedeihen Orchideen und rote Korallenbäume. Das üppige Grün auf der Insel bietet Nahrung und Schutz für viele Tiere, unter anderem Flusspferd, Otter, Buschbock und Meerkatze. Nahezu 400 prächtige Vogelarten sind auf dieser Insel nachgewiesen worden. Das verbreitetste Tier der Insel ist das Krokodil. Neben den Waldregionen gibt es hier auch ruhige Strände und interessante Wanderwege entlang des Seeufers. Durch das Fahrverbot für Autos kann die idyllische Atmosphäre dieses natürlichen Ökosystems richtig erhalten werden. Die mit dem Flugzeug oder Boot zu erreichende Insel mit ihrer wilden ursprünglichen Natur ist wirklich eine Reise wert.

Der Victoria-See mit seinem Umland stellt eine riesiges wunderschönes Refugium im Herzen Afrikas dar. Hier entspringt der Nil und nimmt seinen Weg nordwärts über den halben Kontinent. Seine außergewöhnliche Landschaft und das vielfältige Wildleben machen den Victoria-See zu einem der selten gewordenen Wunder der Natur.

DIE »MONDBERGE«

DIE RUWENZORI- UND VIRUNGA-BERGE

Hoch über den afrikanischen Ebenen wandert man im dichten Nebel durch einen unheimlichen Wald mit seltsamen Pflanzen. Plötzlich erscheint die grelle Sonne darüber und scheint den Nebel zu verbrennen. Er löst sich auf und das blaue Firmament spannt sich über die Region, in der einige Bergseen, Flachland und eine schneebedeckte Bergkette sichtbar werden – wir befinden uns in den Ruwenzori-Bergen Äquatorialafrikas.

Die meist »Mondberge« genannten fünf einzelnen Berge der Ruwenzori-Kette haben größere Gletscher als jeder andere afrikanische Berg. Diese Berge liegen an der Westgrenze Ugandas und erheben sich mit dem Hauptgipfel Stanley, Afrikas dritthöchster Erhebung, 5109 Meter hoch. Bereits als Weltnaturerbe eingestuft, wurde Ruwenzori 1991 ugandischer Nationalpark. In einem Gebiet von 113 mal 48 Kilometern werden Tier- und Pflanzenwelt gehegt und gepflegt.

Der europäische Forscher Henry Morton Stanley bekam als erster die schönen, nebelverhangenen Gipfel zu sehen und verlieh ihnen den Namen Ruwenzori, »Regenberg«. Nur etwa 76 Zentimeter Regen pro Jahr fallen für das Flachland unterhalb ab, während die Ruwenzori-Berge mit 254 Zentimetern geradezu getränkt werden. Die Berge sind für ihre riesenwüchsige Vegetation und die moosüberzogenen Moore berühmt, die eine direkte Folge des reichlichen Niederschlags sind.

Die Ruwenzori-Berge entstanden durch Aufwölbung während der Bildung des Ostafrikanischen Grabens. Anders als die meisten berühmten afrikanischen Berge, sind diese Berge damit nicht vulkanischen Ursprungs. Meist in Nebelschleier gehüllt, entziehen sie sich den Blicken – bis die Sonne den Nebel durchbricht und sich die Berge eindrucksvoll mit ihren weißen Kuppen gegen den Himmel abzeichnen.

Die üppige Vegetation oberhalb von 3050 Metern umfasst Riesenlobelie, Heidekraut und Kreuzkraut, jahrzehntealt und in dieser Form für die Region endemisch. Hier sind Schimpansen, Klippschliefer und große Igelarten beheimatet.

Hinter einem Tal des Ruwenzori-Gebirgszugs bilden die Virunga-Berge eine Vulkankette zwischen dem Eduard- und dem Kivu-See im Dreiländereck Zaire, Uganda und Ruanda. Die Virunga sind Teil des afrikanischen Seengebiets im zentralafrikanischen Teil des großen Grabensystems. In Ruanda und Zaire sind sie vom umgebenden Vulkan-Nationalpark geschützt,

162 oben links
Acht erloschene Vulkane zwischen dem Eduard- und dem Kivu-See nahe dem Dreiländereck Zaire, Uganda und Ruanda bilden die Virunga-Bergkette. Der höchste der acht, Mount Karisimbi, erhebt sich auf 4507 Meter Höhe.

162 oben rechts
Ein Gorillaweibchen und ihr Junges im dichten Blattwerk. Die äußerst intelligenten Berggorillas sind die größten und seltensten Primaten. Das außerordentlich starke Männchen wird durchschnittlich 1,70 Meter groß und wiegt 181 Kilogramm, während die Weibchen bei 90 Kilogramm 1,40 Meter messen.

162 Mitte
Die unteren Hänge der Ruwenzori-Bergkette sind mit dichtem Wald wie diesem bedeckt. In dieser Region leben acht Primatenarten, darunter Stummelaffen, langschwänzige Affen, Schimpansen und Paviane.

162 unten
Ein seltsames und zauberhaftes Wunderland öffnete sich vor dem Forscher Henry Morton Stanley 1889 als er die Ruwenzori-Bergkette erforschte und bis dahin in Europa unbekannte Pflanzen, Tiere und Landschaften entdeckte.

163
Ein junger Berggorilla in den Baumwipfeln über der Virunga-Berge Ruandas. Berggorillas leben in engen Familienverbänden aus einem »Silberrücken« (ein älteres dominierendes Männchen mit silberfarbenem Rückenfell), einem bis zwei untergeordneten Männchen und mehreren Weibchen mit ihren Jungen.

164–165
Die schneebedeckte Flanke des Ruwenzori ist ein wahrhaft grandioser Anblick. Mit dem ewigem Eis auf dem Gipfel hat der Bergzug mehrere Klimazonen aufzuweisen.

164 unten links
Dampf und Rauch quillen aus dem 3465 Meter hohen Nyiragongo-Vulkan. Er hat einen aktiven mittleren Krater mit einem Lavasee. Der Vulkan war vor allem im 20. Jh. mit größeren Ausbrüchen 1977 und 1982 aktiv.

164 unten rechts
Dieses Bild wurde vom Gipfel des Albert zur 5109 Meter hohen Margherita und Alexandra aufgenommen. Zaire liegt rechts, Uganda linkerhand. Die großartigen Ruwenzori-Berge bieten spektakuläre Aussichten und beheimaten exotische Pflanzen und Tiere.

165 links
Das Riesenkreuzkraut wächst in den Virunga-Bergen auf 3900 Metern Höhe. Auch andere riesenwüchsige Formen von Lobelien und Heidekraut gedeihen hier. Die Gegend liegt in der Nähe des Bujuku-Sees und die Nordflanke des Mount Baker ist im Hintergrund zu erkennen.

165 rechts
Die steilen, bewaldeten unteren Hänge des Karisimbi in der Virunga-Kette sind Habitat eines reichen Wildlebens, vor allem der Berggorillas. Die riesige Kuppel des Bergs wird von Hagel und Schneeregen weiß gefärbt.

der sich in Zaire über mehr als 320 Kilometer entlang der Grenze zu Uganda erstreckt.

Die Virunga-Kette umfasst acht teils erloschene, teils aktive Vulkane. Der mit 4507 Metern höchste Berg Karisimbi (»Weiße Schale«) bildet eine riesige erloschene Kuppel mit schneebedecktem Gipfel. Muhabura mit 4126 Metern heißt der zweithöchste Berg mit einem nahezu perfekten ausgebildeten Kegel. Gahinga ist oben abgeflacht, Sabinyo ist ein zerklüftetes Wunderwerk, Visoke verzaubert mit seinen üppig grünen Hängen, während Mikeno wie ein türmchenähnliches Apostroph aussieht. Die steilen, stark bewaldeten Hänge stellen einen der letzten Lebensräume für Berggorillas dar. Mittlerweile ist der Wald leider bis an die Vulkanregion und an das Schutzgebiet des Parks abgeholzt worden. Das feuchte Klima und der fruchtbare vulkanische Boden haben die Region zu einer der dichtbewohntesten Afrikas werden lassen.

Bambus dominiert weite Bereiche der Region. Die Urwälder der Virunga sind eher kalt, nass, dunkel und schlammig: Sie erhalten über 170 Zentimeter Niederschlag jährlich. Nach dem Labyrinth aus üppiger Vegetation öffnen sich die grünen Hänge des Visoke oben zu einem Hagenia-Wald. Auf den Stämmen und riesigen knorrigen Ästen der Hagenia wachsen Moose, Farne und Orchideen; die Blätter sind von Flechten überzogen. Auch unter diesen seltsam anmutenden Bäumen wachsen Blumen, sogar eine Johanniskraut-Art mit zarten Blättern und riesigen gelben Blüten.

Diese Wälder grenzen im unteren Bereich an die ganzjährig feuchte subalpine Zone. Unter der zusätzlichen Einwirkung der Sonne bringt das Klima dort riesenwüchsige Pflanzen hervor, darunter Lobelien, die für ihre riesigen senkrechten Blütenstände bekannt sind. Außerdem gedeiht dort das Riesenkreuzkraut. Verwandt mit der Sonnenblume schießt das Kreuzkraut in der Virunga-Ruwenzori-Region über 6 Meter in die Höhe. Es wird über 100 Jahre alt. Die Pflanze mit dickem Stamm und korkähnlichen, seltsam glatten, verkümmerten Stängeln, an denen große Blätter sitzen, treibt gelbe Blüten.

Hier sind überwiegend nachtaktive Tiere heimisch. Die legendären Berggorillas, die Dian Fossey ab den 60er Jahren bis zu ihrer tragischen Ermordung 1985 studierte, sind sehr groß, intelligent und vorwiegend schwarz gefärbt. Die Männchen haben meist ein silberfarbiges Fell auf dem Rücken.

Die Berggorillas leben zurückgezogen in hochentwickelten Verbänden und sind äußerst scheu. In freier Wildbahn sind heute nur noch etwa 300 Berggorillas beheimatet, und zwar ausschließlich in der Virunga-Bergkette. Glücklicherweise hat der Fang von Jungtieren für Zoos etwas abgenommen, seitdem der Tourismus als Einnahmequelle für die Region entdeckt worden ist. Viele Besucher wollen die Gorillas in ihrem Habitat sehen, so dass sie in ihrer natürlichen Umgebung geschützt und erhalten werden können.

Zu den anderen Tieren, die diese Berge durchstreifen, zählen Elefanten und Büffel; beide sind sehr gefährlich, sobald sie sich bedroht fühlen. Ferner gibt es hier viele unbekanntere, ungewöhnliche Tierarten. Der scheue Buschbock ist eine kleine rotbraune Antilope mit gewendelten Hörnern, die nach Wurzeln gräbt. Der krächzende, fürchterliche Schrei des Baumklippschliefers ertönt bei Anbruch der Dunkelheit, wenn er Blätter in den Bäumen und Büschen frisst; sie sehen kleinen Nagern ähnlich, sind aber näher mit dem Elefant verwandt als jedes andere Tier. Die seltenen, goldenen Affen leben nur in den Virunga-Bergen in der Bambuszone. Außerdem sind hier die bis zu 30 Zentimeter langen Riesenerdwürmer beheimatet.

Die Ruwenzori-Berge und die Virunga-Vulkane bieten zusammen eine unvergleichliche Fauna und reizvolle Anblicke. Ihre eigenartige Mystik drückt sich im Namen »Mondberge« aus, der die Einmaligkeit der hier vorkommenden Lebensformen noch unterstreicht. Dennoch sind es die allseits bekannten Elefanten und Gorillas, die diese wunderbare Region so bedeutend machen.

DONNER-RAUCH

Die Victoriafälle

Das stille Wasser des Sambesi fließt auf seinem Weg zwischen Zimbabwe und Sambia im südlichen Zentralafrika durch waldgesäumte friedliche Lagunen, in denen Flusspferde grasen und Krokodile auf der Lauer liegen. – Plötzlich scheint der Boden des Flussbetts unvermittelt wegzubrechen und die Wassermassen stürzen schäumend in freiem Fall über den Rand. Ein Teil der tosenden Flut zerstäubt zu Nebel, der sich auf den Wald ringsum legt. Das Donnern des fallenden Wassers, der tiefe Abgrund und die schiere Kraft des reißenden, weiß schäumenden Schwalls machen die Victoria-Fälle zu einem außergewöhnlichen Werk der Natur.

Etwa 1000 Kilometer hinter seiner Quelle stürzt der Sambesi die Victoria-Fälle hinab, ein fantastisches Naturschauspiel und wichtige Touristenattraktion, mehr als 1700 Meter breit und etwa 100 Meter hoch. Jahreszeitlich bedingt schwankt die Wassermenge der Victoria-Fälle zwischen 19.768 Kubikmetern pro Minute im November und Dezember und über 494.200 gegen Ende der Regenzeit im Mai und Juni.

Nichts scheint dieser atemberaubenden Wassersäule vergleichbar, die eine Nebelwolke tausend Meter vom Boden der Schlucht aufsteigen lässt und ihre eigenen Regenbogen vor einer enormen Geräuschkulisse in einer nahezu unberührten Natur bildet. Die Wasserfälle sind auch deshalb so einzigartig, weil ihr volles Ausmaß nur schwierig zu überblicken ist, denn der Fluss stürzt nahezu rechtwinklig über eine Basaltlippe in eine an manchen Stellen nur 60 Meter breite, steilwandige Schlucht.

Die Wasserfälle heißen in der Landessprache »Mosi-oa-tunya«, was soviel wie »Donnernder Rauch« bedeutet. Der Forscher David Livingston drängte bei ihrem Anblick im November 1855 darauf, sie nach der britischen Königin Victoria zu benennen. Seine Beschreibung war es auch, die auf die Fälle aufmerksam machte und schließlich Touristen hierher lockte. Heute dient die Südlippe der Schlucht als natürliche Aussichtsplattform, von der die Fälle bestaunt werden können. Großer Beliebtheit erfreuen sich auch die Ausblicke aus dem Flugzeug.

Die Schlucht der Wasserfälle ist von üppigen Ebenholz-, Feigen- und Mahagonibäumen gesäumt, die ständig vom Wassernebel befeuchtet werden. Auch einige seltene Spezies wie der Cheilanthes-farinosa-Farn, der sonst nur noch an zwei anderen Orten der Welt gedeiht, wachsen hier. Kleintiere wie Warzenschweine, Meerkatze und Buschbock bewohnen den Waldboden, während hoch über den Fällen schwarze Adler und die seltenen Taita-Falken kreisen. Ebenfalls seltene, hier anzutreffende Tiere sind Bachschwalben und Kragenpalmdrosseln.

Heute sind die Victoria-Fälle teil des 23 Quadratkilometer umfassenden, gleichnamigen Nationalparks, der teils zu Zimbabwe, teils zu Sambia gehört und im Jahre 1989 von den Vereinten Nationen zum Weltnaturerbe erklärt wurde. Die Victoria-Fälle scheinen ein Sinnbild der unvorstellbaren Gewalten der Natur. Der aufsteigende Wassernebel und das hinabstürzende Wasser – von den Einheimischen poetisch als »Donnernder Rauch« beschrieben – beeindruckt uns auf erhabene geheimnisvolle Weise.

166 oben
Die Victoria-Fälle von der Westseite gesehen zeugen von der gewaltigen Kraft des tosenden Wassers. Die Victoria-Fälle sind mehr als 1700 Meter breit und etwa 100 Meter hoch – ein riesiger Wasservorhang.

166 unten
Die atemberaubende Gewalt der Victoria-Fälle macht diese Luftaufnahme deutlich, die den mäanderförmigen Fluss in der Nähe der riesigen Erdspalte zeigt. Die Brücke der Victoria-Fälle, ein Meisterwerk moderner Technik, ist in der Mitte des Bildes auszumachen.

166–167
Eine Luftaufnahme der Fälle in Zimbabwe zeigt das Wasser am Rande der Basaltlippe. Der »Donnernde Rauch« gehört zum 23 Quadratkilometer umfassenden Nationalpark, der teils in Zimbabwe, teils in Sambia liegt.

167 unten links
Ein immerwährender Regenbogen spannt sich über die tosenden Wasser der Victoria-Fälle, von denen eine 300 Meter hohe Wolke aufsteigt. Die Schlucht und die Fälle verdanken sich den erosiven Kräften des Wassers.

167 unten rechts
Hier sieht man die zahlreichen Eilande oberhalb der Fälle und die hohe Nebelsäule, die durch die atemberaubende Wucht des herabstürzenden Wassers entsteht, das zuvor viele Kilometer eher gemächlich durch Zimbabwe und Sambia geflossen ist.

168–169
Ein Panoramablick auf die lange schmale Namib-Wüste. Die Atlantikküste wird in diesem Abschnitt »Skelettküste« genannt, da dort viele Seeleute den Tod fanden. Heute leben in der Region nur wenige Menschen, vor allem Bergarbeiter der Diamantminen und bewaffnete Wächter.

168 unten
Wunderschöne gelbe Blumenteppiche am Rande der roten Dünen bei Sossusvlei, Namibia. Die extreme Trockenheit der Region lässt nur wenige Pflanzenarten gedeihen. Atmosphärische Bedingungen und Ozeanströmungen im Südatlantik verhindern, dass Feuchtigkeit ins Landesinnere gelangen kann.

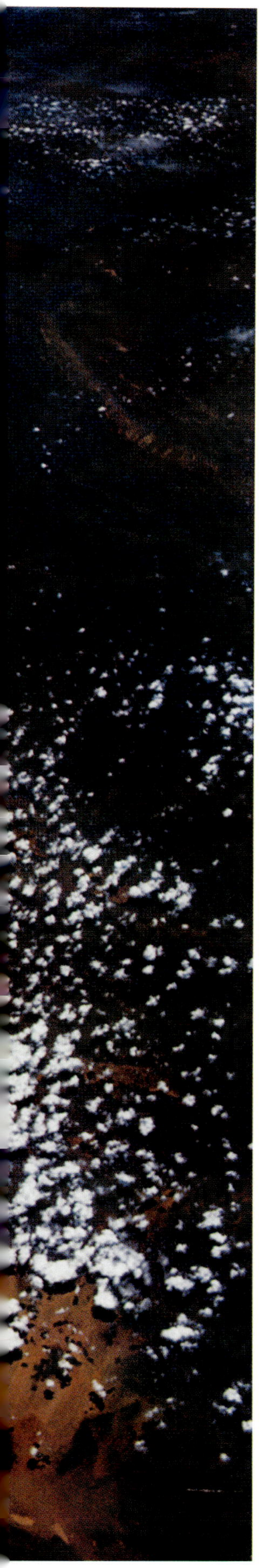

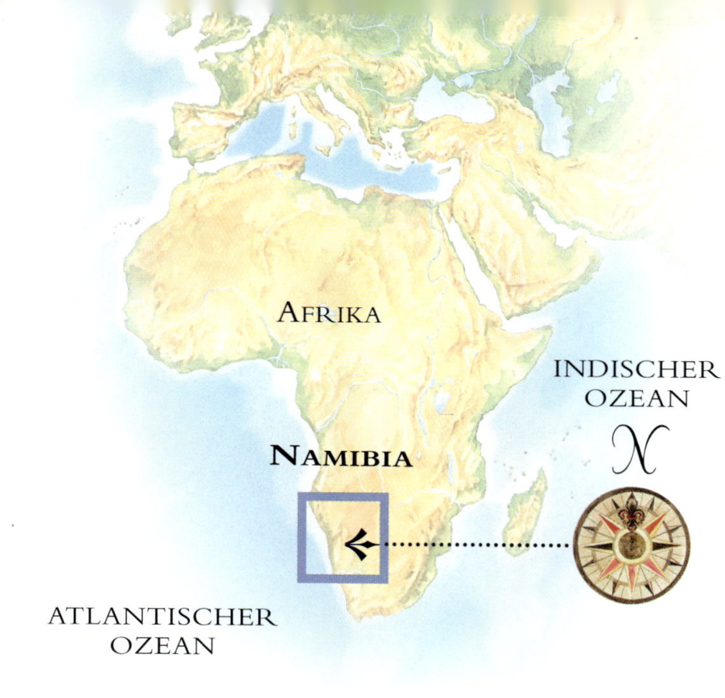

HITZE OHNE GNADE

DIE WÜSTE NAMIB

169 oben
Der Köcherbaum, der zu den Rebengewächsen gehört, sieht aus als hätte man ihn entwurzelt und kopfüber wieder eingepflanzt. Sie ist, wie der Affenbrotbaum, eine von zahlreichen Pflanzen der Namib-Region, die völlig starr und leblos wirkt.

169 Mitte
Hier reißt die trockene Schlammkruste im Namib-Naukluft-Park auf, eines der größten und zerklüftetsten Schutzgebiete des Landes. Zum Park gehören ein Zebra-Naturreservat und die merkwürdigen Zwerg-Welwitschia-Bäume, eine seltsame prähistorische Pflanze, die etwa 1000 Jahre alt werden kann.

169 unten
Neben ihren berühmten Sanddünen umfasst die Namib zerklüftete Berge und riesige Schluchten voller verwitterter Steine wie diese im Fish River Canyon.

Aus der Vogelperspektive erkennt man links den riesigen blauen Ozean und rechterhand eine riesige gelbe Wüste – auf der einen Seite Wellen mit weißen Schaumkronen, auf der anderen Dünen mit braunen Schatten. Beide Welten erstrecken sich bis zum Horizont. Hier liegt das Yin und Yang der Welt, die Essenz des Lebens und die Essenz des Leblosen, eine trockene Wüste. Diese Welten treffen an einem 1900 Kilometer langen Streifen an der Südwestküste Afrikas, der Wüste Namib, aufeinander. Obwohl sie aus der Luft wie zwei verschiedene Welten wirken, die einander den Rücken zukehren – der kalte Ozean und die heiße sengende Wüste – wirken sie doch aufeinander ein und verbinden sich hier.

Die Namib ist die älteste Wüste der Erde, bekannt für ihre wilde dürre Schönheit. Sie ist ein Sandmeer, das der Wind zu Streifen und Wirbeln formt. Der Name bedeutet »Wüste« oder »menschenleerer Ort«. Die Namib ist die einzige Wüste, in der sich eine endemische Flora und Fauna in den vegetationslosen Dünen entwickeln konnte. Die Sandhügel in dieser drei bis vier Millionen Jahre alten Wüste sind von anderen Ökosystemen tatsächlich vollkommen isoliert. Das trockene Gebiet entstand vor etwa 55 Millionen Jahren, entwickelte sich aber vor 14 bis 18 Millionen Jahren zu einer halbtrockenen Region. Die große Trockenheit kehrte mit dem kalten Benguela-Strom im Atlantischen Ozean vor etwa vier Millionen Jahren zurück.

Die gigantischen roten und grauen Dünen mit ihren scharfkonturigen Kämmen sind mit etwa 160 Metern die höchsten der Welt. Sossus Vlei – die höchste Düne – misst 390 Meter. Eine Düne kann 48 Kilometer lang sein und liegt etwa eineinhalb Kilometer von der Nachbardüne entfernt.

170–171
Die aufgehende Sonne wirft lange Schatten auf die roten Dünen und die grüne Vegetation bei Sossusvlei. Diese gigantischen Dünen sind mit über 160 Metern die größten der Welt. Zahlreiche Pflanzen und Tiere kommen nur hier vor und benötigen zum Überleben den Nebel des Atlantischen Ozeans.

170 oben links
Die aufgehende Sonne konturiert die Dünen von Sossusvlei, die Teil der uralten Namib-Wüste sind, die sich 1900 Kilometer entlang des Ozeans erstreckt, in einem schmalen maximal 130 Kilometer breiten Band.

170 oben rechts
In der Namib-Wüste findet man vier unterschiedliche Hügelformationen. Die sogenannten Draa setzen sich aus 45 Zentimeter hohen, regelmäßig geformten Sandkräuselungen auf den Hängen der größeren Dünen zusammen. Mit Buschwerk bestandene Dünen sind nicht hoch, können aber einen Kilometer lang sein. »Barchans« heißen die halbmondförmigen Wanderdünen am Meerufer, die bis zu 15 Meter jährlich zurücklegen. Sterndünen werden von Winden geformt und befinden sich im Inland.

170 unten
Ein Baum im Schatten einer großen Düne. Vor etwa 55 Millionen Jahren wurde das Klima der Region trocken und nach und nach bildete sich ein 219 Meter tiefes Sandmeer, das ausgedehnter war als die heutige Wüste. Das Tsondab-Sandsteingebilde stellt ein Relikt dieser alten Wüste dar.

Die Farben der Dünen wechseln je nach Lage und Alter, wobei sich die jüngsten in Ozeannähe im Westen befinden. Die Küstendünen sind im Gegensatz zu den dunkelbraunen Inlanddünen von gelblich-brauner Farbe. Im Ostteil der Wüste, der am weitesten vom Atlantik entfernt ist, gehen die Dünen in einen ziegelroten Ton über. Das Sandmeer bedeckt 33.994 Quadratkilometer, und obwohl es recht lang ist, beträgt die Breite zwischen Ozean und den Bergen im Osten im Schnitt nur 97 bis 130 Kilometer.

Das Leben zahlreicher endemischer Pflanzen und Tiere hängt von dem klammen Nebel ab, der vom Atlantischen Ozean landeinwärts treibt. So unterstützt der Ozean das Leben auf seine Weise. Der Wind bläst das Oberflächenwasser nordwärts, so gelangt kälteres nährstoffreiches Wasser nach oben. Die Nährstoffe werden über die Fische von Organismus zu Organismus in der Nahrungskette weitergegeben. Angesichts der wenigen Wasserstellen ziehen die Tiere der Region über die Strände und ernähren sich vom reichhaltigen Leben im Wasser.

Obwohl der Sand lebensfeindlich erscheint, haben sich über 200 Arten Käfer, Skorpione, Spinnen, Geckos, Chamäleons, Schlangen und Adler den Bedingungen angepasst, um hier zu überleben. In den grünen Flecken entlang der Küstenebene finden sich alte Flechten und ein seltsames Überbleibsel der prähistorischen Flora: der Welwitschia, ein von der Feuchtigkeit der Atlantikküste lebender Zwergbaum, der über 1000 Jahre alt werden kann. Hohe Stängel der Aloe wachsen am Wüstenrand, aber in der Wüste selbst sind kaum mehr als Flechten zu finden.

Bei Tagesanbruch beginnt der Zyklus des Lebens in der Namib. Mit der aufgehenden Sonne färbt sich der Himmel rosafarben und warme Luft vom Ozean treibt über das

kalte Wasser des Benguela-Stroms. Der Temperaturunterschied bewirkt dichten Küstennebel, der bis zu 100 Kilometer landeinwärts treibt. Viele Pflanzen und Tiere halten die kleinen Tropfen kondensierten Wassers am Leben, Käfer stehen auf dem Kopf, damit die Feuchtigkeit ihren Körper hinab ins Maul rinnen kann. Klapperschlangen lecken sie von ihrem Körper und Dünenameisen trinken sie von den Blättern des braunen Grases. Die aufgehende Sonne verdunstet die Restfeuchtigkeit und die Namib erstrahlt als eine Welt goldener Sanddünen. Vogelstrauße, Geier, Warzenschweine, Oryxantilopen und Flughühner sammeln sich zum Trinken an schlammigen Wasserstellen, um für den heißen anbrechenden Tag gewappnet zu sein.

Die Hitze nimmt schnell zu und am Nachmittag brennt die Sonne so stark auf den Wüstensand, dass alles Leben vor ihren unerbittlichen Strahlen Schutz suchen muss. Entlang der Sandstrände lümmeln sich Pelzrobben im Sprühwasser der Brandung, wobei sie wachsam nach Raubtieren wie Schakalen und Hyänen Ausschau halten.

171 rechts
Heute bedeckt das Sandmeer der Namib 33.994 Quadratkilometer und besteht aus scharfkonturierten, nordwärts ausgerichteten Dünen. Der Sand enthält 90 Prozent Quarz sowie Granat, Feldspat und Monazit.

172–173
Oryxantilopen erklimmen eine Düne bei Sossusvlei in der Namib. Die Wüste kann stellenweise absolut lebensfreindlich sein, dennoch findet man dort Landtiere jeder Größe, außerdem Pflanzen und Vögel. Alle haben ihre eigene Kunst des Überlebens entwickelt.

Die Robben kommen jeden Herbst an die Küste, um ihre Jungen zu gebären, die sie sorgsam beschützen. Flamingos, Pelikane und Seeschwalben fischen in den seichten Gewässern vor der Küste, während die gefährdeten hier endemischen Brillenpinguine in der Brandung spielen.

Schließlich neigt sich der lange heiße Tag seinem Ende entgegen und die vom Sonnenlicht abhängigen Tiere, insbesondere Reptilien, ruhen. Der gelbe Mond geht über dem sich abkühlenden Sand auf, wenn Eulen, Spinnen, Skorpione und winzige, beinahe durchsichtige Geckos mit ihren lauten Balzrufen auftauchen und in der Nacht nach Nahrung suchen.

Dies ist der endlose Lebenszyklus in der Namib. Spezialisierte Tiere und Pflanzen haben sich den harten Bedingungen in diesen erhabenen Sanddünen mit ihrem bizarren Wellenmuster anpassen können. So scheint es wie ein Wunder, dass in dieser Einöde Leben möglich ist.

173 oben
Eine Herde Strauße rennt über die Etoscha-Pfanne, eine riesige Senke in Namibia, die vor Hitze und Gewittern vibriert. Zu bestimmten Jahreszeiten ist sie überflutet und bietet Tausenden von Tieren Lebensraum. Innerhalb weniger Wochen brennt die Sonne das Wasser weg und lässt nur das Salz zurück.

173 Mitte
Eine Oryxantilope, die es aus Wasser- oder Nahrungsmangel nicht geschafft hat, in der Namib zu überleben. Die Wüste ist nicht der bevorzugte Lebensraum dieser Tierart, obwohl sie häufig durch die Dünen streift und relativ unabhängig von Wasser ist, sofern sie ausreichend Kräuter oder Melonen findet.

173 unten
Trotz der extremen Trockenheit lebt in Teilen der Namib Großwild. Hier sieht man eine kleine Elefantenherde auf dem Weg zum Wasser im Hoanib-Flussbecken im Kaokoland. Die namibischen Flüsse führen zwar nur wenige Stunden jährlich Wasser, füllen aber wertvolle unterirdische Speicher auf, die das ganze Jahr reichen.

174–175 und 174 unten
Die östlichste Insel der Seychellen, La Digue, ist etwa drei Kilometer lang und erhebt sich im Zentrum bis auf 326 Meter. Fantastische Strände mit Dattelbäumen sowie natürlich modellierte Felsen säumen die Ozeanküste.

175 oben
Das Korallenatoll von Aldabra, nordwestlich von Madagaskar, aus der Luft gesehen. 10 Prozent der Flora und Fauna auf Aldabra sind in dem Atoll endemisch. Die innere Lagune und der verzweigte tiefblaue Kanal ermöglichen einen Austausch des Seewassers.

175 unten
Der Aldabra-Hauptkanal, der Ozeanwasser gegen Lagunenwasser austauscht. Aldabra besteht aus 13 Inseln und besitzt zwei unterschiedliche Terrassen von Lebenszonen, auf 3,5 und auf 7 Metern über dem Meeresspiegel.

PARADIESISCHES EILAND

DIE SEYCHELLEN

Die schlanken Stämme von Palmen ragen über perfekt anmutenden blendendweißen Sandstränden. Das Sonnenlicht glitzert durch die Palmwedel und betont das Grün und Orange der Blätter. Schmale Wege führen durch Cashew-Dickichte, Bambus-Lichtungen und Zitrus- und Avocado-Plantagen. Der hellblaue Ozean wirft sein warmes Wasser weiß schäumend über rosafarbene Granitfelsen an der Küste. Diese Inseln – die Seychellen – sind von paradiesischer Schönheit voller seltener Lebewesen.

Die Seychellen werden auch das »Paradies auf Erden« genannt. Nicht so berühmt wie die Inseln des Südpazifiks oder der Karibik stehen sie ihnen jedoch in Schönheit in nichts nach. Im Westen des Indischen Ozeans, 1600 Kilometer von der ostafrikanischen Küste entfernt, erstreckt sich dieser Archipel von etwa 115 Inseln über Hunderte von Kilometern. Die Seychellen liegen zwischen dem 4. und 5. Breitengrad südlich des Äquators und haben feuchtwarmes Klima. Die drei Hauptinseln – Mahé, Praslin und La Digue – bestehen überwiegend aus Granit, während es sich bei den umliegenden Inseln um Korallenatolle handelt. Überraschenderweise sind sie nicht vulkanischen Ursprungs, sondern die Spitzen eines Unterwasserplateaus, das vor etwa 65 Millionen Jahren von Indien abgetrennt wurde.

Auf den Granitsteininseln zieht sich üppiger Wald die Berghänge herauf. Auch die Koralleninseln haben eine dichte Vegetation mit Palmen, Casuarinen- und Banyanbäumen. Die endemische riesenwüchsige Coco-de-Mer-Palme trägt eine seltsame Frucht, die wie der nackte Unterleib einer Frau aussieht. Diese Bäume können bis zu 1000 Jahre alt werden. Säugetiere sind hier nur spärlich vertreten, aber es wimmelt von Insekten, Fischen und Vögeln.

Die Hauptinsel Mahé ist für ihre idyllischen Strände, Kokospalmen und Zimt berühmt. Gewaltige, kurios geformte Granitbrocken liegen auf Praslin verstreut, während sich in den Korallenriffen vor der Küste über 900 Fischarten tummeln. Sagenhafte Strände auf der Nordseite der Insel blenden die Besucher mit ihrem weißen weichen Sand. Die bezaubernde La Digue ist vermutlich die meistfotografierte Insel der Welt mit zahlreichen seltenen Vogelarten. Die felsige, mit Palmen bestandene Küstenlinie scheint ins Meer zu stürzen.

Vogelbeobachter kommen zu den Seychellen, um hier einige der seltensten Vogelarten der Welt zu beobachten. Elf Arten sind auf der Insel endemisch, darunter die schwarze Elsterdrossel und die Seychellen-Grasmücke. Zugvögel der Arktis und Antarktis machen ebenfalls hier Station. Die Cousin-Insel gehört zum Besitz der Royal Society for Nature Conservation und erlaubt kleinen Gruppen den Besuch des interessanten Vogelhabitats.

Die Insel Aldabra, Weltnaturerbe, beheimatet fünfmal so viele Riesenlandschildkröten wie die Galapagos-Inseln. Es handelt sich hier um den ursprünglichen Lebensraum der Schildkröten, von den etwa 200.000 Exemplare hier leben. Ferner finden sich hier Wasservögel wie Reiher, Ibis, Seeschwalben und Flamingos.

Die pilzförmigen wabenartigen und pockennarbigen Sandsteingebilde werden von den Einheimischen »Champignons« genannt. Die 22 Kilometer im Durchmesser messende Insel bildet eins der größten Korallenatolle. Sie besitzt eine riesige Gezeitenlagune, in der manchmal Tigerhaie und Mantarochen sowie Millionen farbiger tropischer Fische anzutreffen sind.

176–177
Die rund 300 Meter hohen, roten Sandsteingebilde des Monument Valley umfassen etwa 5180 Quadratkilometer im nordöstlichen Arizona und in Südost-Utah.

176 unten links
Riesige Kakteen im Saguaro-Nationalpark in der Nähe von Tucson, Arizona. Sie sind in ihrem Bestand gefährdet.

176 unten rechts
Das traumhafte Land der roten Felsen im westlichen Mittelarizona nahe Sedona, das vom Oak Creek Canyon bewässert wird, wird vom Cathedral Rock beherrscht. Dieses große Gebiet roter Sandsteinformationen befindet sich inmitten einer Hügel- und Bergregion, deren Vegetation zwischen Wüste und Bergkoniferen wechselt.

NORDAMERIKA

EINLEITUNG

Vogelschwärme brechen von den kalten nördlichen Seen gen Süden auf, überqueren die arktische Tundra, imposante Berge, flache fruchtbare Täler und die Wüsten und Urwälder Mexikos. Auf ihrem Flug sehen sie die wogenden Kornfelder, die rauen, schneegekrönten Gipfel, die langsamen, mäandernden Flüsse, die fruchtbare Erde mitführen und in den Flusstälern anschwemmen. Die Natur hat den Kontinent überschwänglich mit guten Böden und reichlich Wasser bedacht. Außerordentliche Landstriche wie die tiefen rotfelsigen Cañons, die durch Erosion modellierten Zinnen und Bögen in den trockenen Wüsten, spektakuläre Wasserfälle und mächtige Berge sind Naturschutzgebiete.

Das ist Nordamerika, der drittgrößte Kontinent, den sich nur drei Nationen, Kanada, die Vereinigten Staaten und Mexiko, teilen. Der Kontinent hat ungefähr die Form eines Dreiecks, wobei die obere westliche Spitze im Beringmeer beinahe Asien zu berühren scheint, die obere östliche Spitze weist gen Europa und die südliche stellt die Verbindung zu Mittel- und Südamerika her.

Nordamerika bedeckt eine Fläche von 24,3 Millionen Quadratkilometern, ist von der kanadischen Arktis bis zur Grenze Panamas 7200 Kilometer lang und 6400 Kilometer breit. An der Küste liegen zahlreiche große Häfen, besonders an der zerklüfteten Atlantikseite. Noch herrschen die ländlichen Gegenden vor, aber die Urbanisierung schreitet von Jahr zu Jahr weiter fort. Das Land verfügt über reichlich natürliche Ressourcen wie Mineralien und landwirtschaftliche Erzeugnisse.

Dieser Kontinent lässt sich in sieben landschaftliche Großräume teilen, die mit dem pazifischen Küstenland im Westen beginnen, das sich von Alaska bis Mexiko erstreckt. Eine malerische Felsenküste mit Sandstränden reicht von den feuchten Regenwäldern des Nordens bis zum trockenen wüstenartigen Südkalifornien und Mexiko. Grandiose Bergketten durchziehen diese Region, nicht zu vergessen die Küsten- und die Inlandketten – Alaska Range, Cascades, Sierra Nevada und Sierra Madre. Diese hohen Berge faszinieren durch ihre Landschaft, allen voran der Mount KcKinley in Alaska, die höchste Erhebung, und das Yosemite

177 oben
Brandung an der kalifornischen Küste, die mit kuriosen Felsformationen und wunderschönen Sandstränden aufwartet. Von der Grenze Oregons bis nach Mexiko wird die Küste zunehmend belebter. Aber sie wahrt ihren ursprünglichen Charme, dank einer geringen Erschließung und dem Schutz weiter, staatlich verwalteter Gebiete.

177 oben
Südlich von Carmel, Kalifornien, liegt der traumhafte, beliebte Küstenstreifen Big Sur Country. Nur wenige Städte säumen die Straße, die sich entlang der Küste und Cañons von einem reizvollen Ausblick zum nächsten windet.

178–179
Der Banff-Nationalpark in Alberta, Kanada. Der Park wurde 1885 eingerichtet und bietet 6640 Quadratkilometer Rocky-Mountains-Landschaft. Banff bildet mit den angrenzenden Nationalparks Jasper, Kootenay und Yoho und weiteren drei Parks das Weltnaturerbe Canadian Rocky Mountain Parks.

178 oben links
Die schneebedeckten Weiten Westkanadas umschließen die nördlichen Rocky Mountains.

178 oben rechts
Der 4392 Meter hohe Vulkan Mount Rainier im Staate Washington ruht derzeit. Der nur 48 Kilometer weiter südwestlich gelegene Mount St. Helens brach im Jahre 1980 aus. Die Westküste der Vereinigten Staaten deckt sich mit einer Verwerfungslinie, was sie für Vulkanausbrüche oder Erdbeben anfälliger macht als andere Bereiche des Landes.

178 unten
Die Strände von Baja California bieten Kilometer für Kilometer landschaftlich reizvolle Panoramen und traumhafte Erholungsmöglichkeiten. Es sind beliebte Ausgangspunkte zum Surfen, Hochseeangeln, Schwimmen, Segeln und Sporttauchen. Die sehenswürdigen pazifischen Sandstrände reichen von Südkalifornien bis Mexiko.

Valley in Kalifornien – extreme und großartige Beispiele vitaler Gebirge.

Den zweiten geographischen Großraum stellt die Beckenregion dar, das Land zwischen den Küstengebirgen und den Rocky Mountains. Dazu zählen das Yukon-Flussbecken in Alaska, das Inlandplateau von British Columbia, das Colorado-Plateau, das große Becken Nevadas und das mexikanische Plateau. Hier finden sich spektakuläre Naturwunder wie der Grand Canyon des Colorado, der etwa 1,6 Kilometer unter roten Felsvorsprüngen verläuft, und das Monument Valley mit von Erosion modellierten Zinnen. Ebenso gehört das Death Valley, der tiefste Punkt des Kontinents, dazu.

Es folgen die Rocky Mountains, der hohe Inlandgebirgsgrat Nordamerikas. Schneebedeckte, zerklüftete Berge erheben sich über die beiderseitigen Ebenen, bei denen jeder Betrachter von Ehrfurcht ergriffen wird. Die kanadischen Parks Jasper und Banff sowie die amerikanischen Rocky Mountains und Yellowstone dienen der Erhaltung dieses imposanten alpinen Wunderlandes.

Die Ebenen bedecken ein riesiges Gebiet im mittleren Westen der Vereinigten Staaten und Zentralkanadas, begrenzt durch die Rockies im Westen und die Appalachen im Osten. Dazwischen liegt eine wellige Ebene, geprägt vom Mississippi, dem sogenannten »amerikanischen Nil«, und seinen Nebenarmen. Der Strom windet sich Kilometer um Kilometer durch die Region, nimmt andere in sich auf und transportiert fruchtbare Erde in die »Kornkammer« Amerikas.

Der Kanadische Schild bedeckt die Osthälfte Kanadas und den Nordosten der Vereinigten Staaten. Der Begriff Schild geht zurück auf die Bezeichnung für die Zusammensetzung aus altem, mittlerweile von dichten Wäldern bedecktem Gestein. Die ozeanähnlichen Großen Seen liegen auf diesem Schild und bilden ihre eigenen Sanddünen. Auch zeigen sie gelegentlich ihr launisches, stürmisches

179 rechts
Im Herbst bildet das Laub der verschiedenen Baumarten in den Appalachen im Osten der Vereinigten Staaten ein Kaleidoskop leuchtender Töne und entfaltet seine Farbenpracht wie hier in der Nähe von Woodstock im Staate New Hampshire im Nordosten der Vereinigten Staaten.

Gesicht. In den tosenden, über einen Bruch im Kanadischen Schild rauschenden Niagara-Fällen äußern sich Kraft und Vitalität der Natur.

Die höchste Erhebung der parallel zur Atlantikküste verlaufenden Appalachen liegt bei 2042 Metern; diesem sehr alten Gebirge haben Wind und Wetter äonenlang zugesetzt.

Die atlantische Küstenebene umfasst den siebten und letzten der geografischen Großräume Nordamerikas. Das Tiefland reicht von Cape Cod in Massachusetts bis zur Halbinsel Yucatán, es umrundet die Spitze Floridas und verläuft entlang des Golfs von Mexiko. Sandstrände mit Dünen findet man an der Küste und auf den vorgelagerten Inseln – einige sind sonnige Paradiese, andere windgepeitschtes Flachland.

Seit Jahrhunderten zieht dieser fruchtbare Kontinent mit seinem gemäßigten Klima Siedler aus aller Welt an. Er verfügt über eine Fülle an Naturwundern, die jedermann zugänglich sind.

DAS NÖRDLICHE ENDE & DER WELT

DIE KANADISCHE ARKTIS UND GRÖNLAND

180
Wie ein Spezialeffekt aus einem Hollywood-Film mutet die geisterhafte Aura der Aurora Borealis (Nordlichter) über der kanadischen Arktis an. Dieses Phänomen beruht auf Strömen elektrisch geladener Teilchen und kann die unterschiedlichsten Formen am nächtlichen Himmel annehmen.

180–181
Die überraschend felsige und zerklüftete Topographie Nordkanadas zeigt die Landschaft dieses abgelegenen Teils der Erde deutlich. In den Sommermonaten ist diese Wasserstraße im Lancastersund schnee- und eisfrei, dann können Schiffe von der Baffin Bay durch die Nordwestpassage fahren.

Die orangefarben glühende untergehende Sonne zeichnet die Konturen der im Nordpolarmeer treibenden weißblauen Eisberge wie flache Tische, Pyramiden und Türmchen vor dem Horizont ab. Die vielfältigen Formen dieser Berge haben der Gegend den Namen »weltgrößter Skulpturenpark« verliehen. Wasserfälle stürzen ins Meer, wo die Fluke eines Buckelwals das Wasser durchschneidet – erschreckend in seiner Größe. Gigantische Gletscher auf der endlos scheinenden Eiskappe in der klaren Luft der Arktis. So präsentiert sich der hohe Norden, karg, kompromisslos und dennoch unglaublich schön in seiner Andersartigkeit.

Nördlich des 70. Breitengrads findet man eine Reihe von Inseln, zu denen mehr als die Hälfte von Grönland gehört und mehrere Inseln, die zu den kanadischen Northwest Territories zählen. Zu den kanadischen Inseln gehören Banks, Victoria, Prince of Wales, The Queen Elizabeth, Somerset, Devon, Axel Heiberg, Ellesmere und Baffin. Sie liegen im Polarmeer, dem Beaufort-See und der Baffin Bay und sind ständig von Eis gepanzert. An ihre Nordküsten schließt sich das polare Packeis an.

Viele kanadische Inseln sind flach und karg, aber einige im Nordosten weisen Berge und Eiskappen auf, die bis zu 3000 Meter über den Meeresspiegel ragen. Grimmige Kälte und Dauerfrost lassen hier weder Bäume noch Sträucher wachsen. Nur wenige Menschen leben hier in den verstreuten Siedlungen. Die Lebensgewohnheiten der einheimischen Inuit haben sich bis heute kaum verändert und nur zähe Europäer und Nachkommen der Einheimischen betreiben hier Handelsposten und leben in kleinen Städten. Kanadische und amerikanische Militärbasen unterhalten hier Forschungsstationen und Wachposten.

Die größte Insel der Erde heißt Grönland und bedeckt eine Fläche von 2.175.600 Quadratkilometern, 1.833.720 werden von einem ewigen Eispanzer von 3 Kilometern Dicke überzogen. Die Insel ist 2670 Kilometer lang und 1207 Kilometer breit; ihr höchster Punkt, 3700 Meter hoch, trägt den Namen Gunnbjörn. Grönland, das dänische Provinz ist, die sich allerdings selbst verwaltet, ist mit 55.000 Einwohnern nur dünn besiedelt; entlang der Küste, vorwiegend unterhalb des Polarkreises, liegen wenige vereinzelte Städte.

Grönland blickt auf eine sehr alte Erdgeschichte zurück; hier wurden die ältesten Steine überhaupt gefunden, die man auf 3700 Millionen Jahre datiert.

Grönland steht unter dem Einfluss zweier natürlicher Kältequellen, der kalten Ozeanströme ringsum und des riesigen

181 unten links
»Elefantenfußgletscher« ist ein passender Name für diesen Berg im Grönland-Nationalpark im Nordosten der Insel. Hier erkennt man gut, wie sich der Gletscher von der Inlandeisschicht zwischen den Bergen durch die Täler schiebt.

181 unten rechts
Sonnenaufgang über vom Druck aufgeworfenen Schollen im Youngsund-Fjord im Nordosten des Grönland-Nationalparks. Etwa ein Drittel Grönlands rechnet zu dem 1974 gegründeten weltgrößten Nationalpark, dessen Fläche so groß wie Frankreich und England zusammen ist.

182 oben
Eine Sattelrobbenmutter und ihr Junges erkennen sich auch in großen Kolonien am Geruch. Robben leben von Fisch und anderen Meerestieren. Neugeborene wachsen schnell und können ihr Gewicht mit der Muttermilch in nur zwei Wochen verdreifachen.

182 unten
Diese Luftaufnahme des Flusses Cunningham auf der Insel Baffin zeigt eine riesige Ansammlung von Belugawalen, die sich von Meerestieren ernähren. Belugas werden entweder hellbraun oder schwarz und ohne Rückenflosse geboren, diese wächst erst mit fortschreitendem Alter. Im Alter von etwa fünf Jahren sind sie völlig weiß, daher ihr aus dem Russischen stammender Name.

182–183
Der Store-Gletscher auf seinem Weg zum Meer, wo Eisberge von seinem Rand kalben. Den größten Teil Grönlands bedeckt ein gigantischer, bis zu 3 Kilometer dicker Eispanzer.

Eispanzers, der eine Fläche bedeckt, die etwa der 14fachen Größe Englands entspricht. Die untersten Eisschichten sind bis zu zwei Millionen Jahre alt. Im Laufe der Zeit hat das Gewicht des Eises das ursprüngliche Grundgestein um etwa 600 Meter herabgedrückt.

Der Eispanzer ist per Hubschrauber oder Boot von fast überall in Grönland sichtbar. In der Provinz gibt es keine Straßen oder Eisenbahnen, die die Städte verbinden. Von Kangerlussuaq aus kann man beispielsweise zu Fuß, mit dem Fahrrad oder Auto die 25 Kilometer bis zum Eispanzer zurücklegen. Imposante Eisgebilde in Form von Bögen, Türmchen und Tunneln gilt es hier zu bestaunen, die in jeder erdenklichen Nuance von Weiß, Blau und sogar Orange erscheinen, wenn die Sonne am Horizont entlangwandert. Der aktivste Gletscher der Welt bei Ilulissat bewegt sich täglich 22 Meter und hat eine Front von mehr als 11 Kilometern.

Gletscher kalben gigantische Eisberge, die im Sonnenschein von der Küste wegtreiben. In Grönlands Diskobucht misst man Eisberge von 90 Metern über der Wasseroberfläche. Hier kann man nur ahnen, welche Massen da im Wasser treiben, selbst wenn man weiß, dass sich 90 Prozent eines Eisberges unter Wasser befinden. Die Eisberge treiben aus den arktischen Regionen heraus und schmelzen allmählich, was bei den größeren Exemplaren drei bis vier Jahre dauern kann.

Das arktische Klima variiert von Nord nach Süd und zwischen Küsten- und Inlandbereich. Insgesamt trocken, scheint es wärmer als es tatsächlich ist. Während des arktischen Sommers, von Ende Mai bis Ende Juli, geht die Sonne niemals unter. Zur Nachtzeit wirkt das in weiche Rot-, Orange- und Gelbtöne getauchte Land mit seinen langen Schatten wie ein Traumland.

Im Winter steigt die Sonne mehrere Wochen nicht über den Horizont. Dann beherrscht das Weiß des Schnees und des gefrorenen Meers die Landschaft. Dann rührt das einzige Licht von den Sternen, dem Mond und den Nordlichtern, die ein traumhaftes Farbenspiel bieten.

Nordlichter zeigen sich im Herbst, Winter und Frühling am Firmament, über den schneebedeckten Bergen. Weiß, gelb, grün und rot schimmern sie in der Dunkelheit wie ein im Wind wehender Vorhang.

Nordlichter erscheinen in Höhen von etwa 100 Kilometern. Diese Phämomene resultieren aus von der Sonne elektrisch aufgeladenen Teilchen, die beim Eintreten in die Erdatmosphäre vom Erdmagnetfeld gestört werden. Treffen diese Teilchen auf Moleküle in der Atmosphäre, so entstehen Nordlichter.

Nur weil die nördlichen Regionen mit Schnee und Eis bedeckt sind, sind sie dennoch nicht ohne Leben. Um das un-

183 unten links
Zwei Walrosse fühlen sich sichtlich wohl im kalten Wasser der Hudson Bay. Sie werden bis zu 3,35 Meter lang und wiegen zwischen 8 und 16 Zentnern; ihre Eckzähne messen bis zu 90 Zentimeter. Herden von mehreren tausend laut brüllenden Tieren sind keine Seltenheit, und alle kommen zu Hilfe, wenn ein Einzeltier in Not ist. Weich- und Schalentiere vom Meeresboden bilden ihre Hauptnahrung.

183 unten rechts
Ein Eisbärjunges springt von einer Eisscholle zur anderen. Eisbären sind die größten fleischfressenden Landtiere der Welt und können bis zu 8 Zentner Gewicht erreichen.

184–185
Der Sommer im Lancastersund im kanadischen Archipel wirkt auf den Europäer wie ein Winter. Aber das Packeis ist zurückgegangen und bedeckt die Bucht nicht mehr ganz. Die Sonne scheint den ganzen Tag.

185 oben links
Ein faszinierendes Tier der arktischen Regionen, ein Moschusochse, gräbt mit seinen schweren Hufen nach Nahrung unter dem Schnee. Er bevorzugt Moose, Gräser und Blätter von winzigen arktischen Sträuchern. Gegen die Kälte ist er mit zwei Fellschichten gewappnet, einer äußeren langhaarigen, groben und einer kurzen unteren. In Verbänden von bis zu 15 Tieren bilden sie eine Phalanx gegen ihren größten natürlichen Feind, den Wolf.

glaubliche Naturerbe der Insel zu schützen, wurde 1974 das nordöstliche Drittel Grönlands zum Nationalpark erklärt. Als weltgrößter Nationalpark bedeckt er eine Fläche, deren Größe der Frankreichs und Englands zusammen entspricht.

Im Wasser rings um die Inseln tummeln sich verschiedene Walarten, darunter Grönland-, Blauwal, Finnwal, Pottwal, Narwal, Beluga- und Schwertwal. Im Spätsommer und Frühherbst kommen die Wale dicht an die Küste und werden mitunter in den Häfen gesichtet. Robben und Walrösser liefern eine unterhaltsame Show bei ihren Tauchgängen nach Fischen in den eisigen Tiefen. Zu den hier vorkommenden Robbenarten zählen neben Eismeerringel-, Sattelrobben und Bartrobben. Eine Forellenart und der Grönlandkabeljau gehören zu den verbreiteten Fischarten.

Auch Vögel sind hier beheimatet, so Gänse, Ger- und Wanderfalken, Schneeammern, Spornammern und Erlenzeisige, Raben, Stockenten und Seetaucher. Sie nisten meist in den engen Spalten der Felsen und steilen Klippen.

Herden von eleganten Karibus und Rentieren sowie der unbeholfene Moschusochse mit seinem zottigen Fell und breiten geschwungenen Hörnern leben hier.

Moschusochsen sind hier wieder so zahlreich geworden, dass sie mit Einschränkung bejagt werden dürfen. Polarfüchse und -wölfe durchstreifen die Gegend auf ihrer Jagd nach schwachen und alten Säugetieren. Eisbären fischen und ernähren sich von kleineren Säugetieren wie Robben.

Südlich des Eispanzers schmückt sich das Land im Sommer mit einer reichen Vegetation. Mehr als 200 Pflanzenarten wurden

verzeichnet, darunter die großblütige Große Alpenrose, Glockenblume, arktischer Rhododendron, Silberwurz, Fingerkraut, Grönländischer Steinbrech und der Schnee-Steinbrech, Zwergweide, Birke und Wollgras. Essbare Beeren wie Schwarze Krähenbeeren, Preiselbeeren und Heidelbeeren gedeihen ebenfalls in den südlichen Gegenden.

Die vielfältige Flora und Fauna der Region straft die grimmige, karge Landschaft Lügen. Die nordkanadischen Inseln und Grönland sind ein Gebiet einzigartiger Naturschönheit, sommers von einer nie untergehenden Sonne beschienen, winters von den wehenden Farben der Nordlichter verzaubert.

185 oben rechts
Die zerklüftete Küstenlinie der kanadischen Nordinseln. Tausende von Eilanden unterschiedlicher Größe erstrecken sich von der Hudson Bay westlich des Yukon zum Nordpol. Nur wenige sind besiedelt.

185 unten
Der Südwesten Grönlands in all seiner Eispracht, 1994 aus dem All aufgenommen. Die Fjorde entstanden in der letzten Eiszeit. Der südlichste Punkt, Kap Farewell, ist unten rechts erkennbar.

186–187
80 Prozent Grönlands bedeckt Eis, durch das Gebirge ragen. Wie ein Becken mit steilen Wänden hält Grönlands Topographie die Eisdecke im Inland und das Land steigt ringsum an.

188–189
Der weiße Mount McKinley, Nordamerikas höchster Berg ist meist zu etwa drei Vierteln wolkenverhangen. Oberhalb von etwa 4200 Metern sind die Temperaturen auch im Sommer frostig und können im Winter bis auf –70 °C sinken. Dazu tobt ein Sturm mit über 240 Stundenkilometern.

188 unten links
Der West-Fork-Gletscher, unten rechts im Bild, verläuft zum Tal der Westgabelung des Flusses Chulitna, in der Bildmitte zu erkennen.

Die Alaska-Kette entstand vor 65 Millionen Jahren als Teil der Denali-Verwerfung, des größten Bruches in der nordamerikanischen Erdkruste.

IN DER TUNDRA

MOUNT MCKINLEY UND DENALI-NATIONALPARK

Bei eisblauem Himmel jagt ein rauer Wind um die zerklüfteten, in Schnee gehüllten Bergspitzen. Der Berg schaut winters auf ein fantastisches Schneewunderland hinab, das sich im Sommer in ein zartes Tundra-Paradies verwandelt. Mückenwolken umschwirren einen Elch, der durch seichtes Wasser am Fuße des immerweißen Mount McKinley watet.

Die Alëuten nennen ihn »Denali«, »den Hohen«. 1896 benannten ihn amerikanische Siedler in einer patriotischen Anwandlung nach dem damaligen Präsidenten McKinley. Stolze 6194 Meter ragt der Südgipfel des Berges auf, somit ist er der größte Berg Nordamerikas. Die oberen zwei Drittel des Berges sind ständig mit Schneefeldern bedeckt, die mehrere Gletscher speisen; die Waldgrenze liegt 5200 Meter unterhalb des Gipfels. Auf diesen öden Granithängen mit der enorm dicken Eisschicht ist kein Leben möglich.

Der Mount McKinley bildet die Spitze der Alaska-Gebirgskette und dominiert als allmächtige, allgegenwärtige Kraft die Landschaft. Der wolkenverhangene Denali muss häufig als Motiv für Folklore und Mystik herhalten. Viele Bergsteiger haben erfolglos versucht, ihn zu bezwingen, bis es 1910 mit dem Nordgipfel und am 13. Juni 1919 dem angloamerikanischen Forscher Hudson Stack und seinen drei Begleitern am höher gelegenen Südgipfel gelang.

Der Berg gehört zum bogenförmigen Alaska-Bergzug, der sich über 965 Kilometer von der Aleutian Range im südlichen Zentralalaska bis zur Grenze des Yukon Territory in Südalaska erstreckt. Diese Gebirgskette trennt die Tundra im Landesinneren von der Pazifikküste. Mount Hunter, Mount Hayes und Mount Foraker heißen drei weitere Berge der Alaska-Kette, die wie der McKinley über 4000 Meter hoch sind. Die Kette entstand durch Plattentektonik entlang der Denali-Verwerfung, Nordamerikas längstem Bruch in der Erdkruste. Der alles überragende McKinley ist für das Wetter in der Region verantwortlich. Gewaltige plötzliche Windböen lassen die Temperaturen am Berg rapide fallen.

Zu seinen Füßen erstreckt sich der Denali-Nationalpark mit 24.281 Quadratkilometern Wildnis aus Tundra und Taiga und schützt ein arktisches Ökosystem.

Das Gebiet trug bei seiner Gründung im Jahre 1917 ursprünglich den Namen »Mount-McKinley-Nationalpark«, wurde aber 1980 zu Ehren der einheimischen Bevölkerung, der Alëuten, umbenannt. 1976 wurde der Park zum internationalen Biosphärenreservat erklärt.

»Taiga« ist das russische Wort für »Nadelwald«, der vorwie-

188 unten rechts
Ein immerwährender Schneemantel umhüllt auch im Sommer mindestens die Hälfte des Mount McKinley, dessen Kern aus Granit und Schiefer besteht.

189
Ein zerklüfteter Gipfel ragt neben der Ruth-Schlucht in der Alaska-Kette im Denali-Nationalpark auf. Die Schlucht führt den Ruth-Gletscher zu den Flüssen des Parks weit unterhalb.

190–191
Ein Winterwunderland aus Schnee- und Eis am Ufer des Savage im Denali-Nationalpark. Dieser Strom fließt von der Alaska-Kette nordwärts und dabei nahe am Parkeingang bei Riley Creek vorbei.

190 unten links
Im Denali präsentieren sich die ehrfurchtgebietenden Kräfte der Natur. Hier der Mount McKinley im Zwielicht. Er hebt sich aus der Reihe der anderen Berge heraus, was ihn noch markanter und imposanter als den Mount Everest erscheinen lässt.

Mount McKinley und Denali-Nationalpark

190 unten rechts
1980 wurde das Parkgebiet auf 24.281 Quadratkilometer wilder unberührter Natur erweitert. Der McKinley thront über dieser paradiesischen Wildnis, doch der Park hat weit mehr zu bieten als den Berg – fragile Tundra, ein faszinierendes Wildleben, riesige Gletscher und wunderschöne Seen.

191 oben
Leichte Schneetupfer auf der Tundra und den Sommerblumen des Denali. Mehr als 430 Arten von Blumen, Moosen, Flechten, Algen und Pilzen wachsen im Miniaturformat auf der dünnen Bodenschicht, die jeden Sommer bei ca. 16 bis 20 Stunden Tageslicht auftaut.

gend in den hiesigen Flusstälern zu finden ist, die etwa 823 Meter hoch liegen. Unter den Nadelwald mischen sich Espen, Balsampappeln und Birken. Oberhalb der Baumgrenze bei etwa 900 Metern weicht die Taiga der Tundra, graugrüner Vegetation mit niedrigen Sträuchern und winzigen Blumen. In der Tundra gibt es eine kühle dreimonatige Wachstumszeit. Die Tundra ist in tiefer gelegenen Regionen feucht mit sumpfigen Büschelgrasfeldern, weiter oben hingegen eher trocken.

Einige Tier- und Vogelarten haben sich mit ihren dicken Fett- und Fellschichten der grimmigen Kälte der arktischen Region anpassen können. Großen Säugetieren wie dem Karibu, dem Dall-Schaf, dem Elch und Grizzlybär bietet der Park idealen Lebensraum.

Große Karibuherden wandern auf der Suche nach Gräsern und Flechten durch den Park. Die Elche halten sich dagegen gern im Wasser der unteren Parkausläufer auf; die Dall-Schafe bevorzugen die höheren Regionen. Dort lebt der Grizzlybär, der König der nordamerikanischen Wildnis. Der Buckel auf seinem Rücken sowie das breite flache Gesicht sind für ihn charakte-

191 unten
Das Abendlicht in der Ruth-Schlucht südlich des Mount McKinley. Die Aleutian Range verläuft entlang einer 2090 Kilometer langen Ver-wer-fungslinie von der kanadischen Grenze zur Halbinsel Alaska.

192 oben
Eine Grizzlybärenmutter mit drei Jungen auf Nahrungssuche in der Sommertundra. Die Allesfresser ernähren sich von kleinen Pflanzen, Beeren, Ziesel, Elch- und Karibukälbern und verschmähen selbst Aas nicht. Die Bärenmutter verteidigt ihre Jungen vehement gegen alle Feinde.

Mount McKinley und Denali-Nationalpark

192 Mitte
Der auch in Europa heimische Elch, das größte Mitglied der Hirschfamilie, lebt eher als Einzelgänger. In Alaska werden die Elchbullen besonders groß und schwer; sie erreichen 2,30 Meter Schulterhöhe bei bis zu 820 Kilogramm. Das Geweih, das einen Durchmesser von 1,50 Meter erreicht, wird jedes Jahr nach der Brunft abgeworfen und wächst dann nach.

192 unten
Eine Elchkuh suhlt sich im seichten See. Der Park wurde ursprünglich zum Schutz des Wildlebens und nicht des Berges gegründet.

192–193
Wonder Lake am Fuße des Mount McKinley auf 600 Metern Höhe. Der etwa 3 Kilometer lange See liegt nahe der 140 Kilometer langen Straße in den Park, auf der heute Shuttle-Busse eingesetzt werden. Das riesige Massiv des Mount McKinley linkerhand lässt die über 3800 Meter hohen Berge rechts im Bild eher klein erscheinen.

ristisch. Die Männchen wiegen mindestens 200 Kilogramm und sind auf den Hinterbeinen stehend über 2 Meter groß. Der riesige unberechenbare Grizzly fürchtet den Menschen nicht sonderlich und kann sehr gefährlich sein.

Die Denali-Region umschließt riesige Bergketten und Flachlandbereiche, so weit das Auge reicht. Der kurze Sommer wartet mit 16 bis 20 Sonnenstunden auf, während es im Winter nur wenige Stunden hell ist. Die Pflanzen müssen den tiefen Temperaturen während der langen Winterzeit standhalten, um dann in der kurzen Sommerzeit zu blühen und sich fortzupflanzen. Die hiesigen Pflanzen sind frostbeständig und wachsen so niedrig, dass sie die Schneedecke gegen den Wind schützt.

Der Nationalpark beeindruckt den Besucher gleichermaßen mit seiner fantastischen Flora und Fauna wie mit seinem massiven grandiosen Granitberg, dem Mount McKinley. An einem Sommertag zeigen sich bei einem Blick aus der Ferne auf den Berg drei waagerechte Bänder, das unterste des üppigen grünen Taigawalds, das mittlere des grauweißen wolkenverhangenen Massivs und das obere des azurnen Himmels, der sich über alles spannt. Die unvergleichliche Schönheit des Denali-Ökosystems macht es zu einem besonderen Naturwunder.

ALPINE WUNDER

JASPER- UND BANFF-NATIONALPARK, KANADA

194
Der Athabaska-Wasserfall im Jasper-Nationalpark ist ein tosendes Wunder. Die Schmelze der zahlreichen Gletscher bildet Flüsse, die das Wasser in atemberaubendem Tempo in die Ebenen führen.

194–195
Der Herbst im Jasper-Nationalpark färbt die Espenblätter und Lärchennadeln gelb. Das großartige Schauspiel warmer Farbtöne kündet den Wechsel zum kalten Weiß, Blau und Grau des Winters an. Diese alpinen Wunder sind in die schönste Landschaft der Rocky Mountains eingebettet.

Im Herbst erstrahlen die unteren Ausläufer des Parks mit gelb schimmerndem Espenlaub, das der Wind vibrieren lässt. Die Lärchen steuern einen glänzenden Goldton bei, bevor sie ihre Nadeln abwerfen. Die gelben Bäume säumen die immergrünen Füße der hohen, blauweißen schneebedeckten Berge. Der Wind bläst schon recht kalt und die Tiere machen ihren Bau winterfest. Unter einem grauen Himmel wandeln sich die großartigen Bergseen zu eher trostlosen Wasserflächen, während Windböen um die Schneekuppen fegen. Viele Monate verstreichen, bevor die Bäume wieder zarte Knospen treiben, die Täler erneut mit einem grünen Pflanzenteppich bedeckt sind und die Wärme des Sommers auf den Wiesen die Landschaft erneut zum Leben erweckt. Diese schöne und raue Welt findet man in den kanadischen Rocky Mountains.

Mit großer Voraussicht haben die kanadischen Behörden auf nationaler und provinzieller Ebene riesige Parks und Reservate in den Rocky Mountains von Alberta eingerichtet, die in unserer Zeit des Fortschritts das Ökosystem erhalten und für die nächsten Generationen sichern sollen. Diese Parks sind große Touristenattraktionen, allen voran der Banff mit jährlich vier Millionen Besuchern. Die daraus resultierende Umweltbelastung besorgt viele Naturschützer, die den Park möglichst unberührt erhalten wollen.

Kanadas ältester Nationalpark heißt Banff, gegründet im Jahre 1885. Mit einer Fläche von 6640 Quadratkilometern ist er doppelt so groß wie der Yellowstone-Nationalpark. Der Park wurde durch die Fertigstellung der Eisenbahnstrecke in der Region inspiriert und diese brachte auch die ersten Touristen. Der Park besticht durch seinen stillen, ursprünglichen Moraine Lake, das Valley of the Ten Peaks (»Tal der zehn Spitzen«) und den traumhaften Lake Louise, in dessen glasklarem Wasser sich der Victoria-Gletscher spiegelt. Heute bildet der Banff mit den Nationalparks Jasper, Kootenay und Yoho sowie drei weiteren Provinzparks das Weltnaturerbe Canadian Rocky Mountain Parks. Dieses gigantische zusammengelegte Schutzgebiet von 20.720 Quadratkilometern Größe umschließt massive Berge aus Fels, Gletschern, Eis, Schnee sowie immergrüne Bäume, klare Flüsse und hochgelegene Bergseen.

Der andere große Nationalpark der Region ist der Jasper, weitläufig und gebirgig und der größte und nördlichste kanadische Nationalpark der Rockies. Er bietet 10.878 Quadratkilometer faszinierende Gebirgslandschaft, davon 40 Prozent

195 unten links
Roche Miette, ein wunderbares erodiertes Granitmonument, steht wie ein Wächter über dem Rocky River, dem Jasper Lake und der beliebten heißen Quelle (54 °C) an der Ostseite des Jasper-Nationalparks.

195 unten rechts
Dickhornschafe auf ihrem Weg auf den Berg im Jasper-Nationalpark. Mit ihren weichen Hufballen, die gut Halt auf dem nackten Gestein finden, springen sie geschickt von einem Felsvorsprung zum anderen. Die Böcke mit 1 Meter Schulterhöhe und bis zu 1,5 Zentnern Gewicht tragen beinahe 90 Zentimeter längere Hörner als die Weibchen, die in der Brunftzeit heiß umkämpft werden.

196
Der Lake Louise ist einer der landschaftlich schönsten und beliebtesten Flecken der Erde. Sein blaugrünes Wasser spiegelt den Victoria-Gletscher, die hohen, bewaldeten Hügel und die Felshänge.

oberhalb der Waldgrenze gelegen. Blauweiße Gletscher erstrecken sich oberhalb dichter Nadelwälder und tiefblauer Seen. Der weniger besuchte und stillere Jasper gibt dem Besucher die Gelegenheit, Zwiesprache mit der Natur zu halten.

Der Jasper besteht eigentlich aus zwei Parks, deren Grenze etwa in der Mitte nahe der Stadt Jasper verläuft. Die Südhälfte mit den meisten Attraktionen in einer Landschaft aus faszinierenden Bergen und Gletschern wird von Touristen häufiger besucht, während die Nordhälfte weniger Straßen und Wege besitzt, die Berge weniger spektakulär, aber urtümlicher und abgelegener sind. Der Park wurde im Jahre 1907 geschaffen, um Landspekulationen und die Erschließung der Region abzuwenden.

196–197
Der Emerald Lake im Banff-Nationalpark ist in reizvolle Wildnis eingebettet. Um ihn herum führt ein Naturlehrpfad. Der Banff ist der älteste Nationalpark Kanadas, er besteht seit dem Jahre 1885. Auf seinen 6640 Quadratkilometern findet man heiße Quellen, außerdem Gletscher und eisige Bergseen. Pumas, Dickhornschafe und Elche sind in dieser Gegend heimisch.

An den Jasper grenzt im Westen, in der Provinz British Columbia, der Mount Robson Provincial Park, benannt nach dem im Park liegenden, mit 3941 Metern höchsten Berg der kanadischen Rockies. Von den Whistler-Gipfeln im Jasper-Nationalpark genießt man einen herrlichen Blick auf die Athabasca- und Miette-Flusstäler im Osten und den alles beherrschenden Mount Robson im Westen. Als weitere Attraktion des Jasper ist der Mount Edith Cavell zu nennen, benannt nach einer tapferen Krankenschwester, die im Ersten Weltkrieg im Dienst des Britischen Militärs starb. Die Landschaft dieses Bergs liegt am Fuße eines vor etwa 100 Jahren verschwundenen Gletschers, so dass die Auswirkungen des Gletschers hier gut studiert werden können. Darüber fließt Wasser vom Angel-Gletscher wie aus einer großen in den Nachbarberg geschnittenen Schüssel. Weiter unterhalb glitzern die eisig klaren, von den Gletschern geschaffen Bergseen in der Sommersonne. An den sagenhaften Athabasca- und Sunwaptha-Wasserfällen drängt

197 unten links
Lake Peyto, hier im Bild, und Lake Bow flankieren den Bow-Pass des Banff auf 2068 Metern Höhe. Den See umgibt eine reizvolle Landschaft aus Eis, Schnee und bloßem Fels. Der Pass kann bis in den Mai schneebedeckt sein.

197 unten rechts
Die gigantische Pyramide des Mount Athabasca stellt mit 3618 Metern den höchsten Punkt im Banff dar. Herbstliche Lärchen zeichnen sich gegen den Schnee des Massivs ab.

198–199
Die Bergspitzen des Banff-Nationalparks, bepudert vom ersten Septemberschnee, lassen die unvorstellbare Schönheit dieses Teils der Rocky Mountains erahnen. Die saubere kühle Luft im Einklang mit der vitalen Landschaft stellt eine magische Erfahrung für den Besucher dar.

198 unten
Schmelzwasser des Athabasca-Gletschers im Jasper-Nationalpark fließt in den gleichnamigen Fluss. Im Vordergrund die zarte Tundravegetation während der kurzen Sommerperiode.

199 oben links
Die reißenden Bäche der Gletscherschmelze fließen durch Schluchten seewärts.

199 oben rechts
Der Columbia-Gletscher auf seinem Weg talwärts vom 3737 Meter hohen Mount Columbia im Jasper. Das 324 Quadratkilometer umfassende Eisfeld stellt die größte Einzeleismasse im subarktischen Amerika dar. Es speist zahlreiche Flüsse Westkanadas.

199 unten
Der eiskalte Athabasca-Fluss hastet über seinen felsigen Untergrund, der Mount Fryatt dient als Kulisse. Das Angeln in den Flüssen mit ihrem immensen Fischreichtum ist beliebt.

schäumendes Wasser durch schmale Felsrinnen, während man den Maligne River auf seinem Weg durch die enge Kalksteinschlucht zum Maligne Lake beobachten kann.

Sowohl der Banff als auch der Jasper-Park liegen in der kanadischen Provinz Alberta entlang der Westgrenze zu British Columbia. Der nördlichere Jasper ist mit dem Banff über den Icefields Parkway verbunden, eine wahrhaft wundervolle Straße entlang des Kamms der Rocky Mountains mit einer Fülle an Wildleben und schönen Ausblicken auf die Gletscher und das Columbia Icefield. Die Fläche des Eisfeldes beträgt 324 Quadratkilometer und wird stellenweise auf 300 Meter Dicke geschätzt.

Die kanadischen Rocky Mountains entstanden vor 50 bis 120 Millionen Jahren, sind geologisch gesehen also noch recht jung. Die Gebirgskette verläuft über 3200 Kilometer von New Mexico nach British Columbia. In diesem Abschnitt sind die Berge bis zu 900 Meter niedriger als die der südlichen Colorado Rockies, dennoch liegt die Baumgrenze im Verhältnis tiefer und legt somit mehr zerklüftetes Gebirgsland und Raum für arktische Tundra frei.

Felswände, Eis und Schnee thronen über allem, und die Gewalt der Gletscher hat vielfältige Formen aus der Landschaft geschnitten. Auf Bergwiesen zwischen 2000 und 2600 Metern Höhe wachsen Akelei, Anemone, Steinbrech und Vergissmeinnicht. Zur umfangreichen Tierwelt zählen selten zu sehende Dickhornschafe, Murmeltiere, Pumas, Luchse, Elche, Bisamratten, Kojoten und Schneeziegen. Die Parks erfreuen sich rund ums Jahr zahlreicher Besucher, die per Auto, Pferd, zu Fuß oder auf Skiern das Gebiet erkunden oder dort angeln, klettern, bergsteigen und campen.

Die Canadian Rocky Mountain Parks bieten vielfältige, herrliche Landschaftsformen mit schönsten Ausblicken. Es ist den Kanadiern hoch anzurechnen, dass sie alles dafür tun, diese Naturwunder in ihrer unvergleichlichen Pracht für kommende Generationen zu erhalten.

200–201
Der Höhenunterschied zwischen Plateau und Fluss in der spektakulären großen Schlucht des Yellowstone-Nationalparks beträgt 300 Meter. Der Cañon wurde in vorgeschichtlicher Zeit binnen kurzem ausgewaschen, vermutlich durch starke Fluten von Gletscherschmelzwasser. Heute setzt sich die Erosion nur noch langsam fort.

200 unten links
Der Yellowstone schützt viele Tierarten, darunter den amerikanischen Elch oder Wapiti. Im Herbst, wenn den Männchen die Geweihe neu gewachsen sind und sie um die Weibchen buhlen, schallt ihr eindringliches Röhren durch den Park.

200 unten rechts
Grasende Bisons im Yellowstone-Nationalpark, Überbleibsel der etwa 40 Millionen Tiere, die einst durch Amerika streiften. Sie waren Anfang des 20. Jahrhunderts fast ausgerottet, konnten hier aber unter Schutz ihre Population wieder vergrößern.

201 unten
Der Yellowstone-Nationalpark ist eines der wenigen verbleibenden Grizzlybären-Habitate der Vereinigten Staaten. Als Einzelgänger, der über 2 Meter misst, wenn er auf den Hinterbeinen steht, ist der Grizzly das Inbild des wilden amerikanischen Westens.

WUNDERLAND DER NATUR

YELLOWSTONE-NATIONALPARK

Berge säumen den Horizont, während sich mitten im dichten Kiefernwald ein mäandernder Fluss plötzlich zu einem tosenden Wildwasser wandelt, das mit unglaublicher Geschwindigkeit durch den gewundenen Cañon fließt. Aber mehr noch als der Wasserfall fasziniert die tiefe Schlucht mit ihren ocker-, rot- und orangefarbenen Steilhängen den Betrachter. So präsentiert sich der Grand Canyon des Yellowstone, nur eines der Myriaden erhaltener Wunder im ältesten Nationalpark.

Der 1872 gegründete Yellowstone-Nationalpark gilt allgemein als Wiege der modernen weltweiten Nationalparkbewegung. Mit seiner Gründung wurde zum ersten Mal in der Geschichte Land – in dem Fall rund 9000 Quadratkilometer – von einer Regierung zum Wohl und Nutzen wie zur Erbauung der Allgemeinheit unter Schutz gestellt und festgelegt, dass es niemals in Privateigentum gewandelt oder erschlossen werden dürfe.

Der Besucher wird sehr dankbar sein, hat er den Park erst einmal gesehen. Es ist ein faszinierender, beinahe unwirklich wirkender Ort mit unvorstellbar vielen unterschiedlichen geologischen Attraktionen auf engstem Raum. Das Parklände liegt auf einer Höhe von 1500 bis 3000 Metern und umschließt ein elliptisches, von Bergen umringtes Vulkanplateau. Die Wunder des Yellowstone sind drei Vulkanausbrüchen zu verdanken, deren letzter sich vor 600.000 Jahren ereignete. Der Yellowstone stellt somit eine Caldera dar von 45 mal 76 Kilometern und damit die größte der Welt. Zu seinen großen Attraktionen zählen über 10.000 heiße Quellen, Fumarolen, Schlammvulkane und Geysire. Die starke Hitze im Boden lässt den Winterschnee schmelzen und ermöglicht dem großen Wildbestand im Park, darunter etwa 30.000 Elche und 2700 Bisons, sich von Wintergras zu ernähren.

Das Parkgebiet sitzt auf der Wasserscheide, die die in den Missouri und Atlantik mündenden nördlichen Flüsse von den südlichen, in den Pazifik strömenden trennt. Der Yellowstone River fließt durch den Yellowstone Lake, den größten natürlichen oberhalb von 2000 Metern liegenden Süßwassersee der Vereinigten Staaten. Der durch Gletscheraktivität entstandene See ist 32 Kilometer lang, 22 Kilometer breit und weist eine Uferlänge von 177 Kilometern auf.

Der Yellowstone River nimmt seinen Weg weiter gen Süden, wo er über die beiden Yellowstone-Wasserfälle 93 Meter in den Grand Canyon stürzt. Der Höhenunterschied vom Plateau zum Fluss im Cañon beträgt 300 Meter. Seine leuchtenden Farben verdankt der Cañon dem heißen unterirdischen Wasser, das mit dem Vulkangestein eine chemische Reaktion eingeht.

Ein weiteres großes Schauspiel der Natur bieten die heißen Quellen und Geysire, die auf durch poröses Gestein sickerndes Oberflächenwasser zurückzuführen sind, das unterirdisch unter Druck erhitzt wird und wieder an die Oberfläche steigt.

Zahlreiche interessante Geysire befinden sich im Yellowstone, von denen Old Faithful wohl der berühmteste ist, da er regelmäßig etwa alle 80 Minuten seine Wasserfontäne 30 bis 33 Meter in die Luft speit. Andere Geysire des Parks sind nicht so zuverlässig, schießen dafür aber ihr Wasser bis zu 76 Meter hoch.

202 rechts
Der Geysir Old Faithful bei Sonnenaufgang. Geysire und heiße Quellen sind auf mehreren Geysirfeldern zu finden. Beiden Phänomenen liegt überhitztes Wasser zugrunde.

203
Besucher wandern über einen markierten Weg entlang des Rands der Grand Prismatic Hot Spring. Die spektakulären Farben rühren von photosynthetischen Bakterien. Es ist die Kombination aus faszinierenden geothermischen Phänomenen und Wildleben, die den Park so einzigartig macht.

204–205
Der Yellowstone-Park zeigt in der ruhigen Winterzeit ein völlig anderes Gesicht. Regionen wie der Firehole River beim Lower Geyser Basin können dann so richtig genossen werden.

Heißes Wasser bildet auch Fumarolen, denen nur Dampf entströmt, und Schlammvulkane, die sich oberhalb von Fumarolen bilden, wenn säurehaltige Gase das Gestein zu Schlamm und Ton zersetzen. Die geothermische Aktivität beruht auf sogenannten Hot spots, punktuell besonders heißen Stellen im Erdmantel. An diesen gelangt Magma an die Oberfläche der Yellowstone-Caldera, wodurch die Bodentemperatur 30-mal höher als üblich in dieser Region ist.

Außerdem kann der Park die höchste Säugetierkonzentrationen in den Vereinigten Staaten außerhalb Alaskas vorweisen. Neben den berühmten Bisonherden fühlen sich auch große Elchherden, wendige Bergschafe, Schneeziegen, Grizzly- und Schwarzbären hier wohl. Die jüngste Errungenschaft des Parks ist der Grauwolf, der Anfang des 20. Jahrhunderts hier ausgerottet war und im Rahmen eines kontrovers diskutierten Programms wieder angesiedelt werden konnte.

Solche Sehenswürdigkeiten werden von wunderschönen Wiesen, mäandernden klaren Flüssen und herrlichen immergrünen Bergen ergänzt. Es sind nicht nur die einzelnen spektakulären Elemente, die den Park so faszinierend machen, sondern auch die Synthese all dieser Naturschönheiten zu einem harmonischen Ganzen.

Die im Jahre 1988 auf 5666 Quadratkilometern in und um den Park wütenden Feuersbrünste machten die Welt auf diesen besonderen Schatz der Natur aufmerksam. Den Menschen wurde einmal mehr bewusst, was für ein unglaublich schöner Ort der Yellowstone-Park ist und welch großen Verlust es bedeuten würde, wenn er zugrunde ginge. Glücklicherweise regenerierte sich das betroffene Gebiet schnell – wohl auch deshalb, weil Feuer in gesunden Wäldern wie diesen auch ein natürliches Ereignis darstellt.

202 oben links
Am unteren Yellowstone-Wasserfall stürzt das Wasser 94 Meter tief in den Grand Canyon des Yellowstone. Der Fluss erhielt seinen Namen von der Farbe des Gesteins nahe des Zusammenflusses mit dem Missouri 1080 Kilometer östlich in Norddakota.

202 unten links
Einen Ausschnitt der wunderbaren Welt des Yellowstone-Nationalparks zeigt diese Aufnahme des mäandernden Yellowstone-Flusses. Eine vitale Welt aus Geysiren, heißen Quellen, Wiesen, Flüssen, Seen und Wildleben wird hier erhalten.

206–207
Sturmwolken machen sich bei einem herrlichen Sonnenuntergang über dem Grand Canyon breit. Auch ein Blick vom Plateau oder aus der Luft ist schon spektakulär, aber nichts kommt einer Wanderung durch den Cañon, vorbei an den alten Gesteinsschichten gleich.

206 unten links
Hier windet sich der Marble Canyon durch die Painted Desert östlich des Grand Canyon. Obwohl sie auf den ersten Blick öde erscheinen mag, sind in der Region etwa 70 Säugetier-, 250 Vogel-, 25 Reptilien- und 5 Amphibienarten heimisch.

206 unten rechts
Die ersten Europäer, die 1540 den Grand Canyon zu Gesicht bekamen, waren spanische Soldaten einer Abordnung der Coronado-Expedition. Erst 1869 wurde der Cañon von John Wesley Powell, der mit seinen Leuten die Stromschnellen in drei Booten hinabfuhr, systematisch erkundet. Im Jahre 1872 kehrte Powell mit einem größeren Team zurück, um die Wunderlandschaft fotografisch zu dokumentieren.

207 oben
Im atemberaubenden Grand Canyon des Colorado in Nordarizona zeigt sich Erosion auf spektakuläre Art – in Form einer stellenweise bis zu 29 Kilometer breiten Schlucht, die den Colorado über 446 Kilometer begleitet.

STILLE MAJESTÄT

DAS CAÑYONLAND DES AMERIKANISCHEN SÜDWESTENS

Raben kreisen hoch über den roten Felswänden. Die riesige Erdöffnung aus prähistorischer Zeit sieht wie eine Art riesiger Schichtkuchen aus, der sich in steilen, aber elegant geschwungenen Kurven zu einem grün- und ockerfarbenen Plateau erstreckt. Unterhalb des Plateaurands fällt ein weiterer Absatz 400 Meter tief bis zum Colorado River ab. Das ist der Grand Canyon, eines von mehreren erstaunlichen Naturwundern der Wüstenregionen der Vereinigten Staaten.

Der Grand Canyon des Colorado im Staate Arizona ist ein wahrhaftiges Meisterwerk der Natur. Präsident Theodore Roosevelt, Führer der Bewegung zur Erhaltung der Naturressourcen der Vereinigten Staaten zu Beginn des 20. Jahrhunderts, beschwor die Amerikaner, den Cañon nicht zu verändern oder mit Bauten zu verunstalten. Im Jahre 1908 stellte er sicher, dass das Gebiet als Nationalpark vorgesehen wurde, zu dem es im Jahre 1919 erhoben wurde. Der Park umfasst 4921 Quadratkilometer Fläche; der von Fichtenwald geprägte Norden liegt im Schnitt 90 Meter höher als der Süden. Wandern, Rafting und purer Naturgenuss sind hier bevorzugte Freizeitaktivitäten – manche Besucher sind derart überwältigt, dass sie sich Meditationen über ihre Bedeutung im Universum hingeben. Der Grand Canyon macht den Menschen demütig und lässt ihn vielleicht mehr als anderes seiner Bedeutungslosigkeit im Kosmos gewahr werden.

Den Besuchern verschlägt es beim ersten Anblick des Grand Canyon wahrlich den Atem. Sie bewundern die riesigen gewundenen Formen der Mesas und Berge im Cañon, das ehrfurchtgebietende Panorama von etwas so unvorstellbar Großem. Die unwillkürliche Frage »Wie ist das entstanden?« beschäftigt die Wissenschaftler seit vielen Jahren und konnte bis heute noch nicht zufriedenstellend beantwortet werden.

Die unvergessliche Wanderung entlang der verschiedenen Gesteinsschichten des Grand Canyon, der das spektakulärste Beispiel für Erosion auf der Erde darstellt, führt durch sechs der sieben Klimagürtel.

Die Vegetation wechselt von der der mexikanischen Wüste auf dem Boden des Cañon zu alpiner am Nordrand. Man schätzt, dass es drei bis sechs Millionen Jahre dauerte,

207 Mitte
Hier, unterhalb des Yavapai Point nahe Grand Canyon Village am Südrand liegt selbst der Grund der Schlucht noch 730 Meter über dem Meeresspiegel und 1.370 Meter unterhalb des Rands. Präsident Theodore Roosevelt erklärte den Cañon 1908 zum Nationaldenkmal.

207 unten
Die ersten Bewohner des Grand Canyon waren alte indianische Stämme. Jäger und Sammler verbrachten die Sommer auf dem Rand und die Winter im Cañon. Davon zeugen ehemals bewohnte Höhlen und Reste von Kornspeichern.

208 oben rechts
Eine hohe Felsformation im Monument Valley zeugt von den erosiven Kräften der Natur. Viele Navajos leben hier, einige noch in den traditionellen »Hogans«, Häusern aus Schlamm und Holz. Die Navajos im Monument Valley gehören zu den traditionsbewusstesten ihres Volks. Sie machen kaum Gebrauch von Elektrizität oder anderen modernen Errungenschaften. Sie hüten Schafe und Ziegen, weben Teppiche und stellen Silberschmuck her.

208 oben rechts
Das Gebiet des versteinerten Waldes in Arizona war vor etwa 200 Millionen Jahren im späten Trias eine große Ebene, die von Flüssen durchzogen wurde.

208 unten
Delicate Arch vor den imposanten La Sal Mountains ist ein Beispiel der über 1500 katalogisierten Bögen im Arches National Park in Utah. Diese faszinierende amerikanische Wüstenregion birgt geologische Wunder, die durch Wind, Wasser, extreme Temperaturen und unterirdische Salze entstanden sind.

208–209
Wind und Wasser modellierten die sagenhaften Sandsteinformationen des Monument Valley.

209 unten links
Sanddünen und Felsgebilde machen die unvergessliche Landschaft des Monument Valley aus. Die Region ist bekannt als Kulisse für die Westernfilme Marke Hollywood.

Das Canyonland des amerikanischen Südwestens

bis der Cañon seine heutige Erscheinungsform angenommen hat. Die Sedimentablagerungen im Gestein der Schlucht lassen darauf schließen, dass das Gebiet einst unter einem riesigen Inlandsee begraben war. Jahrmillionen der Bewegung von Kontinenten, Tektonikplatten und das Vordringen und Zurücktreten der Ozeane haben die Gesteinsschichten gebildet. Der alte Colorado River wurde von zusammengeflossenem Regenwasser aus den Bergen gespeist, das als Fluss sein Bett in eine flache Ebene schnitt. Zugleich begann das darunterliegende Colorado-Plateau sich durch Druck des Erdinneren emporzuheben.

Das Resultat ist über die gesamte Länge des Grand Canyon zu bestaunen. Was das Wasser nicht geschafft hat, erledigten Wind, Eis, Vulkantätigkeit und Steinrutsche. Am Grand Canyon haben alle Naturkräfte, die auf Stein wirken können, mitgewirkt.

Im Südwesten der Vereinigten Staaten haben ähnliche Kräfte noch weitere großartige Naturwunder geschaffen. Der Lake Powell, der dem Colorado-Wasser oberhalb des Grand Canyon zu verdanken ist, füllt den natürlich modellierten Glen Canyon. Er dient heute als Stausee, der sich 299 Kilometer lang durch die Wüsten von Utah und Arizona windet. Hunderte von Seitenarmen, Einschnitten und Buchten bergen indianische Ruinen und fantastisch geformte Felsgebilde.

Die Hand des Menschen hat die Natur mit der Fertigstellung des Staudamms des Glen Canyon 1966 »gezähmt« und ein großes Wasserbecken in der Wüste geschaffen. Der See wurde nach dem Forscher John Wesley Powell benannt, der als Erster mit seinem Team erfolgreich die Schluchten des Colorado River befahren hat. Ironischerweise hat das Reservoir die Landschaft des herrlichen Glen Canyon völlig verändert.

Hohe Felsformationen und rotes Gestein prägen das wahrhaft beeindruckende Wüstenland um den Lake Powell. Der imposante rote Bogen der Rainbow Bridge stellt mit 88 Metern die höchste natürliche Brücke der Welt dar.

209 unten rechts
Das Colorado National Monument in Westcolorado ist eine halb trockene Region mit interessanten erodierten Felsformationen. Tiefe Schluchten durchziehen den Park, darunter der Oberlauf des Colorado.

210–211
Schnee bedeckt Teile des Großen Beckens, das große Bereiche Utahs und Nevadas umfasst. Der Sierra-Gebirgszugs im Westen fungiert als Regenscheide, so dass die flache, von herrlichen Gebirgszügen begrenzte Region Wüstenregion ist, die ihren eigenen Charme hat.

212 oben links
Am Lake Powell ist eine interessante Vegetation zu beobachten: Flechten, die als Farbstreifen an den Wänden der Schlucht zu erkennen sind, außerdem Kakteen und Yuccas. Wildblumen blühen im Frühjahr und auch nach einem besonders regenreichen Sommer.

212 oben rechts
Die Wüste beherbergt zahlreiche Tiere, die vorwiegend nachtaktiv sind. Kojoten, Füchse, Ringelschwanz-Kletterbeutler, Rotwild, Ratten und Mäuse. Zahlreiche Vogelarten leben in der Cañon-Region, darunter seit der Entstehung des Stausees auch Wasservögel.

212 Mitte
Hohe Felsformationen und rote Klippen prägen das stille und einsame Wüstenland um den Lake Powell. Die zerfurchte natürliche Landschaft beeindruckt weit mehr als der darin von Menschenhand geschaffene See.

212 unten
Die Wüste am Powell-Stausee beherbergt auch sonnenhungrige, tagaktive Tiere wie Leguane und Schlangen.

212–213
Der im Glen Canyon gestaute Powell-See aus dem Wasser des Colorado windet sich 299 Kilometer durch die Wüsten von Utah und Arizona. Hunderte von Seitenarmen, Einschnitten und Buchten bergen indianische Ruinen und fantastisch geformte Felsen. Der zwischen 1956 und 1964 entstandene, von Umweltschützern kritisierte Damm besteht aus 3,8 Millionen Kubikmetern Beton.

Sie ist eine heilige Stätte der Navajo-Indianer, deren Reservat an die Südseite des Sees grenzt.

Nördlich des Grand Canyon liegt der Bryce Canyon in Utah. Er bietet 150 Quadratkilometer imposanter farbenprächtiger und einzigartiger Felsformationen. Die Felsen bestehen aus Kalk-, Sand- und Schlammstein aus dem östlichen Teil des Paunsaugunt Plateau in Süd-Utah. Die geologischen Voraussetzungen bildeten sich vor zehn Millionen Jahren durch Anhebung eines Teils bzw. Absenkung des anderen, der das Plateau bildet. Das Gestein wurde von Flüssen, Wind und Eis zu den heute sichtbaren Formationen modelliert. Mit dem Kiefernwald im Hintergrund sind sie ein reizvoller Anblick, und im Winter sehen sie mit ihren Schneehäubchen wie Zuckerwerk aus. Der Bryce Canyon ist ein idealer Schauplatz für eine Wanderung durch die Wunder der Natur.

Die Tiere der Wüste sind bis auf Leguane und Schlangen, die die Sonnenwärme zur Regelung ihrer Körpertemperatur nutzen, vorwiegend nachtaktiv. Kojoten, Füchse, Ringelschwanz-Kletterbeutler, Rotwild, Ratten und Mäuse haushalten mit ihrer Energie, indem sie sich vor der Sonne verbergen. Goldadler und Raben leben neben vielen anderen Vogelarten im und am Cañon.

Kakteen und Yuccas sind weit verbreitet und Wildblumen blühen im Frühjahr wie nach regenreichen Sommern. Entlang der Flussbetten wachsen Baumwoll-, Weiden und Tamariskenbäume, in höheren Lagen Wacholder und Kiefernarten.

Ein Sonnenuntergang bei der sogenannten Artist's Palette (Farbpalette) im Death-Valley-Nationalpark in Kalifornien und Nevada gestaltet sich als reizvolles Farbenspiel. Das Death Valley bildet mit 86 Metern unter dem Meeresspiegel bei Badwater Basin den niedrigsten Punkt der westlichen Hemisphäre. Im Sommer wird es durchschnittlich 38 °C heiß, an einigen Tagen auch 49 °C, im Winter sinkt die Temperatur auf etwa 16 °C.

Die Wüstenregionen der Vereinigten Staaten stellen einen Schatz an unzählbaren Naturschönheiten dar. Nachts glitzert der Sternenhimmel, die Rufe der nachtaktiven Tiere werden laut und erinnern an das vielfältige Wildleben in

213
Das blaue Wasser des Powell-Stausees umgibt die roten Sandstein-Mesas, die wie Burgtürme oder Gebilde aus einer Fantasiewelt anmuten. Der See ist ein vom US-Nationalparkdienst verwaltetes Erholungsgebiet, in dem Bootfahren in jeder Form – mit Motorbooten, Kanus, Kajaks, Segel- und Hausbooten – die beliebteste Freizeitbeschäftigung darstellt.

Seite 214 oben
Ein Sonnenuntergang bei der sogenannten Artist's Palette (Farbpalette) im Death-Valley-Nationalpark in Kalifornien und Nevada gestaltet sich als reizvolles Farbenspiel. Das Death Valley bildet mit 86 Metern unter dem Meeresspiegel bei Badwater Basin den niedrigsten Punkt der westlichen Hemisphäre. Im Sommer wird es durchschnittlich 38 °C heiß, an einigen Tagen auch 49 °C; im Winter sinkt die Temperatur auf etwa 16 °C.

dieser Region. Im Nordosten Arizonas zeichnen sich tags hohe rote Sandsteinzinnen vor dem tiefblauen Himmel ab und akzentuieren das Grün der Sträucher und das Violett der niedrigen Hügel in der Ferne. Wind streicht leicht über das Land, wirbelt hie und da roten Staub auf. Ein Eselhase huscht durch das Gebüsch, und der süße Duft der Mesquite-Bäume erfüllt die Luft. – Das ist die Welt der Navajo-Indianer, eines mächtigen großen Stamms im Südwesten der Vereinigten Staaten.

Die Mondlandschaft wird von den Erhebungen geprägt, die fremd und ungewöhnlich und doch irgendwie vertraut wirken. So ergeht es jedem, der einmal einen vor dieser Kulisse gedrehten Hollywood-Western gesehen hat. Hinter der nächsten Felsformation erwartet man eine Postkutsche oder eine Geisterstadt.

Das in den Staaten Utah und Arizona gelegene Monument Valley ist eine unvorstellbar schöne Wüstenlandschaft von 5180 Quadratkilometern mit roten Sandsteingebilden, die sich 300 Meter hoch aus der Ebene ragen. Das Gebiet ist im Besitz und unter Verwaltung des Cultural Resource Department des Volks der Navajo und liegt im Navajo-Indianerreservat.

Angesichts der so merkwürdig geformten Gebilde fragt man unwillkürlich nach ihrer Entstehung. Das Gebiet war einst Teil eines großen Binnensees. Das Land wurde emporgehoben, brach auf, bekam Risse und war so der fortschreitenden Erosion ausgesetzt. Der Fuß der Felsformationen besteht aus weichem organischem Felsschiefer, der Mittelteil aus Sandstein und der obere aus Bergsedimenten, die im Känozoikum abgelagert wurden.

Im Laufe der Jahre wurden die bizarren Gebilde nach Personen oder Dingen benannt, denen sie ähneln. Einige bezeichnet man als »The Mittens«, »Fäustlinge«: An einer Seite dick haben sie eine daumenähnliche Zinne an der anderen. »The Three Sisters«, »die drei Schwestern«, erinnern an drei katholische Nonnen im Habitat. Auf der »Rain God Mesa«-Plattform beteten die Navajo-Medizinmänner um Regen. »The Hub« sieht wie eine Radnabe aus, und die 120 Meter hohe Formation »The Totem Pole« erinnert an die Totempfahlschnitzereien der amerikanischen Indianer im Nordwesten.

Diese Felsformationen bilden einen malerischen Vordergrund für die zarten Farbtöne der Wüste und den strahlend blauen Himmel. Damit verkörpert das Monument Valley die Quintessenz des Bildes, das man sich gemeinhin vom amerikanischen Westen macht. Es ist wild, rau und fremdartig, so wie er uns in den zahlreichen Westernfilmen gezeigt wird. Ende des 20. Jahrhunderts wurde das Monument Valley zum Symbol für den »Alten Westen«. Aber das ist es nicht allein, was die Region ausmacht. Sie ist ein wahres Wunder der Natur, das seine Besucher immer wieder aufs Neue fasziniert. Grand Canyon, Death Valley, Glen Canyon und Monument Valley sind nur einige der wunderschönen Flecken im südwestlichen Wüstenland Amerikas.

214 unten
Vor etwa 2000 Jahren bedeckte ein 914 Meter tiefer See das Death Valley. Er trocknete langsam aus, da die hohen Bergketten im Westen und Osten den Regen abhielten. Der Höhenunterschied von den Gebirgsspitzen bis zum Talboden macht 3 Kilometer aus.

214–215
Zabriskie Point ist Teil des komplexen geologischen Puzzles im Death Valley. Die Gesteinsschichten erzählen nahezu die gesamte Erdgeschichte. Trockene Flussbetten wie dieses führen das Wasser von den Bergen schnell ins Tal und wirken dabei stark erosiv.

215 unten links
Im Death Valley liegt eine der größten Salzpfannen der Erde, die mehrere Salzarten, einschließlich des gewöhnlichen Tafelsalzes, enthält. Das Grundwasser steht nah an der Oberfläche, ist aber zum Trinken zu salzig. Die Indianer nannten die Gegend wegen ihrer extremen Temperaturen im Sommer »Bodenfeuer«.

215 unten rechts
Hellbraune Sanddünen kontrastieren vor dem Hintergrund der zerfurchten Gebirge im Death Valley. Der Hitze und dem Wassermangel angepasste Tiere wie mehrere Eidechsenarten, Kröten und Schlangen, allen voran der Seitenwinder und die Klapperschlange, ernähren sich im Death Valley von anderen Tieren und Insekten.

216–217
Entlang der Grenze zwischen Südarizona und Mexiko verläuft das Organ Pipe Cactus National Monument. Berühmt ist die überwältigende Wüstenlandschaft durch den in Mexiko weitverbreiteten, aber in den Vereinigten Staaten seltenen Orgelpfeifenkaktus. Er braucht viel Licht und Hitze und öffnet von Mai bis Juli nach Sonnenuntergang seine weißen Blüten.

216 unten links
In der Hügellandschaft des Saguaro-Nationalparks bei Tucson in Arizona stehen unglaublich große Kandelaber-Kakteen. Der Park wurde 1933 zur Erhaltung dieser Riesenkakteen und anderer Pflanzen eingerichtet.

216 unten rechts
Die tiefgelegene Straße nach Taos im Norden New Mexicos folgt dem Rio Grande, einer seit Jahrtausenden wichtigen Wasserader, nördlich von Santa Fé. Das Wüstenland wechselt oberhalb von Taos zu Nadelbaum bestandenem Bergland.

217 oben links
Es sieht fast wie ein Schneefeld aus, ist aber eine Sandwüste. Das White Sands National Monument in New Mexico besitzt die größte Gipssanddünenkonzentration der Welt. Auf den mit 9 Meter höchsten Dünen wachsen genügsame, an die Wüste angepasste Pflanzen.

Das Cañonland des amerikanischen Südwestens

217 oben rechts
Der Gipssand beim White Sands National Monument entstand durch Erosion der massiven Gipsgesteinschichten in den nahegelegenen San Andres Mountains. Schmelzwasser löste das Gestein auf und schwemmte den Sand ins Tal. Die Gegend ist für ihre herrlichen Sonnenuntergänge bekannt.

217 unten
Zwei Saguaro-Kakteen stehen mitten unter den Orgelpfeifenkakteen des Organ Pipe Cactus National Monument. Die Sonora-Wüste beherbergt an die harten Verhältnisse angepasstes Wildleben wie Eulen, Ratten, Schlangen, Eselhasen, Dickhornschafe und Gila-Krustenechsen.

218 oben
Der riesige Granitblock Halfdome im Yosemite-Nationalpark, angestrahlt von der untergehenden Sonne, aufgenommen vom 980 Meter hohen Glacier Point, ist eine der meistfotografierten Sehenswürdigkeiten der Welt. Der von jährlich 4 Millionen Menschen besuchte Park bietet eine alpine Wildnis und das von Gletschern eingeschnittene Yosemite Valley mit spektakulären Felsformationen und Wasserfällen.

BERGGIGANTEN UND WASSERFÄLLE

YOSEMITE-NATIONALPARK

218 Mitte
Ein Blick auf den 436 Meter hohen oberen Wasserfall in der Bildmitte über dem Merced River im Vordergrund. Oberer und unterer Wasserfall bilden gemeinsam den mit 739 Metern höchsten Wasserfall Nordamerikas.

218 unten
Der reißende Wasserschwall der Nevada Falls stürzt 181 Meter vom Rand des Yosemite Valley in die Tiefe und sammelt sich im Emerald Pool, von dem er in den Vernal Falls weitere 97 Meter zum Talboden fällt.

219
El Capitan heißt der 1098 Meter hohe einzelne Granitblock mit steilen Wänden. Der Park liegt zwischen 600 und 4000 Metern über dem Meeresspiegel.

Das Wasser rauscht wie die meisten Flüsse zum Meer. Grüne zarte Wiesen mit grasendem Wild in der Ferne und überall hohe Bäume mit einer rostroten furchigen verwitterten Rinde, die nach Vanille duftet. In der Höhe graue, 900 Meter hohe Flanken von Granitfelsen, die das Tal säumen. Wasserfälle stürzen aus den Höhen in die reißenden Flüsse. Klänge, Farben, Düfte und Bewegung, alle Sinne werden verzaubert an diesem ungewöhnlichen Ort – das ist der Yosemite-Nationalpark, eine unvorstellbare Welt aus steilen Felsen und Wasserfällen im Westen Zentralkaliforniens. Er umfasst 1172 Quadratkilometer faszinierende Wildnis, von der ein Teil bereits im Jahre 1864 von Präsident Abraham Lincoln unter Schutz gestellt wurde. Den Bemühungen des Umweltschützers John Muir ist es zu verdanken, dass Yosemite 1890 zum Nationalpark wurde, um einen Teil der Sierra Nevada zu schützen. Der Park besitzt eine alpine Wildnis, drei Wäldchen mit Riesen-Sequoias und das unvergleichliche Yosemite Valley.

Geologisch gesehen beginnt die Geschichte des Yosemite vor 500 Millionen Jahren mit dicken Sedimentschichten unter einem Urmeer. Diese wurden gefaltet, gedreht und schließlich über den Meeresspiegel gehoben. Zur gleichen Zeit blubberte geschmolzenes Gestein durch die Erdkruste und kühlte unter den Sedimenten langsam zu Granit ab. Jahrmillionen erosiver Aktivität wuschen die Sedimentschichten weg, und ein massiver Granitkamm, die Gebirgskette der Sierra Nevada, kam zum Vorschein, die von Gletschern und Wasser im Laufe der Zeit weiter geformt wurde.

Nur wenige Besucher sehen die endlos scheinenden Bergspitzen im Yosemite-Nationalpark. Die meisten verbringen ihre Zeit in dem engen, aber spektakulären Tal des Parks, das vom Merced River gebildet wird und 11 Kilometer lang ist. Eine Meile lang wird es von Graswiesen und glatten Granitwänden gesäumt, darunter der 2286 Meter hohe El Capitan und der 2682 Meter hohe Halfdome, beide in den Schwarzweißaufnahmen von Ansel Adams festgehalten.

Der El Capitan stellt mit seinen glatten Wänden eine unwiderstehliche Herausforderung für Bergsteiger aus aller Welt dar. Dieser massive Granitbrocken, der 1098 Meter über das Yosemite-Tal aufragt, ist der größte einzelne Granitblock der

Yosemite-Nationalpark

Welt. Die meistfotografierteste Landmarke, Halfdome, liegt im Tal des El Capitan: Mit 2698 Metern ragt der von John Muir, Ansel Adams, Theodore Roosevelt und Millionen anderen, weniger berühmten Besuchern bewunderte Halfdome durch die Wolkendecke über dem Tal.

Yosemite ist auch ein an Wasserläufen reiches Land. Nahezu überall im Tal scheinen sich spektakuläre Wasserfälle zu befinden. Zwei der zehn höchsten Wasserfälle liegen im Yosemite Valley – der Yosemite Falls und der Ribbon Falls. Mit einer Gesamtfalltiefe von 739 Metern steht der Yosemite-Wasserfall in der Weltrangliste an dritter Stelle. Am Merced River liegt der Nevada Falls, er stürzt über die Talwand, sammelt sich im Emerald Pool und fällt dann weitere 97 Meter im Vernal Falls zu Tal. Die Wasserfälle bilden spektakuläre lange Bänder schäumenden Wassers, das in die darunterliegenden Becken eintaucht.

Neben diesen Schätzen birgt der Park im Yosemite-Tal ein erstaunliches Ökosystem mit etwa 1300 Blumenarten, 31 Baumspezies, 220 Vogel- und 60 Säugetierarten, von denen Rothirsche und Schwarzbären am meisten verbreitet sind. Eine besondere Attraktion stellen die Mammutbäume oder Riesen-Sequoias dar. Sie wachsen auf einem schmalen Streifen entlang der 418 Kilometer langen Sierras – ausschließlich in einer Höhenlage von 1370 bis 2280 Metern. Heute zählt man etwa 13.000 Exemplare verteilt auf 75 kleinere Gebirgswälder. Diese Baumriesen werden mehrere hundert Jahre alt und gehören damit zu den ältesten der Welt.

Nicht nur naturnahe Campingplätze sind überall zu finden, sondern auch mehr als 1200 Kilometer Wanderwege im Hinterland laden ausdauernde Wanderer ein, die Schönheiten der Gegend zu betrachten. Hier bieten sich faszinierende Ausblicke auf hohe Bergtäler und entfernte Gipfel mitten im üppi-

220 oben links
Der 3837 Meter hohe Mount Coness im Nordosten des Parks bei Sonnenaufgang. Als Teil der Wildnis des Yosemite-Nationalparks liegt hier einer der vielen versteckten Seen, zwischen Wäldern, Bergen und Wiesen mit alpiner Flora. Der Park verfügt über ein 1200 Kilometer langes Wanderwegenetz.

gen immergrünen Wald, einem unvergleichlichen Gebirgsökosystem, das den größten Teil des 3035 Quadratkilometer großen Parks ausmacht.

Der Park hinterlässt bei allen seinen zahllosen Besucher einen unauslöschlichen Eindruck und verstärkt auf diese Weise auch das Naturbewusstsein der Menschen. Ob nur einfache Fakten über die Natur oder eine ausgedehnte Wanderung ins Hinterland mit eher spartanischen Campingplätzen, der Yosemite hält ist für alle – ob Städter oder hartgesottener Wanderexperte – eine wahre Bereicherung. Die wunderbaren Naturschätze des Parks bleiben dem Besucher ein Leben lang in Erinnerung.

220 oben rechts
Mondaufgang über dem 3997 Meter hohen Mount Lyell im Südosten des Parks. Der Berg, etwa 32 Kilometer Luftlinie vom Besucherzentrum des Yosemite-Parks entfernt, bildet die Grenze zum Inyo National Forest. Der Park lehrt seine Besucher, die Wildnis zu schätzen. Unter den Gästen, von denen die meisten im zentralgelegenen Yosemite-Tal bleiben, wagen sich immer einige in die Wildnis hinaus und werden mit großartigen Ausblicken wie diesem belohnt.

220 unten
Der Gipfel des El Capitan im winterlichen Sonnenuntergang zeigt ein ständig wechselndes Lichtspiel auf dem zerfurchten Fels.

220–221
Der Sonnenuntergang entflammt den Gipfel des El Capitan am Eingang des Yosemite Valley; der Capitan ist der größte einzelne Granitblock der Erde. Bei geringeren Besucherzahlen im Winter kommen die Rothirschherden auf der Suche nach Futter in die gemäßigteren Zonen mit weniger Schneefall. Skilaufen und von einem Ranger geführte Schneeschuhwanderungen gehören dann zu den beliebten Freizeitaktivitäten.

ROMANTIK AN LAND UND ZU WASSER

KALIFORNIENS AUSSERGEWÖHNLICHE KÜSTE

Auf einem Felsvorsprung bei Monterey, Kalifornien, stehend, beobachtet man staunend wie die Sonne am Horizont tiefer und tiefer sinkt. Westlich vor dem Betrachter liegt der endlose Pazifik, dessen Wellen gegen die Felsen donnern. Im Norden und Süden ragen malerische felsige Landzungen ins Wasser und tragen zur Schönheit der in glühendes Rot getauchten Landschaft bei. Das ist das berühmte Big Sur Country, eine der unvergesslichen Landschaften der Erde und ein Abschnitt der romantischen kalifornischen Küste.

Die großartige kalifornische Küste gehört weitgehend zu einem relativ wenig erschlossenen Staat, so dass der Besucher ihre wilde unverdorbene Schönheit genießen kann. Bei der herrlichen Fahrt entlang der Küste wartet eine schier unendliche Fülle neuer Eindrücke hinter jeder Biegung. Die Sandstrände und Felsen bieten zahlreichen Tieren Lebensraum, darunter den jeden Herbst dort eintreffenden Robben, insbesondere den Elefantenrobben. Seeotter schwimmen verspielt in den Wellen, während Kormorane und Fischadler auf der Suche nach Beute über dem Wasser kreisen. Neben Delfinen und anderen Wassertieren sichtet man zu bestimmten Jahreszeiten Wale vor der Küste.

Zu den Sehenswürdigkeiten der Route zählt die vielseitige Stadt San Francisco mit ihren steilen Hügeln und Bergstraßen, den gefährlich nah an den Steilhängen stehenden Häusern und den roten Stahlbrücken. Man genießt fantastische Ausblicke und ein mildes Klima. Abends legt sich oft Nebel auf die Stadt, durchdrungen vom Ruf der Nebelhörner. Weiter südlich gelangt man zur Monterey Bay, einem ausgedehnten Halbrund und einem der tiefsten Ozeanbereiche in Ufernähe.

Die 27 Kilometer lange Küstenstraße zwischen Monterey und Carmel führt durch eine der schönsten und malerischsten Landschaften der Welt.

Südlich von Carmel liegt der Landstrich der Route 1, der Pazific Coast Highway. Nur wenige Städte säumen die Straße, die sich entlang der Kontur der Küste und der Cañons von einem reizvollen Ausblick zum nächsten windet. Die Flüsse und Bäche in den Cañons führen das Wasser der Santa-Lucia-Bergkette zum Pazifik. Auf der grandiosen Fahrt entlang der Küste werden viele dieser Schluchten umfahren und bieten so ständig wechselnde Einblicke. Stellenweise wird das Land in dieser Region bis an den Rand des Ozeans als Farmland genutzt. Die Natur wird hier teilweise durch den Los Padres National Forest geschützt, der entlang der Küste und bis zu den Spitzen der küstennahen Santa Lucia Range verläuft.

Einer der reichsten Unterwasserlebensräume in Kalifornien liegt vor dem Point Lobos State Reserve entlang der kalifornischen Küste. Mitten in den bis zu 20 Meter hohen Kelp-Wäldern tummeln sich gelegentlich Robben, Seeotter und Wale, während kalifornische Froschfische und Klippenbarsche zu den hier heimischen Fischen zählen.

Nahe Los Angeles werden an mehreren Orten Naturregionen besonders geschützt, beispielsweise in der Santa Monica Mountains National Recreation Area. Westlich von Los Angeles liegt Point Dume, nahe einem Strand mit Landzungen, Klippen, versteckten Buchten und Prielen, während Westward Beach, ein beliebter sandiger Küstenstreifen als Ausgangspunkt zum Surfen, Schwimmen und Tauchen einlädt.

Die beeindruckendsten Naturregionen entlang der unteren kalifornischen Küste findet man jedoch auf den Channel Islands.

222 oben
Einer der reichsten Unterwasserlebensräume liegt vor dem Point Lobos State Reserve entlang der kalifornischen Küste. Mitten in den bis zu 20 Meter hohen Kelp-Wäldern tummeln sich Robben, Seeottern und Wale.

222 unten
Die Brandung am Ufer unterhalb des Pacific Coast Highway in der Region Big Sur, in deren Inland man tiefe Schluchten findet.

222–223
Hier sieht man eine der spektakulären eleganten Brücken über eine tiefe Schlucht an der kalifornischen Küste. Südlich von Carmel befindet sich ein wunderschöner Abschnitt der Route 1, der Pacific Coast Highway. Nur wenige Städte liegen an der Straße, die der Küste folgt und Ausblicke auf malerische Landschaften bietet.

223 unten links
Die großartige kalifornische Küste gehört zu einem größtenteils unerschlossenen Staat. Das Gebiet ist reich an Naturschönheiten und beherbergt eine Fülle von Land- und Meerestieren: Seelöwen, Seehunde, Elefantenrobben, Seeotter, Wale und Delfine sind in den Gewässern nahe dem Reservat zu sehen.

223 unten rechts
Eine Fahrt entlang der kalifornischen Küste enthüllt eine endlos scheinende Fülle neuer Aussichten hinter jeder Biegung. Eine der wenigen Städte auf dem Weg ist Big Sur, die der Region den Namen gab.

224
Der Pazifische Ozean brandet gegen die Küste der kalifornischen Insel Santa Cruz, Seevögel kreisen rufend in der Luft. Die Insel ist etwa 39 Kilometer lang und bedeckt eine Fläche von 249 Quadratkilometern. Die Klippen entlang der Küstenlinie, die Felsen vor der Küste und die Priele dienen nistenden Seevögeln als Lebensraum. In anderen Bereichen sind mehr als 600 Pflanzen- und 140 Landvogelarten beheimatet.

Kaliforniens aussergewöhnliche Küste

225 oben links
Die Channel Islands bilden eine Inselkette vor der Südküste Kaliforniens im Pazifik. Eine von acht Inselgruppen heißt Anacapa; sie liegt 18 Kilometer vor der Küste von Oxnard und besteht aus drei Eilanden – hier im Bild – mit etwa 8 Kilometern Länge und einer Fläche von 2,8 Quadratkilometern ohne jegliches Süßwasser.

225 oben rechts
Die Inselgruppe Anacapa ist ein Ort voller landschaftlicher Schönheit. Auf den ersten Blick öde, wachsen hier doch viele Pflanzenarten. Das Ökosystem der Channel Islands fasziniert Biologen aus aller Welt, wo sich Pflanzen und Tiere den besonderen Bedingungen angepasst haben und sich so von ihren Artgenossen auf dem Festland unterscheiden.

225 Mitte
Die romantischen Klippen nahe La Jolla entlang der Pazifikküste liegen nördlich von San Diego. Die zerklüftete Küste zieht zahlreiche Besucher an. »La Jolla« bedeutet im Spanischen »das Juwel«. Neben reizvollen Stränden bietet die Gegend auch kulinarische Kostbarkeiten.

225 unten
Die ausgewaschenen Klippen nahe La Jolla verkörpern den romantischen Charme der kalifornischen Küste. Atemberaubende Schönheit gepaart mit südeuropäischem Klima machen die Region zu einem »Juwel«.

Fünf der acht Inseln und eine Seemeile Wasser ringsum gehören zum Channel-Islands-Nationalpark. Santa Cruz ist mit etwa 39 Kilometern Länge und einer Fläche von 249 Quadratkilometern die größte Insel im Archipel. Der höchste Berg (753 m) der Inseln befindet sich ebenfalls auf Santa Cruz. Landschaftliche Schönheit gestaltet sich hier in Form von zwei zerklüfteten Bergzügen, tiefen Cañons, einem breiten Tal in der Inselmitte, Küstenklippen auf 124 Kilometern, riesigen meerseitigen Grotten, Prielen und Stränden. Durch die zahlreichen Klippen, Felsen und Priele stellt die Küstenregion ein ideales Bruthabitat für mehr als 140 Landvogelarten dar. Ihre raue scheinbar öde Topographie lässt mehr als 600 Pflanzenarten gedeihen, und auch verschiedene Tierarten haben sich den speziellen Verhältnissen angepasst, so dass sie sich von ihren Artgenossen auf dem Festland unterscheiden. Der Channel-Islands-Nationalpark ist Teil des internationalen UNESCO-Programms »Mensch und Biosphäre« und bildet zudem das Zentrum eines Unterwasserschutzgebiets.

Südlich von Los Angeles, entlang der kalifornischen Küste, wird das Klima allmählich mediterran. Die zerfurchte Küste von La Jolla zieht mit ihrem Vogelreichtum und ihrer malerischen Brandung zahlreiche Besucher an. Im Winter sind die Fontänen der Grauwale vor der Küste in den Kelpwäldern zu sehen, die sie auf ihrem 8000 Kilometer langen Weg durchstreifen.

Im Cabrillo National Monument, an der Pazifikseite der Bucht von San Diego, sind bei Ebbe Scharen von Meerestieren in den Prielen anzutreffen, darunter blumenartige Seeanemonen, Landkrabben und Napfschnecken. Die Priele liegen unterhalb der rauen, zerklüfteten schwarzen Felsen und werden bei Flut völlig überspült. Die glatten schwarzen Felsen um die Priele selbst sehen besonders bei Sonnenuntergang einladend aus, wenn die orangefarben erglühenden Klippen vom Lachen neugieriger Kinder angesichts der beliebten Attraktion widerhallen. Neben der faszinierenden Aussicht von den Klippen bei Cabrillo, sind es auch die weißen Sandstrände der langgezogenen Halbinsel Coronado im Süden, die San Diegos Attraktivität ausmachen.

Die kalifornische Küste hat über ihre gesamte Länge ein einladendes romantisches Flair. Imposante Brandung, zauberhafte Sonnenuntergänge, bizarre Klippen, ein faszinierendes Tierleben und vielfältige Wassersportgelegenheiten machen diese Region zu einem paradiesischen Ort.

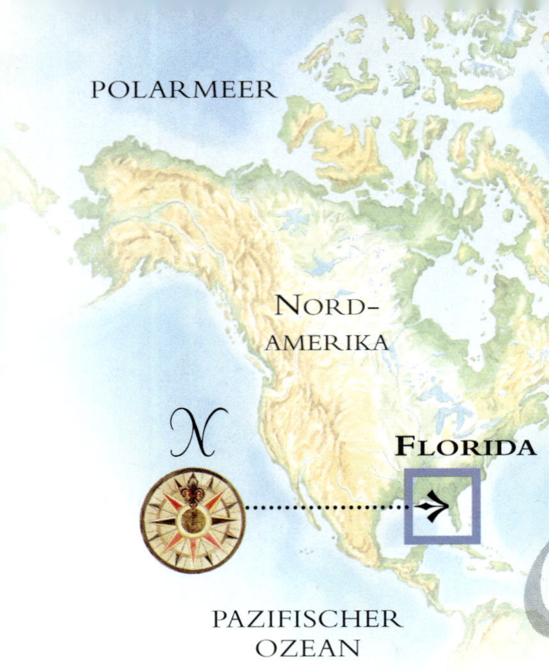

226
Ein großes Graureihermännchen watet durch das Wasser der Everglades. Mit seinem langen Schnabel jagt es alles, von kleinen Säugern bis zu großen Fischen, Amphibien und anderen Vögeln.

226–227
Zahlreiche Kiefernarten und Zwergpalmen prägen die riesige Ebene des Everglades-Nationalparks. An keinem Punkt höher als 2,5 Meter über dem Meeresspiegel gelegen sind die Everglades gänzlich von Regenwasser abhängig.

MEER AUS GRAS

DIE EVERGLADES

Man muss es aus der Luft gesehen haben, um sich einen Überblick zu verschaffen zu können, denn vom Boden aus erkennt man bloß eine Ebene aus Gras und Wasser. Aus der Luft dagegen erwachen die Everglades Floridas zum Leben: Die Riedgrasflecken in einem Geflecht aus Wasserwegen erstrecken sich scheinbar endlos bis zum Horizont. Der Wind spielt mit dem Gras und lässt es wogen wie Wellen. In diesem grünblauen Meer leben vielfältige faszinierende Lebewesen über und unter Wasser.

Ein nahezu 13.000 Quadratkilometer umfassendes Gebiet mit Sümpfen, Savannen und urtümlichen Wäldern sind die Everglades in Südflorida. Der etwa 6000 Quadratmeter große Everglades-Nationalpark wurde im Jahre 1935 genehmigt, er besteht aber aufgrund wirtschaftlicher Schwierigkeiten erst seit 1947. Dieser Park soll vornehmlich die Wildnis schützen und so steht erstmalig nicht der landschaftliche oder historische Wert im Vordergrund, sondern die Flora und Fauna. Er hat als einziger amerikanischer Nationalpark drei internationale Bezeichnungen erhalten: Internationales Biosphärenreservat, Weltnaturerbe und Feuchtgebiet von internationaler Bedeutung.

Ein riesiges Tiefland, nicht höher als etwa 2 Meter, liegt auf einem großen Kalksteinbecken. Die Region hat häufig Probleme mit der Wasserversorgung: Sie ist von Regenwasser abhängig, aber das wird durch Kanäle und Deichsysteme häufig abgezogen, bevor es in den Park gelangen kann. Neben diesem Problem kämpft hier auch gegen die Einführung nichtheimischer Tierarten.

Die Everglades enden an der Atlantikküste und am Golf von Mexiko. Die Golfküste umfasst etwa 10.000 Inseln. Bei einem Bootsausflug kann man Delfine beobachten oder die Schnauze einer Rundschwanzseekuh aus dem Wasser ragen sehen. Das verschlungene Labyrinth üppiger mangrovenbestandener Inseln schützt Vögel, Pflanzen und Meeresleben. Die berühmtesten Bewohner der Everglades sind wohl die Krokodile und Alligatoren, die man häufig beim Sonnenbaden am Ufer oder unter der Wasseroberfläche lauernd erspähen kann, wo sie auf unbedacht herumstakende Wasservögel lauern.

Die Vielfalt der Feuchtlandfauna ist überwältigend und geht über die Reptilienvielfalt hinaus. Wasservögel wie Ibisse, große Graureiher, Pelikane, Löffelreiher und Flamingos nisten und fischen im seichten Gewässer. Fischadler und andere Adler kreisen in der Luft auf der Suche nach Beute. Durch die sowohl Süßwasser- wie auch Salzwasserhabitate umfassenden Everglades bieten sich reichlich Gelegenheiten zur Tierbeobachtung: im Süßwasser findet man Barsche und Kaimanfische, im Riedgras Weißwedelhirsche, Ottern, Schwarzbären und Florida-Pumas.

In dieser Region aus Gras und immensen Wasserflächen, wo hier und da Palmen, Zypressen, Mangroven, Eichen und Kiefern gedeihen, gibt es eine immense Vielfalt an landschaftlichen Attraktionen, dazu farbenprächtige Blumen wie Orchideen und Wasserlilien sowie Riesenfarne. Im Everglades-Nationalpark kann man fischen, wandern, Vögel beobachten, schnorcheln, schwimmen und außerdem mehr über die Natur und Geschichte der Region erfahren. Ein 160 Kilometer langer Kanuwanderweg lädt zur Erkundung dieser größten subtropischen Wildnis in den Vereinigten Staaten ein.

Die Landschaft der Everglades lässt uns erstaunen über ihre harmonische Schönheit und sie beeindruckt zudem durch ihre Größe. Wenn die untergehende Sonne das Wasser rosarot erglühen lässt, sehen wir uns in eine Traumwelt versetzt und wir fragen uns, welche Wunder sind in diesem Grasmeer verborgen?

227 unten links
Ein Alligator im dunklen stillen Wasser der Everglades. Knochenplatten unter den Schuppen schützen ihn vor Feinden. Er kann bis zu 6 Meter lang werden. Die Weibchen legen 30 bis 60 Eier in ein Nest aus Schlamm und Pflanzen und bebrüten es etwa 60 Tage lang. Im Gegensatz zum Krokodil sind beim Alligator die Zähne des Unterkiefers bei geschlossenem Maul nicht zu erkennen.

227 unten rechts
Das verschlungene Labyrinth von 10.000 von Mangroven überwucherten Eilanden bietet Vögeln, Pflanzen und Wassertieren Lebensraum.

228–229
In einem abstrakten Muster ragt die Küstenlinie des Everglades-Nationalparks in die Florida Bay hinein.

230–231
Eine Sprühnebelwolke steigt vom tosenden Wasser der Niagara-Fälle auf, die entlang der Grenze der Vereinigten Staaten und Kanada zwischen dem Ontario- und dem Erie-See liegen. Auf diesem Foto bringt ein Boot Touristen nahe an die Canadian Falls, auch »Hufeisen« genannt heran, damit sie die außerordentliche Gewalt hautnah erleben können.

230 unten links
Diese Luftaufnahme der kanadischen Fälle macht die Ausdehnung des Niagara-Flusses mit Goat Island linkerhand deutlich. Das Wasser fließt aus den großen Seen und durch den Erie-See zu diesem Punkt. Wenige Kilometer nördlich der Fälle ergießt sich der Niagara-Fluss in den Ontario-See und fließt von dort im Sankt-Lorenz-Strom in den Atlantik.

230 unten rechts
Warum es auch als Hufeisen bezeichnet wird, macht diese Luftaufnahme der kanadischen Seite der Niagara-Fälle deutlich. Die Hufeisenform ist 790 Meter lang und fällt 49 Meter tief ab. Die etwas höher gelegene amerikanische Seite rechts im Bild liegt auf der Westgrenze des Staates New York und weist nur eine Länge von 305 Metern auf.

231 unten
Die gewaltige Kraft der Niagara-Fälle befördert 5458 Kubikmeter Wasser pro Sekunde, die die Felsen ausspülen und die Canadian Falls jährlich um 1,5 Meter zurück verlegen; die American Falls erodieren mit ihrem kleineren Wasservolumen nur um 15 Zentimeter.

EIN GEWALTIG BRODELNDER KESSEL

Die Niagara-Fälle

Man kann sich bis an die Kante vorwagen, sich am Eisengeländer festhalten und den gewaltigen Wasserschwall von 5458 Kubikmetern pro Sekunde über den Rand in die Tiefe stürzen sehen. Das Volumen und die Kraft ist derart groß, dass man schon beim Zusehen glaubt, mitgerissen zu werden. Das Wasser changiert in vielen Farbtönen – ein gigantischer Schwall, der in die Tiefe fällt. Es gibt nur wenige Orte auf der Erde, an denen man pulsierende Naturkraft so hautnah erleben kann.

Die Menschen hier kennen diese Kraft seit Jahrhunderten. Die amerikanischen Indianer haben dieses mächtige Naturereignis den Jesuitenmissionaren vorgeführt. 1844 sprach ein britischer Reisender, der die Niagara-Fälle erstmalig sah, von dem »wolkengleichen Rauch, der über den Fällen schwebt und dem weißen Schaum darunter das Aussehen eines gewaltigen brodelnden Kessels verleiht«. Die Niagara-Fälle wurden schnell zur Nr. 1 der Touristenattraktionen und Ziel für Flitterwochen. Städte wuchsen beiderseits der Fälle wie Pilze aus dem Boden, frühe Fotografen versuchten die Atmosphäre mit Hilfe des Daguerreotypieverfahrens festzuhalten. Seiltänzer und Männer in Fässern versuchten sich bei waghalsigen Aktionen, um sich in den Geschichtsbüchern zu verewigen.

Die Niagara-Fälle gehören zu den gut zugänglichen Naturwundern. Sie liegen auf halbem Wege des Niagara River, der vom Erie-See in den Ontario-See fließt, nachdem er die riesigen großen Seen Nordamerikas hinter sich gelassen hat. Die Fälle entstanden vor etwa 12.000 Jahren. Damals zogen sich die Gletscher nordwärts zurück und das Wasser des Erie-Sees suchte sich einen Weg durch das Niagaragebirge, das von New York bis Wisconsin verläuft. Seitdem sind die Fälle, bedingt durch fortschreitende Erosion, 18 Kilometer zurückgewandert und haben auf diese Weise die spektakuläre steile und felsige Schlucht des Niagara-Flusses unterhalb der Wasserfälle gebildet. Heute teilen sich die beiden Nationen die Niagara-Fälle, Kanada im Westen und die Vereinigten Staaten im Osten. Eine Internationale Friedensbrücke verbindet die beiden, die sich hier als Gleichberechtigte treffen.

Trotzdem ist die Schönheit der Fälle nicht von beiden Ländern aus gesehen gleich beeindruckend. Goat Island in der Flussmitte spaltet die Niagara-Fälle in zwei nebeneinander liegende Fälle. Auf der kanadischen Seite bietet der Niagara eine elegante 750 Meter lange Hufeisenform und stürzt 49 Meter in den Fluss hinab. Die amerikanische Seite ist nur geringfügig höher, misst aber nur eine gerade Kante von 305 Metern. Die Erosion verlegt die Canadian Falls jährlich um 1,5 Meter zurück; die American Falls mit einem kleineren Wasservolumen erodieren nur etwa 15 Zentimeter. Einige Kilometer flussabwärts dreht sich eine Art enormer Whirlpool in einem blauschwarzen Bogen. Diese Kraft des Wassers wird zur Stromerzeugung genutzt. Das donnernde Wasser der Niagara-Fälle ist von mehreren Aussichtspunkten einsehbar. Die umliegenden Städte der Niagara Falls in Kanada und im Staate New York bieten Touristeneinrichtungen, Hotels und Museen zum Thema des imposanten Wasserfalls. Beobachtungstürme ermöglichen einen Blick von oben, Tunnel führen zu Aussichtplattformen am Fuße der Fälle und Boote fahren Touristen möglichst nah an die tosende Eintauchstelle der Wasserfälle. Nachts werden die Fälle in verschiedenen Farben angestrahlt, ein großartiges, wenn auch künstliches Schauspiel.

Glücklicherweise können weder Konsum noch eine entschlossene Touristenbranche die Kraft und die Schönheit der Wasserfälle gefährden. Ein Besucher kann heute an der gleichen Stelle verweilen wie der britische Reisende im Jahre 1844 und die gleiche ehrfurchtgebietende, atemberaubende Aussicht auf ein zeitloses Wunder genießen.

MITTEL- UND SÜDAMERIKA

EINLEITUNG

232 oben
Die atemberaubenden nebelverhangenen Iguaçu-Wasserfälle liegen im Dreiländereck Argentinien, Brasilien und Paraguay. Der Iguaçu oder das »Große Wasser« ist nach den Victoria-Fällen in Afrika der zweitgrößte Wasserfall der Welt. Seine unvergleichliche Schönheit rundet das Bild des üppigen grünen Waldes ringsum ab.

Die Schönheiten Südamerikas reichen von den Stränden Brasiliens zu den Gipfeln der Anden, von den Pinguinen an Argentiniens Südspitze bis zu den traumhaft bunten Kakadus in der Karibik. Die tropischen Regenwälder des Amazonas-Beckens sind noch längst nicht vollständig erforscht, viele Blumen- und Insektenarten warten noch auf ihre Entdeckung.

Ein Großteil Südamerikas, des viertgrößten Kontinents, ist noch recht ursprünglich und unbewohnt. Aber in jüngster Zeit ist eine Bewegung der Bevölkerung in die Regenwälder zu verzeichnen bzw. deren Abholzung und Zerstörung durch Brandrodung, was die Wissenschaftler der Welt besorgt registrieren. Die wissenschaftliche Argumentation für den Schutz des Regenwalds erscheint uns zwar schlüssig, überzeugt aber die dortige große Bevölkerung kaum davon, die natürlichen Ressourcen im eigenem Land nicht aus ökonomischen Gründen zu nutzen, sondern sie zum Wohl der gesamten Menschheit unangetastet zu lassen.

Südamerika verfügt über die weltweit größten Bestände an Mineralien, Nutzholz und Farmland. Es bietet zudem eine unvergleichliche Schönheit, die in den letzten Jahrzehnten kommerziell in Gebieten genutzt wird, die früher keine Anziehungskraft besaßen. Der noch junge Ökotourismus erfreut sich zunehmender Beliebtheit: Touristen besuchen Regionen mit vielfältiger oder seltener Fauna und Flora und nehmen dafür gern Mühen und Unbequemlichkeiten auf sich. Der Amazonas-Regenwald, die hohen Anden und die südlichen Breitengrade Argentinens und Chiles sind beliebte Ziele unter Ökotouristen.

Neben seinen Naturwundern wird Südamerika auch wegen seiner kulturellen Geschichte geschätzt. Der Kontinent war einst Schauplatz der fortschrittlichsten amerikanischen Kultur, der Inkas in Peru. Nachdem die Spanier und Portugiesen von der Existenz des Kontinents Anfang 1500 erfahren hatten, kolonialisierten sie ihn und beuteten ihn aus. Von der Amerikanischen Revolution inspiriert, warfen die meisten südamerikanischen Länder das Joch der Kolonisation innerhalb von

232 unten

Der Jaguar ist eines der schönsten Waldtiere Südamerikas und eines der gefürchtetsten, obwohl er selten Menschen angreift. Viele Tiere stehen auf seinem Speiseplan, so dass er ein ungeliebter Gast bei den Viehzüchtern ist. Der Jaguar ist das größte amerikanische Mitglied der Katzenfamilie; ausgewachsene Exemplare messen über 2 Meter und der Schwanz misst nochmals 75 Zentimeter.

232–233

Die breite, flache Region des Amazonas-Tals wird von November bis Mai alljährlich überschwemmt, wenn sich Milliarden Liter Wasser aus den Anden im Westen in den breiten Strom ergießen. Starke Regenfälle tragen ihrerseits dazu bei. Der fruchtbare Regenwald wird zum Teil überschwemmt, aber Pflanzen und Tiere sind daran gewohnt, denn das Wasser ist die Lebensader des Amazonas-Regenwaldes.

20 Jahren – von 1810 bis 1830 – endlich ab und gründeten die unabhängigen Republiken Paraguay, Argentinien, Chile, Kolumbien, Peru, Brasilien, Ecuador, Bolivien, Uruguay und Venezuela.

Südamerika liegt zu mehr als drei Viertel in den Tropen, wobei der Äquator den Kontinent an seiner breitesten Stelle umspannt. Abgesehen von dem schmalen Isthmus von Panamá im Nordwesten, kann das von Wasser umgebene Land in vier landschaftliche Großräume unterteilt werden. Der schmale pazifische Küstenstreifen bildet ein 8 bis 80 Kilometer breites Band zwischen den Anden im Osten und dem Ozean im Westen. Er wechselt von Sumpfland im Norden Kolumbiens über Wüstenland in Peru und Nordchile zu fruchtbarem Ackerland in Zentralchile und sturmgepeitschten Fjorden entlang der 1600 Kilometer langen Südküste. Die Anden, das Rückgrat des Kontinents, verlaufen entlang der gesamten Pazifikküste in Nord-Süd-Richtung, wobei sie als wunderschönes weißes Band am Horizont erscheinen. Die zentralen Ebenen im Osten der Anden machen etwa drei Fünftel des Kontinents aus. Die Region umfasst die Grasebenen in Kolumbien und Venezuela, tropische Regenwälder im Amazonas-Becken, bewaldetes Buschland im Gebiet Gran Chaco Paraguays und Argentiniens und die Pampas, das Weide- und Ackerland Argentiniens. Das östliche Hochland ähnelt den niedrigen Appalachen entlang der Ostküste Nordamerikas und verläuft vom Guiana-Hochland zum patagonischen Plateau im Süden. Das Klima ist tropisch im Amazonas-Becken und kalt in den Höhen der Anden. Aber der überwiegende Teil des Kontinents ist das ganze Jahr über warm und heiß.

Da hier noch so große Flächen relativ unberührter Natur anzutreffen sind, ist der Kontinent für alle Naturliebhaber von großem Interesse. Der tropische Regenwald des Amazonas-Beckens birgt zahlreiche dieser Wunder, einschließlich grandioser Wasserfälle und einer interessanten Tier- und

234 oben
Der Huascarán in Peru wurde nach dem Inkaprinz Huascar benannt, der von seinem Vater das halbe Königreich erbte. Seine Rivalität mit dem Halbbruder Atahualpa führte zu einem Bürgerkrieg, den Huascar verlor. Infolgedessen wurde er 1532 von seinem Bruder ertränkt. Fortan regierte zwar Atahualpa, aber als eine Art Marionette der Spanier.

234 Mitte
Einer der atemberaubendsten Anblicke der Welt: die Ruinen der alten Inkastadt Machu Picchu auf einem Bergrücken. Etwa um 1200 errichtet, verblüffen die Baumethoden noch heute Historiker wie Ingenieure.

Pflanzenwelt. Das Studium der Tiere, ihrer Evolution und ihrer Anpassung an ihr Biotop ist das Hauptthema auf den Galápagos-Inseln und in der Antarktis, dem Kontinent südlich von Feuerland. Die traumhaften Inseln der Karibik werden von vielen Städtern besucht.

Das Wildleben und der Kontinent sind abwechslungsreich und exotisch. Tausende Arten von farbenprächtigen Vögeln, viele Affenarten und Tiere, die man mit Südamerika gemeinhin assoziiert – Lamas, Alpakas, Vicunjas, Chinchillas, Tapire, Capybaras, Schwimmbeutler, Anacondas, Marmosetten, Jaguare, Piranhas, Kondore und Faultiere –, findet man hier. Fast ein Viertel aller bekannten Tierarten ist in Südamerika heimisch, ganz zu schweigen von den zahllosen Insektenarten. Dasselbe gilt für die Pflanzenwelt: Dank des tropischen Klimas und langer Wachstumsperioden gedeihen Pflanzen fast überall auf dem Kontinent.

Diese und andere Ressourcen machen Südamerika zu einem weltweit wichtigen Ökosystem – hinsichtlich des globalen Klimas wie der biologischen Vielfalt. Das Argument für die Rettung des Regenwalds, der vermutlich noch viele unbekannte Arten oder Anwendungen von Pflanzen birgt, die bisher unheilbare Krankeiten zu heilen vermögen, wiegt dabei wohl am schwersten. Dies ist mit Sicherheit ein guter Grund, ihn zu erhalten. Dank eines zunehmenden Ökotourismus wird Südamerika vielleicht erkennen, dass es seine Ressourcen nicht auf die beste Weise nutzt, wenn es seine Naturschönheiten unwiederbringlich zerstört, sondern sie der Welt präsentiert. Einige südamerikanische Nationen sind mit ihren Nationalparks bereits auf einem richtigen Weg.

234 unten
Die spitzen Zinnen des argentinischen Cerro Torre vom 3375 Meter hohen Gipfel des Fitz Roy gesehen, auf der Grenze zwischen Argentinen und Chile. Die reizvolle Färbung und die Art, wie der Schnee den braunen Fels überzieht, lockt Naturliebhaber und Fotografen in diese Region. Diese Berge liegen im Nationalpark Los Glaciares, im Süden beider Nationen, etwa 800 Kilometer nördlich der Spitze des Kontinents.

234–235
Der schneeverhüllte Mount Huascarán dominiert mit seinen 6768 Metern die peruanischen Anden. Diesen schlafenden Vulkan bedeckt der Cordillera-Blanca-Gletscher; er befindet sich 80 Kilometer landeinwärts von der pazifischen Küste, nur 322 Kilometer Luftlinie nördlich von Lima. Das umliegende Land ist extrem gebirgig und wird nur von wenigen Straßen durchzogen.

235 unten
Hoch in der Cordillera Vilcabamba der peruanischen Anden zeugt eine heiße Quelle in der Nähe des Berges Ausangate von den tektonischen Kräften im Erdboden. Erdbeben, Vulkanismus und heiße Quellen sind die sichtbaren Auswirkungen des anhaltenden Drucks und der Reibung der tektonischen Platten.

BUNTE INSELN MIT GROSSER GESCHICHTE

DIE KARIBIK

Im Jahre 1493 fuhren kleine Holzsegelboote die zahlreichen Inseln des Archipels ab, um sie zu kartografieren – Christoph Kolumbus war in die Neue Welt zurückgekehrt, um weitere Entdeckungen zu machen. Er stieß auf die zahllosen kleinen Inseln, deren Bewohner er »Indios« nannte. Der Entdecker Amerikas hat nie erfahren, dass er nicht den östlichen Teil Asiens bereiste und die Einheimischen keine Chinesen oder Ostinder waren. Aber er sah Myriaden von smaragdgrünen Inseln in der Karibischen See mit ihrer tropischen Vegetation. Das Klima dieser wunderschönen Inseln reicht von feuchtheißem tropischem Hochland zu den kühlen Brisen an der Küste entlang ursprünglicher Strände. Üppiges Grün säumt die Küsten, im Inland wird bis heute auf großen Feldern Zuckerrohr für den Export angebaut. Auf den näher am südamerikanischen Kontinent gelegenen Inseln wachsen ganze Wälder von hohen Kakteen. Obwohl eher der Wüste in Arizona ähnelnd als tropischen Inseln, gibt es selbst hier eine Fülle an farbenprächtigen Vögeln und Reptilien. Die Freundlichkeit der Bewohner in ihren pastellfarbenen Strohdachhäusern ist in aller Welt bekannt.

Das Karibische Meer ist ein Arm des Atlantischen Ozeans, genau in der Lücke zwischen den Westindischen Inseln und Mittel- und Südamerika. Es misst etwa 2700 Kilometer in West-Ost-Richtung und 1100 Kilometer von Nord nach Süd; die Gesamtfläche beträgt etwa zwei Millionen Quadratkilometer. Im Mittel ist es 1800 Meter und an der tiefsten Stelle 6946 Meter tief. Jahrhundertelang war die Karibik Station einer wichtigen Handelsroute, auf der Zuckerrohr, Petroleum, Kaffee und Bananen zu den Weltmärkten verschifft wurden.

Jede einzelne Insel hat ihren eigenen Charme und die meisten sind Touristenattraktionen ob ihrer außergewöhnlichen Reize. Der Archipel teilt sich in die Großen Antillen, die Kleinen Antillen und die kleine Gruppe der Niederländischen Antillen vor der Küste Venezuelas. Die karibischen Inseln sind vulkanischen Ursprungs; einige Vulkane sind noch heute aktiv – wie der auf Guadaloupe. Fruchtbarer Boden und tropisches Klima wie fast überall auf den Antillen bilden die Grundlage für eine spektakuläre und vielfältige Flora und Fauna. Hunderte Vogelarten sowie Eidechsen, Leguane und Schmetterlinge leben hier. Mangrovensümpfe und Kokosnusspalmen wachsen an den Küsten und in den Regenwäldern im Inland Kapok-, Kautschuk-, Mahagoni- und Kastanienbäume, Farne, Kriechpflanzen und Philodendren. Außerdem sind hier über 100 Orchideenarten heimisch. Herrliche Blumen blühen ganzjährig, darunter Bougainvillea, Hibiskus, Ingwer und Lilien.

Die Unterwasserwelt der Karibik ist eine der eindrucksvollsten nach der Polynesiens und des Roten Meers. Ihre Korallenriffe sind Saumriffe: Anders als die beiden Riffarten der Pazifikinseln, Barrierriff und Atoll, sind die Saumriffe schmal und liegen nur durch eine Lagune getrennt unmittelbar vor dem Festland. Hier wimmelt es nur so von tropischen Fischen in allen Formen, Farben und Größen, darunter auch der Blaue Offiziersfisch, Schmetterlings-, Papagei- und Königin-Drückerfisch.

Außerhalb der Riffe begegnet man großen Thunfischschwärmen, Segler-, Speerfischen, Hammerhaien und fliegen-

236 oben
Der Sand des Paradon-Strandes auf Cayo Coco, Kuba, scheint die duftigen Wolken darüber zu reflektieren. Türkisfarbene Wellen umspülen das Ufer in der Ferne. Derart traumhafte Ansichten bieten sich an den Küsten dieser Inselnation.

236 unten
Cayo Coco heißt eine große Insel vor der Nordküste Kubas im Camagüey-Archipel. Sie ist nur ein Beispiel für die Sandstrände, Korallenbänke und kleinen Eilande, die die Küstenregionen Kubas ausmachen.

236–237
Die üppige Trunk Bay liegt im Nordwesten von St. John, einer der drei US-amerikanischen Jungfern-Inseln. Mit 34 Quadratkilometern ist St. John die kleinste und am wenigsten erschlossene. Mehr als 50 Prozent der Insel gehören zum Jungfern-Inseln-Nationalpark, der die Artefakte der karibischen Indianer und kolonialen Zuckerrohrplantagen sowie die traumhafen Strände schützt.

237 unten links
Die Sierra del Escambray, eine der vielen Bergketten auf Kuba ist typisch für die Hochlandtopographie der Inselnation.

237 unten rechts
Varadero ist ein Ferienort an der Nordküste Kubas, 64 Kilometer östlich von Havanna und 241 Kilometer südlich von Florida.

238 oben links
Basse Terre, Guadaloupes kleinere Insel besteht aus Vulkanbergen. Sie wird von Grand Terre, der Hauptinsel, durch die schmale Straße La Rivière Salée getrennt.

den Fischen. Bei einer Unterwassersicht von etwa 30 Metern sind sie leicht auszumachen.

Die tropische Hitze, gemildert durch tägliche Regenfälle und kühle Brisen, schafft ein ideales Klima für die reiche Flora und Fauna. Blendendweiße Sandstrände heben sich vor dem Dunkelgrün der Wälder und dem hellen Türkis des Wassers ab, eine unwiderstehlich einladende traumhafte Welt. Durch kleine Buchten und über mit tropischer Vegetation überwucherte Hügel schallen die Rufe exotischer Vögel und anderer Tiere.

Die weiten offenen Buchten der Inseln mit ihrem tiefblauen Wasser ergänzen die hohen grünen Hügel des Inlands.

238 oben rechts
Einst das Reich von Piraten sind die britischen Jungfern-Inseln heute ein Touristenparadies. Von den 36 östlich von Puerto Rico gelegenen Inseln sind nur 16 bewohnt; ihre einzige größere Stadt Road Town befindet sich an der Südostküste von Tortola.

238 unten
Dank des fruchtbaren vulkanischen Bodens von Basse Terre und ergiebiger Regenfälle ist Guadaloupe ein botanisches Wunder. Die Topographie reicht von tropischem Regenwald in den Bergen zu Tieflandsavanne an der Küste. Eine erstaunliche Vielfalt an Vögeln, Schmetterlingen, Eidechsen und Leguanen ist hier beheimatet.

Schwarzes jahrmillionenaltes Lavagestein unterbricht hier und da das Weiß der Sandstrände. Farbenprächtige Vögel mit langen roten, grünen, gelben und orangefarbenen Schnäbeln bewohnen die Bäume darüber; bunte duftende Blumen und Pflanzen verleihen dem Unterholz einen roten Schimmer. Kolibris, die wie seltene vibrierende Juwelen aussehen, schwirren von Blüte zu Blüte. Am Ende des Tages taucht ein großartiger Sonnenuntergang Wälder, Hügel, Strände und Meer in ein glühendes Goldrot. In der Dunkelheit glitzern die Sterne scheinbar zum Greifen nah am Firmament.

Große Inseln wie Kuba, Puerto Rico, Jamaika und Haiti und Kleinode wie Aruba, die Bahamas, Martinique, Guadaloupe, Barbuda und die Grenadinen gehören zu dem riesigen Archipel, wobei jede Insel ihren eigenen Charme, ihre eigene Prägung besitzt, die sie von den anderen unterscheidet. Jamaikas hohe Berge, die Blue Mountains, erheben sich über 2100 Meter hoch und bieten ein üppiges Terrain für Kakao- und Kaffeeplantagen. Die Plateaus fallen zu bewaldeten Tälern mit Bergbächen und Wasserfällen ab, die durch grüne Wiesen plätschern und sich zu Flüssen auf dem Weg zum Meer vereinen. Das kleinere Antigua mit seiner Kalkstein- und Korallenküste, sichelförmigen Buchten, zerklüfteten Klippen und Sandstränden zeigt im Inland vorwiegend flaches, trockenes und offenes Farmland. Höchster Berg ist der Boggy Peak (402 m). Große Inseln wie Puerto Rico verfügen über unterschiedliche Ökosysteme, darunter die lange, zerfurchte Bergkette im Zentrum, einen 113 Quadratkilometer großen Regenwald nahe San Juan, 500 Kilometer Sandküste, eine Wüste und eins der weltgrößten Fluss-Höhlensysteme. Der Norden der Insel erfreut sich üppigen Grüns, während der Süden eher trocken ist. Die höchste Erhebung ist der Cerro de Punta mit 1341 Metern. Dies alles, dazu der Camuy, drittgrößter unterirdischer Fluss der Erde, ist auf einer einzigen Insel zu finden.

Die physische Schönheit und Vielfalt macht das Flair der karibischen Inseln aus, für Touristen oder Einheimische. Die Insulaner erkennen mehr und mehr die guten wie schlechten Seiten des wachsenden Tourismus. Kolumbus konnte die Geschäftigkeit der Städte, die überfüllten Strände und den starken Verkehr auf den Inselstraßen nicht vorhersehen. Einige Inseln, wie Guadeloupe, die Caymans und Aruba, haben Nationalparks zur Erhaltung ihrer tropischen Wälder und Korallenriffe eingerichtet, um auf diese Weise sicherzustellen, dass die Wunder von heute auch in der Zukunft noch bestaunt werden können. Zahlreiche Vogelschutzgebiete und Wildreservate sind eingerichtet worden. Teile der US-amerikanischen Jungfern-Inseln und Puerto Ricos werden vom US-amerikanischen Nationalparkdienst verwaltet, der sich sowohl um historische Sehenswürdigkeiten als auch um Attraktionen der Natur bemüht. Die Karibik, eines der großen Naturwunder, ist es wert für kommende Generationen erhalten zu werden.

238–239
Bottom Bay auf Barbados ist einer der wenigen von Korallenriffen umringten Ankerplätze der Insel, deren Küste flach ist. Das Inland erreicht eine Höhe von 336 Meter über dem Meeresspiegel. Interessante Tiere bewohnen die Insel, darunter Mungos und Affen.

239
Die äußerste Spitze der Halbinsel Pointe des Chateaux auf der Ostseite von Guadeloupes Grande Terre veranschaulicht die flache Topographie der Insel. Auf Grande Terre, dem französischen Überseedepartement auf den Kleinen Antillen, herrscht trockenes Klima, so dass Zuckerrohr auf dem Kalksteinboden gut gedeihen kann.

240 unten
Die reiche Unterwasserwelt des Karibischen Meers macht dieses Foto mit einem Fischschwarm und verästelten Korallen deutlich. Die Sicht ist ausgezeichnet und beträgt häufig mehr als 30 Meter, so dass dich dem Betrachter interessanten Perspektiven eröffnen.

240 oben links
Ein Trompetenfisch zwischen den messerscharfen Verästelungen einer karibischen Koralle. In den einzigartigen schmalen Saumriffen der Karibik leben tropische Fische in Hülle und Fülle, darunter Königin-Drückerfische, Kaiserfische, Schmetterlings-, Papageifische, Rochen und Hai.

240 oben rechts
Ein prächtiges Exemplar eines violett-gelben Röhrenschwamms, des vielgestaltigen primitiven Mehrzellers. Fossile Schwämme werden mindestens 600 Millionen Jahre ins Präkambrium zurückdatiert. Wirbellose wie Krabben und Seesterne nehmen gern Zuflucht in den Spalten dieser Lebewesen.

241
In diesem Unterwassergarten gedeihen Fächerkorallen und Schwämme. Wassertemperatur, -tiefe, Salzgehalt und Sauberkeit müssen stimmen, damit diese empfindlichen Organismen gedeihen können.

242–243
Kaiserfische unterscheiden sich von Schmetterlingsfischen durch den länglichen Knorpel an der Unterkante der Kiemenplatte. In der Regel klein, kann er bis zu 60 Zentimeter lang werden. Eine andere gern gesehene Art ist der vorwiegend schwarz gefärbte Franzosen-Kaiserfisch mit seinen gelben Streifen.

243 oben
Ein Stachelrochen bewegt sich elegant dicht über einem Sandbett. Er hat ein kleines Maul mit stumpfen Zähnen zum Zermalmen seiner Nahrung, die vorwiegend aus Krustentieren besteht. Der lange peitschenartige Schwanz dient in erster Linie als Ruder, ist aber auch durch seine mit Widerhaken bewehrten giftspritzenden Stacheln eine gefürchtete Waffe.

243 Mitte
Ein Franzosen-Kaiserfisch zeigt die für ihn typischen langen Rücken- und Schwanzflossen.

243 unten
Ein häufiger und relativ harmloser Hai, der Karibik-Ammenhai, taucht unter einen Felsvorsprung auf der Suche nach Beute. Haie gibt es schon seit 100 Millionen Jahren. Ihre Art zu jagen haben sie zu erstaunlicher Perfektion entwickelt.

244 oben links
Farbenfrohe Pflanzen im Regenwald locken Insekten, Vögel oder andere Tiere an, um ihre Pollen zu verbreiten und ihre Fortpflanzung zu sichern. Die unglaubliche Vielfalt der Pflanzen erstaunt selbst die Wissenschaftler, die den Regenwald studieren.

244 oben rechts
Ein farbenprächtiger Ara, eine der letzten 400 Vogelspezies in Monteverde, klammert sich an einen Ast. Die Landkäufe für die Regenwaldreservate werden teilweise von den Gebühren finanziert, die Besucher zahlen, um das Wildleben zu beobachten.

244 unten
Ansehen, aber nicht anfassen! Die leuchtenden Farben dieses Baumfroschs sollen Raubtiere oder Menschen warnen. Zahllose Amphibien in leuchtenden Farben haben giftige Substanzen in ihrer Haut.

245
Einer von vielen großartigen Wasserfällen im costaricanischen Hochland heißt den Besucher tropischer Regenwälder willkommen. Mehr als 2500 Pflanzen- und Baumspezies gedeihen in der Region Monteverde.

ÖKO-TOURISMUS UND REGENWÄLDER

MONTEVERDE CLOUD FOREST RESERVE, COSTA RICA

Hoch in den Bergen Mittelamerikas erschallen die Rufe Tausender Vögel und anderer Tiere im üppigen grünen Wald. Tiefhängende Nebelwolken erfrischen die Be-sucher, die sich auf einer Aussichtsplattform 37 Meter hoch in einem Baum zusammendrängen. Die moosbedeckten Stämme der Bäume versinken im Nebel. Vereinzelte Rufe von Fröschen, des Gebänderten Tropen-Waldkauzes und Brüllaffen sind zu hören. Dies ist die unvorstellbare Schönheit einer Welt, die noch unberührt von den Eingriffen des Menschen geblieben ist. Hier begreift man die Bedeutung, die dem Regenwald für das ökologische Gleichgewicht der Erde zukommt.

Das ist das Konzept und die Zielsetzung des Monteverde Cloud Forest Reserve, das als eines der hervorragendsten Wildreservate in den Tropen gilt und eine Fläche von 10.500 Hektar mit sechs verschiedenen Zonen umfasst. Und die Idee greift weiter um sich. Das Projekt eines angrenzendes Gebiets von 50 Quadratkilometern, der Children's Rainforest, wurde von einem schwedischen Schuljungen angeregt und von Geldern finanziert, die Kinder zahlreicher Nationen, einschließlich Japans und Australiens, gesammelt hatten. 1997 wurde in der Nähe von Monteverde ein weiteres Schutzgebiet, der Santa Elena Rain Forest, von einer Gruppe kanadischer Schüler eingerichtet.

Monteverde und die jüngeren Nachbargebiete sind aber mehr als nur Reservate. Sie bedecken genug Land, um ein vollständiges Ökosystem für Tiere aufrechtzuerhalten, die zeitweise von den Berghängen der karibischen Tieflandregenwälder in die Nebelwälder von Monteverde wechseln. Gürteltiere, Faultiere, Affen, Tapire und Tausende von Kolibris machen sich auf den Weg durch die dichten Wälder aus

246 oben links
Den Maya und Azteken war der Quetzal mit seinem grün und violett schillernden Gefieder und hellblauen Schwanz heilig. Die Quetzals nisten in der obersten Etage des Regenwalds. Auch sie kann man im Monteverde von den Plattformen zwischen den Bäumen aus beobachten.

246 oben rechts
Erkennbar an seinen langsamen Bewegungen verbringt das nachtaktive Faultier seine Zeit in den Bäumen und betritt den Waldboden nur einmal wöchentlich zum Kotabsetzen. Dieser Bursche hier ist ein Dreifinger-Faultier und kann bis zu 74 Zentimeter lang werden. Mit etwas Glück wird er 10 Jahre alt oder älter.

Monteverde Cloud Forest Reserve

Eben-, Balsaholz und Mahagoni. Wald bedeckt etwa ein Drittel Costa Ricas. Etliche private und öffentliche Reservate sind zu seinem Schutz eingerichtet worden. Die Regierung von Costa Rica unterhält Parks in den Bergen, wie den Braulio-Carillo-Nationalpark, das Biologische Reservat Acarara und den Manuel-Antonio-Nationalpark. Man hat entdeckt, dass die durch die Verlockung des Regenwalds hereinkommenden Touristendollars lukrativer sind als seine Abholzung. Kurse werden im Regenwald abgehalten, um den Menschen dort u. a. die Vorteile ökologischer Landwirtschaft und die Aussichten auf umweltverträglichen Ökotourismus zu vermitteln.

Mitten in der Region Monteverde bildet das 1707 Meter hoch zwischen Nicaragua und Panamá verlaufende Tilaran-Gebirge eine Wasserscheide. Sie teilt Costa Rica in das pazifische Tiefland im Westen und das karibische im Osten. Das Schutzgebiet befindet sich im Besitz und unter der Verwaltung einer gemeinnützigen nichtstaatlichen Organisation, dem Tropical Science Center mit Hauptgeschäftsstelle in San José, Costa Rica. Das 1962 eingerichtete Center dient der wissenschaftlichen Forschung, Weiterbildung und der Förderung einer verantwortungsbewussten Verwaltung der tropischen Regionen. Das Monteverde-Schutzgebiet wurde 1972 gegründet und besteht zu 90 Prozent aus Regenwald.

2500 Pflanzenarten, einschließlich 420 verschiedener Orchideen, 100 Säugerarten und mindestens 400 Vogelspezies leben im Monteverde, darunter 94 seltene und 10 sehr seltene Arten. Zugvögel aus Nordamerika gesellen sich zu den einheimischen Arten, zu denen die exotischen Quetzals gehören. Ferner sind hier 120 Reptilien- und Amphibien- und Tausende von Insektenarten heimisch. Monteverde verfügt über ein 23 Kilometer langes Wegenetz mit drei einfachen Unterkünften, um den Regenwald zu erkunden. Sachkundige Führer begleiten den Besucher auf dreistündigen Spaziergängen. Die Attraktion in Monteverde stellt die Tour dar, während der man vier Plattformen hoch in den Bäumen besucht. Die Plattformen ist auf unterschiedlichen Höhen zwischen 18 und 40 Metern so angebracht, dass der Besucher die unterschiedlichen Etagen des Blattwerks betrachten kann. Die Plattformen sind miteinander verbunden, damit man von einer zur anderen gehen kann und Vögel und andere Tiere in ihrem natürlichen Habitat beobachten kann. Wer sich das nicht entgehen lassen will, muss die Plattformen mit einer Strickleiter erklimmen und gelangt in einem Gurtsystem wieder auf den Waldboden. Für wenige Augenblicke genießt man den herrlichen Regenwald aus der Vogelperspektive – ein unvergessliches Erlebnis…

246–247
Gummibäume und andere Pflanzen im Kletterpflanzen-Wirrwarr des Regenwalds bieten Nistplätze für Vögel und baumbewohnende Säuger. Epiphyten klammern sich an die Äste und Stämme von Bäumen, sie sind aber nicht parasitär, denn sie produzieren ihre Nahrung durch Fotosynthese. Bromelien, Farne und Orchideen sind bekannte Beispiele für Epiphyten.

247 unten
Hier wird deutlich, warum die Region Monteverde »Nebelwald« genannt wird. Dieses Bild vermittelt einen Eindruck von der nassen, mit Feuchtigkeit gesättigten Umgebung.

248 oben
Das Weltnaturerbe Canaima-Nationalpark schützt die mesaähnlichen, als Tepuis bezeichneten Felsformationen. Geologisch und biologisch gesehen einzigartig, besitzen sie eine Schönheit, besonders mit grüner Vegetation und klarem Wasser im Vordergrund wie auf diesem Bild. Die Gegend ist nur schwer zugänglich.

VERGESSENE WELT

ANGEL-WASSERFALL, VENEZUELA

Der Pilot flog niedrig über das venezuelanische Urwaldplateau – auf der Suche nach dem Tafelberg, an dem er einige Monate zuvor Gold gefunden hatte. Er ist bereits einmal in der Gegend gewesen, konnte aber den Berg, den er suchte, nicht finden. Ein alter Goldsucher hatte Angel angeheuert, und sie hatten dem Berg einen lohnenden Besuch abgestattet, konnten das Gold aber nicht in ihrem leichten Flugzeug wegtransportieren. Der alte Mann starb, bevor sie zurückkehren konnten, und nun versuchte Angel allein, den Ort wiederzufinden. Schließlich machte er eine vertraute Landmarke aus und landete, wobei die Räder seines Flugzeugs sich in den Schlamm auf dem Bergplateau gruben und so den Flieger innerhalb von Sekunden lahm legten. Man schrieb das Jahr 1935. Der amerikanische Pilot und vermeintliche Millionär Jimmy Angel war auf einem Berg gestrandet, Hunderte von Kilometern von jeder Siedlung entfernt – mitten in der von Arthur Conan Doyle beschriebenen »vergessenen Welt«. Elf Tage kostete es Angel, den Urwald zu durchqueren; sein Flugzeug wurde erst 1970 entdeckt. Als Angel in die Zivilisation zurückkehrte, glücklich noch am Leben zu sein, war es ein dürftiger Trost, dass er von einem bislang unbekannten Wasserfall berichten konnte, von einem Wasserband, das plötzlich über den Rand des Berges stürzte, auf dem sein Flugzeug gelandet war. Jimmy Angel hat nie erfahren, dass er den größten Wasserfall der Welt entdeckt hatte.

248 unten
Canaima-Wasserfall heißt ein anderer spektakulärer Wasserfall im Nationalpark, der sich mit seiner reißenden Kraft stark vom seidigen schmalen Band des eleganten Angel-Wasserfalls unterscheidet.

249
Von Jimmy Angel 1935 entdeckt, fällt das schmale Band des gleichnamigen Wasserfalls insgesamt fast 1000 Meter in die Tiefe.

Vom Auyán im Südosten Venezuelas stürzt das Wasser der Angel-Fälle 807 Meter im freien Fall und insgesamt 979 Meter in die Tiefe. Eine Expedition der Vereinigten Staaten erforschte den Cañon 1949, machte Aufnahmen und vermaß die Fallhöhe.

Der Auyán-Tepui, in der Landessprache der Pemón-Indianer »Teufelsberg« genannt, ist ein Tafelberg und hat aus der Vogelperspektive die Form einer Schere einer Riesenkrabbe. Die Gegend gleicht »der vergessenen Welt«, die Sir Arthur Conan Doyle in seinem Roman 1912 beschrieb, der auf Berichten des britischen Botanikers Everard Im Thurn gründete, der 1884 die Region erforscht hatte. Der Autor beschäftigte sich mit den südamerikanischen Mesas (Tafelbergen), so abgelegen und vom Rest der Natur abgeschnitten, dass die Evolution hier stehengeblieben bzw. sich unbeeinflusst über Jahrmillionen fortgesetzt zu haben schien. Vielleicht lebten hier noch Dinosaurier oder ihre nächsten Nachfahren? Heute scheinen die Vorstellungen von Doyle überdreht, aber in einigen Punkten hatte er durchaus Recht. Der Südosten Venezuelas ist in vieler Hinsicht eine vergessene Welt. Auf den Tepuis findet man eine Reihe einzigartiger Pflanzen- und Tierarten, die nur hier heimisch sind.

Der Angel-Wasserfall liegt im Weltnaturerbe Canaima-Nationalpark. Der Park breitet sich über 3 Millionen Hektar im Südosten Venezuelas entlang der Grenze zu Guyana und Brasilien aus und besteht zu 65 Prozent aus Tepui-Formationen. Sie sind geologisch und biologisch einzigartig, und ihre glatten Steilwände und Wasserfälle bilden eine spektakuläre Landschaft. Weniger als 50 der 100 bekannten Tepuis sind bisher erforscht. Sie entstanden infolge der Bewegung der kontinentalen Platten. Das Plateau wurde angehoben und in Teile gespalten, die eine starke Erosion zuließen. Ihr heutiges Erscheinungsbild erhielten die Tepuis vor etwa vier Millionen Jahren.

Etwa die Hälfte aller auf den Tepuis vorkommenden Arten sind aufgrund der großen Feuchtigkeit und ihrer geografischen Isolation auf den flachen Kuppen der gigantischen Sandsteinberge endemisch.

Der Angel-Wasserfall liegt am Churún, einem Nebenarm des Orinoco, und gestaltet sich während der Regenzeit von Juni bis November besonders reizvoll. Der Großteil des Wassers verdampft vor dem Eintauchen in den darunterliegenden Fluss zu exotischen Wolken. Das lange schmale Band fächert sich in der feuchten Jahreszeit 150 Meter breit am Fuß, in der trockenen Zeit kommt es unten nur als Sprühnebel an. Abenteuerlustige können auf geführten Bootsfahrten flussaufwärts zum Wasserfall gelangen oder eine Stunde über Land wandern. In der Trockenzeit ist der Wasserfall nur aus der Luft zu sehen.

250–251
Sich über Tausende von Kilometern durch den Regenwald Süd-amerikas windend, bringen die Nebenflüsse des Amazonas Wasser und damit Leben für die Pflanzen und Tiere.

GRÜNE LUNGE DER ERDE

DER AMAZONAS UND DER REGENWALD

Bahnt man sich mit der Machete den Weg bergauf, wird man ununterbrochen von den Rufen der Vögel begleitet. Das Dickicht der Vegetation verbirgt jede vorstellbare Form von Leben. Insekten schwirren überall herum, während man einen Brüllaffen aus einem nahen Baumwipfel vernimmt. Das Sonnenlicht dringt in einem spitzen Winkel durch das Laub und wirft schwarze Schatten auf den Urwald ringsum. Plötzlich gelangt man an eine Lichtung und wird in Staunen versetzt: ein junger Jaguar in seinem heimischen Habitat. Der Ausflug war die Mühe wert, denn für einen Sekundenbruchteil steht man einer der scheuesten Tiere überhaupt gegenüber. Man steigt weiter zum Fluss hinunter zum langsam fließenden Wasser.

Der mächtige Amazonas ist der Hauptfluss Südamerikas und zudem der wichtigste Faktor im Ökosystem der Erde. Alle Zahlen zu diesem Strom bewegen sich in riesigen Größenordnungen. Obwohl er nicht so lang ist wie der Nil, führt der Amazonas mehr Wasser als dieser, der Mississippi und der Jangtsekiang zusammen. Der Strom stellt mit einer Länge von etwa 6300 Kilometern den zweitlängsten der Erde dar. Mit seinen 1000 Nebenflüssen bildet er das weltweit größte Entwässerungsbecken, zu dessen Einzugsbereich nahezu zwei Fünftel des gesamten südamerikanischen Kontinents zu rechnen sind.

Die beiden Quellflüsse des Amazonas, Marañón und Ucayali entspringen in den Anden. Sie fließen ostwärts durch die Regenwälder Brasiliens und nehmen durch die Zusammenflüsse mit Japurá, Juruá, Negro, Madeira, Tapajós, Purus, Teodoro und Xingú allmählich an Breite zu. Fährt man auf dem Amazonas oder einem seiner Nebenarme, ist man beeindruckt von der immensen Ausdehnung des grünen Baumlands ringsum mit seinem verborgenen Wildleben. Farbenprächtige Vögel fliegen von Ast zu Ast, Affen hüpfen und turnen quicklebendig von Baum zu Baum. Feuchtigkeit steigt vom Waldboden auf und verwandelt sich unter der Sonneneinstrahlung zu Nebel, der alles in mysteriöse Schleier hüllt. Der Besucher glaubt sich in einem Märchen ohne Raum und Zeit. Wie lange hat der Amazonas seinen Namen schon? Es scheint nicht so lange zurück zu liegen, das Jahr 1541, als der spanische Forscher Francisco de Orellana von Einheimischen angegriffen wurde, deren Kleidung ihn an die Kriegerinnen der griechischen Sagen erinnerten. Orellana war der erste Europäer, der den Fluss in seiner vollen Länge befahren hat und der Name »Amazonas«, den er dem Strom gab, ist geblieben.

250 unten rechts
Dieser Bursche ist ein Coati oder Nasenbär; ein Säuger mit schlankem Körper, langem Schwanz und einer langen beweglichen Schnauze, beheimatet in den Urwäldern Mexikos und Südamerikas.

251
Das Pantanal ist ein Savannen-, Marsch- und Waldland in Südbrasilien, nahe der Grenze zu Bolivien und Paraguay. Das Gebiet, dessen Größe etwa der Frankreichs entspricht, liegt außerhalb des Einzugsbereichs des Amazonas, südlich des Mato-Grosso-Plateaus im Flussbecken des Paraguay.

Der große Amazonas hat im Lauf der Zeit erstaunlich viel Uferland abgetragen, das sich flussabwärts erneut abgelagert hat. So hat sich der Strom selbst eine breite Ebene aus dickem Sand und Schlamm geschaffen, die sein Gefälle um etwa 4,5 Zentimeter pro 1,6 Kilometer verringert. In der Tat liegt der Punkt, an dem der Fluss die Grenze von Peru nach Brasilien überquert, nur 60 Meter höher als die Mündung. Aus diesem Grund fließt dieses Gewässer auch trotz der Wassermassen so langsam: In der Regenzeit erreichen die Fluten eine Geschwindigkeit von ca. 4,8 und in der Trockenzeit von ca. 2,5 Stundenkilometern. Die Gezeiten überdecken den Fluss an der Mündung mit einer 4,5 Meter hohen Flutwelle, und die Auswirkungen des Tidenhubs machen sich noch bis zu 960 Kilometer flussaufwärts bemerkbar.

Das Amazonaseinzugsbecken erhält mit jährlich 152 Zentimetern Niederschlag mehr als alle anderen Regionen dieser Größenordnung in der Welt.

Die Waldbäume triefen geradezu vor Feuchtigkeit, selbst

wenn es nicht gerade regnet. Von November bis Mai wird das umliegende Land überflutet, das dann eher an einen großen schlammigen See erinnert als einen Fluss. Dennoch handelt es sich um ein fließendes Gewässer, das einer vielgestaltigen Flora und Fauna Lebensraum verleiht. Allein mehr als 1500 Fischarten beherbergt der Amazonas, darunter den großen Arapaima und den Piranha, neben Delfinen, Kaimanen und Schildkröten.

Die Wunder des Amazonas sind eingebettet in üppigen Regenwald, der das beste Beispiel des zarten Gewebes des

Lebens auf der Erde darstellt und erahnen lässt, welchen Verlust seine Zerstörung bedeuten würde. Der üppigste Regenwald der Welt erstreckt sich bis nach Venezuela, Kolumbien, Ecuador und Peru sowie Brasilien. Er umfasst mehr als 5 Millionen Quadratkilometer, beherbergt 1800 Vogel-, 250 Säugetierarten und viele bisher nicht gezählte, auf mindestens 100.000 geschätzte Pflanzenarten. Am zahlreichsten vertreten ist die Spezies der Insekten; mit ihren zwei Millionen Arten stellt sie die vielleicht wichtigsten Organismen für das Gleichgewicht dieses Ökosystems Regenwald, das weltweit als das komplexeste, aber auch anfälligste der Erde angesehen wird.

Hoch über den alten Bäumen der Amazonasebene breitet sich ein fantastischer Baldachin aus dichtem Laub, der den feuchten, warmen Waldboden und die Etagen dazwischen schützt. Die unglaubliche Vielfalt an Farben, Düften und Tierlauten, die großartige Flora, die in der gesamten Region gedeiht, verleihen dem Regenwald das Flair des Einzigartigen.

Die Erhaltung des Amazonas-Regenwalds ist zu einer internationalen Aufgabe geworden, die sich auch Rockstars und andere berühmte Persönlichkeiten auf die Fahne geschrieben haben. Befasst man sich näher mit dem Phänomen, so stellt man durchaus Grund zur Sorge fest. Denn der Wald gilt nicht umsonst als »die grüne Lunge des Planeten«: Er liefert 50 Prozent des Sauerstoffs der Erde. Der Anstieg des Kohlendioxidgehalts infolge der Dezimierung des Waldes bewirkt höchstwahrscheinlich eine globale Erderwärmung und weitere Schmelze der polaren Eisschichten und Gletscher. Der Wald reguliert das globale Klima und seine allmähliche Abnahme zieht unwillkürlich die Erhöhung der Temperaturen nach sich. Die Sonneneinstrahlung und das Wasser sind in einen labilen

Kreislauf eingebunden: Das verdunstete Meerwasser geht als Regen auf den Wald nieder, um dann wieder von der Vegetation in die Atmosphäre abgegeben zu werden. Dieser Zyklus ist lebenswichtig für das Leben auf unserem Planeten.

Das Amazonasbecken umfasst einen größeren Wald als sich die meisten Menschen vorstellen können. Würde das Gebiet des Regenwalds ein eigenes Land bilden, so nähme es größenmäßig weltweit die neunte Stelle ein. Allein ein Viertel des verbleibenden Urwalds der Erde liegt im Amazonasgebiet. Die derzeitige Praxis des Abholzens und der Brandrodung zwecks Gewinnung von Acker und Weideland schreitet mit alarmierender Geschwindigkeit fort. Außerdem haben Goldbergbau und Ölraffinerien in die Region Einzug gehalten. Das Schicksal des riesigen Regenwalds liegt in unserer Hand. Die Zerstörung des Regenwalds bedeutet eben weit mehr als nur den Verlust einer faszinierend schönen Landschaft. Sie bedeutet auch den Verlust von Lebensraum für Millionen von Lebewesen und eines unersetzlichen Ökosystems. Die Vernichtung dieses Wunders der Natur verändert den Planeten und alles Leben auf ihm.

252
Diese Aufnahme aus dem All zeigt das Amazonas-Delta mit den riesigen Mengen angeschwemmten bis in den Ozean reichenden Sediments, die der mächtige Guyana-Strom entlang der Küste nordwärts treibt.

252–253
Der Tapajós mündet etwa 480 Kilometer vor dem Meer in den Amazonas. Wie andere Nebenarme des Amazonas, zieht er das Wasser aus dem Inland ab und trägt somit zu den feuchten Bedingungen des Regenwalds bei.

253 unten links
Der üppige Regenwald entlang des Amazonas und in seinem umliegenden Becken bedeckt fünf Millionen Quadratkilometer, schrumpft aber täglich. Kommerzielle Rodung besonders entlang der Flussufer machen Anblicke wie diesen selten. Trotz der riesigen Landgebiete, die er umfasst, ist der Regenwald des Amazonas durch den Menschen gefährdet.

253 unten rechts
Das Wasser des Amazonas und des Atlantiks treffen schon lange bevor der Fluss das Meer erreicht aufeinander. Die starke Flut an der Mündung drückt das Flusswasser bis zu 960 Kilometer landeinwärts.

ÖKOSYSTEM VON GROSSER BEDEUTUNG

MANU-BIOSPHÄREN-RESERVAT, PERU

Stellen Sie sich in einem Kanu vor, das geräuschlos auf dem schlammigen Fluss unter den üppigen überhängenden Ästen des tropischen Regenwalds dahingleitet. Ringsum im Wald ist alles voller Leben und Tierlaute. Wasser tropft vom Laub, und überall fliegen Papageien auf. Die Tiere am Ufer lassen sich nicht von dem vorbeifahrenden Kanu stören und fliehen auch nicht, wenn sich Menschen nähern. Das Klima ist hier feuchtheiß. Ein Kaiman gleitet ins Wasser. – Wir befinden uns nicht auf Abenteuerfahrt in Disney World, sondern so gestaltet sich eine wirkliche Reise in das Herz des peruanischen Regenwalds, reich an Giftschlangen und Insekten aller Art. Aber die faszinierende Schönheit ringsum wiegt die Unannehmlichkeiten auf. Wir befinden uns im Manu-Biosphärenreservat.

Im Hochland des Amazonas-Regenwalds auf den Osthängen der Anden werden wesentliche Teile eines ursprünglichen Regenwalds im peruanischen Manu-Biosphärenreservat erhalten. Dieses Schutzgebiet wurde 1977 von der UNESCO aus-

254 unten rechts
Von Ast zu Ast springend sind die Affen aus dem Regenwald nicht wegzudenken. Sie suchen in den Baumkronen nach Futter.

254–255
Das peruanische Manu-Biosphärenreservat umfasst zahlreiche tote Flussarme wie diesen hier im Vordergrund.

54 oben links
Die schön gefärbte Regenbogen-Boa ist ein Bewohner des Manu und kann bis zu 1,80 Meter lang werden. Die zu den Boas Constrictor gehörende Schlange ist ungiftig, sie erwürgt ihre Beute.

254 unten links
Ein ausgewachsener Hoatzin, auch »Zigeunerhuhn« genannt, und vermutlich ein naher Verwandter des Kuckucks, weicht einem seiner Jungen nicht von der Seite.

255
Rot-blau-grüne Aras umschwärmen die tonhaltigen Steilwände im Manu. Sie fressen den Ton zur besseren Verdauung ihrer Lieblingsspeise, der Frucht der Macawpalme.

256–257
Das Herz des Reservats bildet dichter Urwald mit Epiphyten, Moosen, Flechten und Orchideen bewachsenen Bäumen. Den Waldboden bedeckt ein Teppich aus Farnen und Gummibäumen.

gewiesen und besteht aus einem peruanischen Nationalpark und zwei angrenzenden Zonen, einer für Touristen und einer für Einheimische.

Das Gebiet wurde 1987 als Weltnaturerbe anerkannt und umfasst 22.200 Quadratkilometer, mit den Flüssen Madre de Dios und Manu sowie einem Gewirr aus Nebenflüssen und toten Flussarmen. Der Park schützt eine ursprüngliche Wasserscheide, Anden-Grasland, Nebelwälder und Hoch- und Tiefland-Regenwälder auf Höhen von 300 bis 3600 Metern über dem Meeresspiegel. Die einzigartige Lage macht Manu zum wichtigsten Regenwaldschutzgebiet der Welt.

Nicht das gesamte Reservat steht jedermann offen, sondern der Zutritt zum Naturschutzgebiet ist nur Wissenschaftlern und Forschern mit einer Genehmigung des peruanischen Landwirtschaftsministeriums vorbehalten. Ein Teil ist für den Ökotourismus und wissenschaftliche Forschung reserviert, ein anderer für die Einheimischen, in dem sich das Nahua-Kugapakori-Gebiet befindet, in dem zwei Nomadenstämme leben.

Im Manu ist im Laufe der Jahre nur mit Pfeil und Bogen gejagt worden und die Tiere zeigen wenig Furcht vor dem Menschen. Wissenschaftliche Untersuchungen haben ergeben, dass Manu vor jedem anderen Ort auf der Welt vermutlich die reichste Konzentration an Vogel-, Pflanzen-, Insekten- und Tierarten aufweist. Gesunde Populationen von Riesenottern, Riesennutrias, Tapiren, Jaguaren, Ameisenbeutlern, Capybaras (südamerikanischen Wasserschweinen), Kaimanen und 13 Affenarten, einschließlich der kleinsten, dem Zwergseidenäffchen, leben hier völlig ungestört.

Über 1000 Vogelarten bevölkern den typischen Tiefland-Regenwald im Manu, während in einem vergleichbaren Bereich des Amazonas-Regenwalds in der Regel nur etwa 600 Arten anzutreffen sind. Es handelt sich im Manu um die größte

Vogelartenkonzentration auf der Erde: jede neunte Art ist hier vertreten. Unter den heimischen Vögeln gibt es allein sieben Ara-, zehn Tukan-Arten, ferner Hokkovögel, Baumhühner, Prachtmeisen, Anden-Klippenvögel, Kolibris, Anden-Quetzals und Trompetervögel. Die Aras, die größten Papageien der Welt, versammeln sich hier in großer Zahl, kreischen und flattern bei ihrer Suche nach den Mineralablagerungen im Ton entlang der Flussböschungen. Dieses faszinierende Schauspiel von Farben und Bewegungen steht auf dem Plan jeder Gruppenbesichtigungstour und prägt sich den Besuchern ein. Durch eine Sichtschutzwand in der Nähe einer der Pickstellen können die Besucher das Ritual beobachten, wie die Tiere Ton fressen, der ihre Verdauung fördert.

In den beiden Forschungszentren des Parks, Cochacashu und Paquitza, arbeiten Wissenschaftler, die sich in den Lodges gern mit den Touristen unterhalten. Im Reservat liegen auch natürliche Warmwasseradern und Petroleumquellen. Unterkünfte – mit fließendem Wasser, aber ohne Strom – findet man in den Ökotourismuszonen. Lange Wanderwege und Beobachtungstürme laden zur Erkundung ein.

»EINE WELT IN DER WELT«

DIE GALAPAGOS-INSELN

Charles Darwin nannte die Galapagos »eine kleine Welt für sich« und ahnte, dass sie dem Menschen das Geheimnis der Geheimnisse, die Entstehung der Arten auf der Erde, näher bringen würden. Darwin besuchte die Inseln im Jahre 1835 als Naturforscher an Bord des britischen Kriegsschiffes »Beagle«, das fünf Jahre um die Welt reiste, um Karten für die Royal Navy zu erstellen. Die Galapagos waren damals noch nicht bewohnt, und da der menschliche Einfluss auf die Inseln so gering ist und sie so weit vom Festland entfernt liegen, stellen sie eine wahre Fundgrube interessanter und unbekannter Spezies dar. Darwin faszinierte die enge Verwandtschaft zwischen den Spezies der einzelnen Inseln, die dennoch Unterschiede aufwies, die ihn zu grundlegenden Forschungen inspirierte. Beispielsweise hatte sich die Riesenschildkröte auf den Inseln des Archipels in 14 unterschiedlichen Formen entwickelt. Warum? Und warum leben solche Riesenschildkröten nicht auf dem Festland?

Zwanzig Jahre später hatte er die Teile des Puzzles zu seiner Evolutionstheorie zusammengesetzt. Im Jahre 1859 veröffentlichte er sein Buch über die Entstehung der Arten und schockierte damit die Welt: Er eröffnete den Wissenschaftlern eine völlig neue Betrachtungsweise der Biologie und der Entwicklung der Tiere.

Die Galapagos-Inseln liegen am Äquator, etwa 1045 Kilometer westlich des südamerikanischen Festlands im Pazifik. Die Gruppe umfasst 19 Inseln mit 107 Eilanden und Felsen. Fünf Inseln werden derzeit von rund 15.000 Menschen bewohnt. Die Vulkaninseln sind mit Lavagestein und Überbleibseln der Lavaflüsse bedeckt, und im westlichen Teil gibt es noch einige aktive unterirdische Vulkane. Die Galapagos gehören seit 1832 zur Republik Ecuador und wurden kurz darauf erstmals besiedelt. Entdeckt wurden die Inseln 1535 von Tomas de Belanga; später wurden sie von Piraten als Versorgungsstützpunkte genutzt, um Wasser und lebende Riesenschildkröten als Fleischvorrat an Bord zu nehmen.

Heute verwaltet der Galapagos-Nationalparkdienst die Inseln, der 60 besondere Sehenswürdigkeiten zur Besichtigung eingerichtet hat. Die übrigen Inseln sind für Besucher gesperrt, weil die Tiere auf den Galápagos nicht an den Menschen gewöhnt sind und keine Angst zeigen. Die Tiere werden studiert und geschützt, denn die Inseln sind heute als biologisches Studiengebiet noch genau so wertvoll wie zu Darwins Zeiten. Die von der gleichnamigen internationalen Stiftung verwaltete Charles-Darwin-Forschungsstation liegt in Puerto Ayora auf der Insel Santa Cruz. Die Station unterhält ein erfolgreiches Zuchtprogramm für Riesenschildkröten und Landleguane in Gefangenschaft. Der Galapagos-Park wurde 1959 mit 97 Prozent der Inseln als Schutzgebiet ins Leben gerufen und 1978 zum Weltnaturerbe erklärt. Das Wasser um die Inseln ist durch ein Gesetz von 1986 geschützt, und erst kürzlich, im Jahre 1998, wurden noch strengere Gesetze zum Schutz der Inseln – vorwiegend gegen die Einführung fremder Pflanzen und Tiere – verabschiedet.

Alle Besichtigungstouren, ob im Rahmen von Kreuzfahrten oder Tagesausflügen, dürfen nur in Begleitung eines vom Galápagos-Nationalparkdienstes anerkannten Führers erfolgen. Tiere dürfen nicht angefasst werden und die Besucher dürfen die Wege nicht verlassen. Während einer Bootsfahrt von einer

258–259
Manchmal die »verzauberten Inseln« genannt, weil sie im starken Nebel auftauchen und wieder versinken, umfasst der Galapagos-Archipel 19 Hauptinseln. Die junge Vulkaninsel Bartholomé sieht man im Vordergrund, dahinter die Insel San Salvador.

259 unten rechts
Auf Santa Cruz wächst Hochlandwald mit Bromelien und Orchideen. Entlang der Küste findet man den Riesenkaktus. Der hier zu sehende Krater entstand durch das Absacken der Kalksteinfelsen aufgrund unterirdischer Höhlen. Die höchste Erhebung der Inseln beträgt 864 Meter.

258
Auf der Insel Española, einem kleinen Eiland in der Südwestecke des Archipels, leben farbenprächtige Meerechsen. Diese posiert mit einem kleineren Freund auf dem Kopf.

259 unten links
Wilde Schildkröten leben inmitten der Hochlandvegetation von Santa Cruz. Der Name der gesamten Inselkette der Galapagos leitet sich von dem spanischen Wort für »Schildkröte« ab.

Anlaufstelle zur anderen kann der Besucher sicher sein, endemische Lebewesen zu sehen wie den Galapagos-Seelöwen, Meerechsen und Lavaeidechsen. Auch viele Vogelarten sind nur hier anzutreffen, darunter Fliegenschnäpper, Darwin-Finken, Galapagos-Tauben, Goldgelbe Waldsänger und eine Pinguinart.

Die Galápagos-Inseln sind für die Weltgeschichte und Charles Darwins Beitrag zu unserem Verständnis der Natur und ihrer Evolution von großer Bedeutung. Sie bleiben weiterhin ein faszinierender Ort, wo einzigartige Tiere sich in Ruhe und Abgeschiedenheit über Jahrtausende entwickeln konnten.

260 oben
Die Galapagos-Inseln haben noch heute aktive Vulkane zu bieten. Das Schauspiel glühender, über eine Caldera sich ergießender Lava ist wirklich atemberaubend. Der aufsteigende Nebel trägt dazu bei, die Inseln noch mysteriöser und einzigartiger zu machen.

260 unten
Der große rote aufblähbare Kehlsack des Fregattvogelmännchens bringt in der Balz Farbe in die Landschaft der Galápagos-Inseln. Fregattvögel haben im Verhältnis zu ihrem Gewicht eine übergroße Flügelspannweite. Ein Männchen misst etwa 58 Zentimeter mit zusätzlichen 43 Zentimetern für den Schwanz und einer Spannweite von bis zu 2 Metern. Die Vögel verdanken ihren Namen in Anlehnung an die Piraten und ihrer Gewohnheit, Nahrung und Nistmaterial anderer Vögel zu stehlen.

260–261
Der schlafende Vulkanaschenkegel Cerro Azul auf der Insel Santa Isabela erreicht eine Höhe von 1689 Metern über dem Meeresspiegel. Diese größte Insel im Archipel ist mit aktiven Fumerolen bedeckt.

261 unten links
Schnorcheln oder Tauchen vor den Galápagos-Inseln ist wunderbar. Man kann Pelzrobben, Seelöwen, Rochen, Haie und anderes Meeresgetier beobachten. Diese Robben tollen im Wasser vor Santiago, das für seinen großen Bestand an Wassersäugetieren bekannt ist.

261 unten rechts
Die Meerechsen auf Española ernähren sich von Wasserpflanzen und sind damit die einzigen Leguane der Erde, die ihre Nahrung im Wasser suchen. Im Gegensatz zu allen anderen Echsen ist die Meerechse Vegetarier. Meerechse und Landleguan sind auf den Galápagos endemisch.

DAS GROSSE WASSER

Die Iguacu-Fälle

Man hört sie schon kilometerweit im Voraus, aber nichts kann einen auf den atemberaubenden Anblick vorbereiten. In der Regenzeit ergießt sich ein dröhnender Schwall über die Felskante, die sich in beiden Richtungen erstreckt – ein waagerechtes Band weiß schäumenden Wassers, das in den strudelnden Fluss darunter stürzt. Vögel fliegen scharenweise zum Fuße der Fälle auf der Suche nach Fischen, während Schwärme tropischer Schmetterlinge in Blau, Schwarz, Korallrot oder mit schwarz-weißem Spiralmuster im Sprühnebel spielen. Da diese Wasserfälle wie die Niagara-Fälle in Nordamerika leicht erreicht werden können, sind sie eine beliebte Anlaufstelle für romantische Ferien geworden, insbesondere für Flitterwochen.

Obwohl leicht zugänglich, sind die Fälle dank der Voraussicht der argentinischen Regierung, die sie im Jahre 1928 zum Nationalpark erklärte, doch ursprünglich und unerschlossen. Die Iguaçu-Fälle liegen etwa 22 Kilometer vom Zusammenfluss des Iguaçu mit dem Paraná entfernt, zwischen Argentinien und Brasilien nahe der paraguayischen Grenze. Der Iguaçu

ist nach den Victoria-Fällen in Afrika der zweitbreiteste Wasserfall der Welt und außerdem der elfthöchste, 12 Meter höher als die Niagara-Fälle. Er verdankt seinen Namen den Guaraní-Indianern, in deren Sprache »Foz do Iguaçu« »Großes Wasser« bedeutet.

Die Fälle liegen am 1206 Kilometer langen Iguaçu, der in Südostbrasilien entspringt und westwärts zum Paraná fließt. Bei niedrigem Wasserstand trennen bewaldete Inseln oder Felseilande im Flussbett die Fälle in 275 nebeneinander liegende Wasserbänder. In der Regenzeit werden sie zu einer vier Kilometer langen, ununterbrochenen Wasserwand, die 80 Meter tief in den Fluss donnert, mit einer geschätzten Wassermenge

262 und 262–263
Der massige, tosende Wasserschwall der Iguaçu-Fälle biegt und wendet sich zuvor auf einer Länge von etwa vier Kilometern um erodierte Felsen im Herzen des paraguayischen Regenwalds. Das schäumende dröhnende Wasser des Iguaçu bietet ein unvergessliches Schauspiel unter dem Schutz der Nationalparks zweier Länder, Paraguay und Brasilien. Ein beliebtes Ziel für Flitterwochen sind sie höher als die Niagara-Fälle.

263 oben links, rechts und unten
Dauerregenbögen überspannen die Fälle und Wälder um den Iguaçu. Das beständige Donnern des Wassers lässt eine hohe Nebelsäule aufsteigen. Schließlich vereint sich der Iguaçu mit dem Uruguay und ergießt sich in den Rio de la Plata. Der Schutz der Fälle gestaltet sich zunehmend schwieriger, da die Bevölkerung wächst und der Zulauf immer größer wird.

von 4944 Kubikmetern pro Sekunde. Den beeindruckendsten Teil des Wasserfalls bildet eine große Doppelstufe.

Der argentinische Parque Nacional Iguazu umfasst 550 Quadratkilometer ursprünglichen subtropischen Regenwalds. Erholungssuchende können auf dem Abschnitt oberhalb der Fälle Kajak fahren und die zahlreichen Ruinen der Jesuitenmissionen im Gebiet, wie beispielsweise San Ignacio Mini besuchen. Westlich der Fälle liegt das paraguayische Wildrefugium des Iguaçu-Nationalparks, das Jaguare, Damwild, verschiedene Affenarten und Gürteltiere schützt. Die regionale tropische Vegetation ist sehr vielfältig und Orchideen wachsen neben Kiefern. In den letzten Jahren war der paraguayische Park für Besucher geschlossen, um den Schutz des Wildes zu intensivieren. Das rief Proteste einer Splittergruppe in Paraguay auf den Plan, die dafür plädierte, dass der Park allen Besuchern offenstehen sollte. Diese Krise, die fast zu gewalttätigen Konfrontationen führte, zeigt die Probleme der Erhaltung gegenüber der Nutzung auf – Probleme die sich mit der zunehmenden Bevölkerungszahl der Erde und der wachsenden Bedeutung des Naturschutzes noch verschärfen werden.

Natürlich wird ein Naturwunder wie die Iguaçu-Fälle weiterhin Touristen anziehen, ungeachtet dessen, was sich im Nachbarschutzgebiet tut. Das Tosen und die Gewalt des reißenden Wassers werden ihren Reiz nie verlieren.

264–265
Bergsteiger mit Packpferden hoch oben in der peruanischen Cordillera Vilcabamba. Der 6384 Meter hohe, gletscherbedeckte Berg Ausangate liegt nur 56 Kilometer von Cuzco, der historischen Hauptstadt der alten Inkas entfernt.

264 unten links
Unterhalb des Gletschers der wunderschönen Weißen Berge der Cordillera Blanca schließen sich bewaldete Hänge mit einzigartigen Pflanzen und Vögeln an.

264 unten rechts
Der Gipfel des Huandoy erhebt sich wie eine weiße Pyramide über das peruanische Hochland. Der Nationalpark ist eine der schönsten und zu Recht beliebtesten Regionen Perus. Die Anden tangieren auf ihren über 8000 Kilometern sieben südamerikanische Länder – Venezuela, Kolumbien, Ecuador, Peru, Bolivien, Chile und Argentinien.

265 oben
Der elegante zerklüftete und gletscherbedeckte Gipfel des Huandoy, einer der Weißen Berge Perus in der Nähe des Huascarán, gehört zum Huascarán-Nationalpark, der 4050 Quadratkilometer hochgelegene Andenwildnis schützt.

265 Mitte
Alpakas grasen in den Tälern, bekannt als Altiplano – baumlose Weite mit Gletscherseen, die sich von Peru bis Bolivien erstreckt.

265 unten
Ein Vikunja grast auf dem Altiplano. Das schlanke, in kleinen Herden herumstreifende Tier ist mit dem Lama und Alpaka verwandt, aber im Gegensatz zu seinen Verwandten nicht domestiziert.

RÜCKGRAT DES KONTINENTS

DIE ANDEN

Der Anblick des Moreno-Gletschers ist atemberaubend, irgendwie unbeschreiblich. Die dunkle Masse der Berge hinter dem Gletscher zeichnet sich gegen das reine blau-weiße Eis über dem See Agentina auf einer Höhe von 60 Metern ab. Das Eisfeld liegt auf trockenem Land am Rande des Sees, obwohl es so aussieht, als würde es auf dem Wasser treiben. Wenn der Gletscher das warme Seewasser erreicht, brechen durch die Schwerkraft und das Gewicht des Eises lastergroße Eisberge unter einem Getöse wie ein Donnerschlag, begleitet von einem gigantischen Platscher, in den See. Jetzt bricht ein hausgroßes Stück ab und schlägt riesige Wellen ans Ufer. Die Eisberge treiben langsam schmelzend flussabwärts.

Diese imposante Erfahrung gewährt der Parque Nacional Los Glaciares, der Gletschernationalpark in Südargentinien, ein kleiner Teil des aufregenden und abwechslungsreichen Terrains der südamerikanischen Anden. Die Anden-Bergkette ist über 8000 Kilometer lang und verläuft parallel zur Westküste Südamerikas, als Rückgrat des Kontinents. Sie tangiert sieben südamerikanische Länder – Venezuela, Kolumbien, Ecuador, Peru, Bolivien, Chile und Argentinien. Dieses massive Gebirgssystem ist Bestandteil des kulturellen und naturellen Erbes des gesamten Kontinents.

Die Anden entstanden in der Kreidezeit und im Tertiär, als die Platte des pazifischen Ozeans sich unter die südamerikanische Platte schob und dabei Vulkane auf dem Festland anhob. Diese Vulkane krönen heute das junge Faltengebirge der Anden. Vulkanausbrüche und Erdbeben sind in der Region nicht selten, denn hier handelt es sich wörtlich um »fortschreitende Prozesse«, da die durch den anhaltenden tektonischen Druck bedingte geologische Veränderung noch nicht abgeschlossen ist.

Die Gletscher haben das Ihrige zum heutigen Aussehen der Anden beigetragen, indem sie die Bergspitzen modellierten und die Täler aushoben, wie es auch in den Alpen, im Himalaja und den Rocky Mountains geschah. Die Anden sind nach dem Himalaja die höchste Bergkette, acht ihrer schneebedeckten Gipfel erreichen 6700 Meter. Der höchste Abschnitt liegt entlang der nördlichen Grenze zwischen Argentinien und Chile. Hier steht auch der Aconcagua, die mit 6958 Metern höchste Erhebung der westlichen Hemisphäre.

266 oben rechts
Der Cordillera-Blanca-Gletscher auf dem 6768 Meter oberhalb des gleichnamigen Nationalparks gelegenen Huascarán leuchtet rosafarben. Der schlafende Vulkan wird durch plattentektonische Vorgänge noch immer angehoben.

DIE ANDEN

In Bolivien und Peru breiten sich die Zentralanden zu mehreren Bergketten über eine Breite von 640 Kilometern aus. Dazu gehören die Cordillera Negra und die Cordillera Blanca, letztere wird von dem 6768 Meter hohen, schlafenden Vulkan Huascarán dominiert. Der nahegelegene Huandoy formt eine elegante, weiße Bergpyramide und ist wie der Huascarán in eine der schönsten und großartigsten südamerikanischen Schutzgebiete eingebunden, den Huascarán-Nationalpark. Dieses herrliche Gebiet wilder Andennatur ist eine der meistgeliebten Regionen Perus. Die Cordillera Blanca und Cordillera Negra verkörpern eine längst vergangene Zeit, den Übergang in die Neuzeit und zu einer modernen peruanischen Identität. Kommt man von den schneegekrönten Gipfeln in die zwischenliegenden gletschergeformten Täler, in denen Indios das Land noch auf traditionelle Weise bestellen, so begegnet man dort Lamas, Alpakas und Vicunjas. Versteckt in den Bergen Boliviens liegt einer der höchstgelegenen Seen, der Titicaca, auf dem man Schilfboote bewundern kann, wie sie schon seit Jahrtausenden dort gebaut werden.

Entlang dieser unglaublich langen Kette aus Granitbergen bieten sich immer wieder faszinierende Panoramen. Glücklicherweise wird diese unverdorbene Pracht in der grimmigen Andenregion von zahlreichen Andenländern in National- und Regionalparks geschützt. Die Anden dominieren die Täler Perus ebenso wie die stillen Wälder und Eisfelder des Nationalparks Los Glaciares im südargentinischen Patagonien nahe der Südspitze des Kontinents. Patagonien umschließt die trockenen südlichen Ebenen Argentiniens, die Andenhochland- und Seenbereiche, die Pazifikküste und das steinige kalte Tierra del Fuego, Feuerland. Obwohl so immens groß, ist Patagonien so wenig einladend, dass kaum 5 Prozent der Bevölkerung Argentiniens und Chiles dort leben, und damit eine der wildesten und naturnahsten Regionen der Welt.

Der Moreno-Gletscher liegt oberhalb des Argentina-Sees und der Stadt Calafate auf der Grenze zwischen Argentinen und Chile. Er ist Teil des patagonischen Eisfelds, von dem 13 Gletscher auf der Atlantikseite der Anden in die Seen Argentina und Viedma abfließen.

266 oben links
Die Anden erstrecken sich über die meisten südamerikanischen Länder, einschließlich Bolivien. Hier der Schnee und das Eis des 6462 Meter hohen Illimani. Der grandiose Berg liegt 32 Kilometer östlich der Hauptstadt La Paz und überblickt den 80 Kilometer entfernten Titicaca-See.

266 unten links
Diese bukolische Landschaft aus See, Wiese und Berg findet man im Nationalpark Nahuel Huapi in Argentinien, auf halbem Weg entlang der westlichen Grenze.

266–267
Der unvergleichliche Anblick des Gletschers Perito Moreno wird allen Betrachtern ewig unvergeßlich bleiben. Unter den schnell wachsenden Gletschern der Welt an erster Stelle, fließt der Perito Moreno aus den Anden in den Atlantik und in den Argentina-See. Der Gletscher ist über 3 Kilometer lang, und die hier sichtbare Eisflanke fast 60 Meter hoch.

267 unten links
Der See Nahuel Huapi ist eines der Glanzlichter des argentinischen Nationalparks. Auf diesem Bild erheben sich in der Ferne die niedrigen Berge über die spiegelgleiche Seefläche.

267 unten rechts
In der zentralargentinischen Provinz Mendoza schützt der Andenprovinzpark den Aconcagua, die mit 6958 Metern höchste Erhebung der westlichen Hemisphäre, knapp 130 Kilometer nördlich von Santiago, Chile.

269 unten
Cerro Torre mit über 2743 Metern Höhe ergänzt den nahe gelegenen Fitz Roy mit seiner gleichermaßen zerklüfteten und mysteriösen Erscheinung. Der Berg mit seinen verschneiten Gipfeln stellt für jeden Bergsteiger eine Herausforderung dar.

270–271
Die Ausläufer des Aconcagua erglühen rot im zunehmenden Tageslicht. Die öde, unwirtliche Oberfläche des Bergs wirkt wie eine Mondlandschaft.

268
Der von den atemberaubenden Zinnen des 3375 Meter hohen Fitz Roy reflektierte Sonnenaufgang bildet ein weiteres Glanzlicht des argentinischen Nationalparks Los Glaciares in den patagonischen Anden.

269 Top
Das Panorama der Fitz-Roy-Bergkette bei Tagesanbruch. Die Berge bestechen durch ihre Form, Schönheit und elegantes Profil.

269 Mitte
Chiles Torres del Paine, drei rosafarbene Granitsäulen, von Frost, Schnee und Wind im Lauf der Jahrtausende verwittert und poliert, ragen 2670 Meter über der öden Ebene auf. Der gleichnamige Nationalpark ist von herausragender natürlicher Schönheit.

Der etwa vier Kilometer breite Moreno stellt den am schnellsten wachsenden Gletscher der Welt dar. Er dringt täglich um 30 Zentimeter vor und ist damit für einen Gletscher sehr schnell. Sein Wachstum interessiert Wissenschaftler und Touristen gleichermaßen. Der Wasserfluss von diesen Bergen speist die Seen unterhalb, und die ständig kühlen Temperaturen der Region stellen die Existenz des Moreno und anderer Gletscher sicher.

Neben dem imposanten Gletscher bietet dieser Teil Patagoniens noch andere Naturwunder. Im Norden des Nationalparks Los Glaciares liegt eins der berühmtesten und malerischsten Gebiete der Anden, dominiert von Cerro Torre und Cerro Fitz Roy. Diese überwiegend braunen, scharfzackigen schneegekrönten, steil aus der patagonischen Ebene aufragenden Berge stellen eine Herausforderung für Bergsteiger dar und eine Freude für Fotografen. Der Nationalpark Torres del Paine südlich des Moreno-Gletschers ist von herausragender Schönheit. Eingebettet in Seen, Berge und Wasserfälle ragen die Granitklippen aus der öden Ebene auf und bieten ein großartiges Beispiel für die Schönheit der Anden.

Die natürliche Schönheit des Nationalparks Los Glaciares ist noch weitgehend unbedroht und ursprünglich. Er umschließt einen Teil der herrlichen Andenkette, eines der imposantesten Massive der Welt. Weltregionen wie die Anden vermitteln ein Gefühl für die überwältigende Kraft der Natur, die die Erde geschaffen hat. Gleichzeitig lernen wir ihre schlichte Schönheit schätzen, das Glitzern der Sonne auf dem Eis der braunen Berge, das Aufplatschen eines Eisbergs auf dem eisigen See oder die Rufe eines Lamajungen nach seiner Mutter in einem hohen Bergtal.

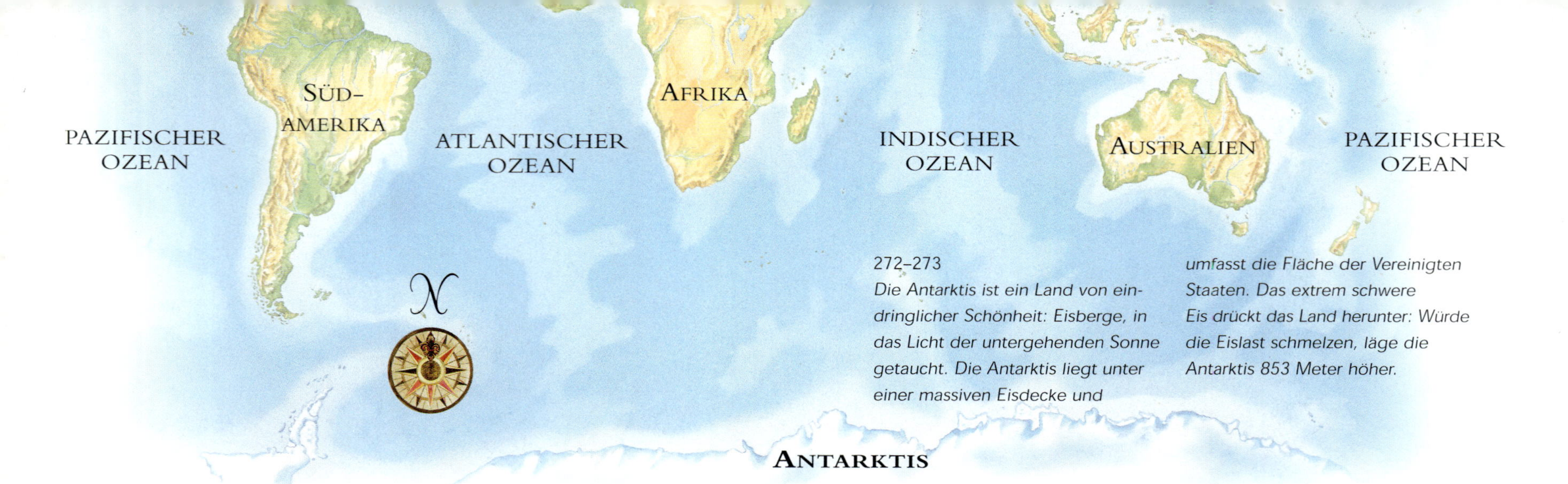

272–273
Die Antarktis ist ein Land von eindringlicher Schönheit: Eisberge, in das Licht der untergehenden Sonne getaucht. Die Antarktis liegt unter einer massiven Eisdecke und umfasst die Fläche der Vereinigten Staaten. Das extrem schwere Eis drückt das Land herunter: Würde die Eislast schmelzen, läge die Antarktis 853 Meter höher.

LAND DER MYSTIK

ANTARKTIS

272
Die seltsam geisterhaften Effekte des Polarlichts unter den funkelnden Sternen des südlichen Firmaments sind in dieser Aufnahme vom Südpol eingefangen. Die Gebäude im Hintergrund, verzerrt durch das Weitwinkelobjektiv, gehören zur Amundsen-Scott-Basis, einer wissenschaftlichen Station, die seit 1956 von den Vereinigten Staaten unterhalten wird. Als erster erreichte der Norweger Roald Amundsen am 14. Dezember 1911 den Südpol.

273 oben links
Die Insel Paulet, die ständig im Küstenpackeis gefangen ist, nahe der Nordspitze der antarktischen Halbinsel. Die Antarktis hat die Form eines großen, etwas außermittigen Rades, wenn man sie auf der Karte betrachtet. Die antarktische Halbinsel gestaltet sich wie ein langer Arm, der sich nach Feuerland streckt.

273 oben rechts
Auf dieser stimmungsvollen Aufnahme ragt eine felsige Insel durch das antarktische Eis. Die Dicke des Eises schwankt, ist aber auf mehrere Tausend Meter gemessen worden. Die mit 4328 Metern tiefste gemessene Stelle befindet sich auf dem Hollick-Kenyon-Plateau.

Öde, kalt, trostlos, einsam. Das alles und mehr ist die Antarktis. Aber neben all den wenig einladenden Aspekten gibt es auch viel Interessantes zu entdecken. Die Polarregionen übten eine sonderbare Faszination auf die Entdecker im 19. und 20. Jahrhundert aus. Carsten Borchgrevink, Sir Ernest Shackleton, Robert F. Scott, Roald Amundsen, Robert Bryd und andere machten diese lange falsch verstandene Region bekannt. Diese Männer kamen und schätzten die Antarktis für das, was sie tatsächlich ausmachte, nicht für das, was sie angeblich darstellte. Sie war die letzte unerforschte Region der Erde und noch immer ist über diesen Kontinent recht wenig bekannt.

Die Antarktis kann öde, kalt und trostlos sein, aber auch wunderschön. Die kühlen blauen, violetten, grauen und weißen Schatten beherrschen die Szene, nur unterbrochen von braunen Felsen, die aus Schnee und Eis herausragen, denn unter dem Eis gibt es auch noch Land. Riesige Eisschollen treiben an ihrem Rand, während großflächige Plateaus aus glattem blauem Eis sich bis zum Horizont erstrecken und die letzten Strahlen der untergehenden Sonne zurückwerfen. Die braunen Berge ragen aus dem Schnee heraus, Eisberge werden am Ufer gekalbt und treiben als blauweiße Giganten weg von der Küste des Kontinents. Fischschwärme und Killerwale, Robben und andere Meeressäuger suchen im Wasser nach Fischen. Vögel schwirren in der Luft und warten darauf einen Fisch auszumachen und danach zu tauchen. Pinguine lugen am Rand der Eisschollen nach einer Mahlzeit oder watscheln in ihrem Galaanzug in den Kolonien umher.

Kapitän James Cook war der erste, der die Umrisse der Antarktis 1773 sah und kartografierte. Trotz der einzelnen Expeditionen mehrerer Länder, vor allem Norwegens und Großbritanniens, war dem Plan, zum Südpol zu gelangen, erst 1957 Erfolg beschieden und das internationale geophysische Jahr, in dem umfangreiche wissenschaftliche Forschungen eingeleitet wurden, begann hier. In diesem Jahr richteten zwölf Nationen Forschungsstationen auf und um den Kontinent ein, einschließlich einer am Pol. Am Ende des geophysichen Jahres wurde der Wissenschaftliche Ausschuss der Antarktisforschung ins Leben gerufen, um weitere Bemühungen zu koordinieren. Der seinerzeit von 12 Nationen

274
Hier sieht man die Westseite der antarktischen Halbinsel mit der Gerlach-Straße und Anvers-Island im Hintergrund sowie der Danco-Coast im Vordergrund. Die Ozeanströmungen um die Antarktis bewegen sich sozusagen im Uhrzeigersinn, angetrieben vom vorherrschenden Westwind.

275/278
Ähnliche Bedingungen wie in der Antarktis herrschen auch auf Südgeorgien, einer von Großbritannien beanspruchten Insel im Südatlantik. Große Robbenkolonien leben auf der nahezu ständig eisgepanzerten Insel. Dort gibt es nur ein kleines Dorf, hauptsächlich von Wissenschaftlern bewohnt.

und heute von 26 unterzeichnete Vertrag von 1959 stellt sicher, dass die Antarktis weder für militärische Zwecke oder Kernwaffen noch als Müllhalde genutzt wird und dass die wissenschaftliche Forschung dort im Geist der Kooperation und im Informationsaustausch zwischen allen Nationen erfolgt.

Während der Wintermonate Februar bis September leben nur etwa 1000 Menschen, Hilfskräfte und Wissenschaftler in den diversen Forschungsstationen der Antarktis. Im Sommer steigt ihre Zahl auf über 4000, neben den Touristen, die kommen, um dieses kuriose Land zu sehen. Die Wissenschaftler verbringen einen guten Teil ihrer Zeit damit, das Ozonloch der Erdatmosphäre zu studieren, das in den letzen Jahrzehnten ständig größer geworden ist. Es sind auch Fossilien entdeckt worden, darunter ein fleischfressender Dinosaurier, der bis dahin der Wissenschaft unbekannt war. Sieben Nationen: Australien, Argentinien, Chile, Frankreich, Großbritannien, Neuseeland und Norwegen beanspruchen Abschnitte des Kontinents als Herrschaftsgebiet. Eine Vereinbarung des Antarktis-Vertrags von 26 Nationen von 1991 legt fest, dass in der Antarktis 50 Jahre lang kein Bergbau betrieben werden darf.

Trotz ihrer frostigen Erscheinung glänzt die Antarktis mit Schönheit und Wundern – ein Ort, von dem man heute noch sagen kann, dass er sich in den Kinderschuhen der Eiszeit befindet. Aber die Antarktis hat mehr zu bieten als nur Eis und Schnee. Hohe Gebirge wie das Vinson-Massiv, mit 5140 Metern das höchste des Kontinents, ragen mit einem weißen Schneeschleier durch die Eisdecke. Ferner sind hier Vulkane wie der 3794 Meter hohe Erebus aktiv. Von den Höhen zu den Tiefen gelangt man zum 2500 Meter unter dem Meeresspiegel liegenden subglazialen Bentley-Graben, der mit 3000 Metern Eis und Schnee gefüllt ist. Das vermit-

279
Die Insel Vezy liegt an der Ostseite der Antarktischen Halbinsel. Heutzutage ein lebensfeindlicher Kontinent, war er vor Jahrmillionen in die anderen Kontinente der Erde eingegliedert. Davon zeugen Fossilienfunde von Dinosauriern und versteinertes Holz. Ein 5 Meter langer und 38 Zentimeter dicker alter Baumstamm wurde an der Scott Coast in der Nähe des Mackay-Gletschers gefunden.

telt ein überragendes Gefühl der Schönheit, insbesondere im antarktischen Sommer, wenn die Sonne hell auf die glatten blauen Eiswände entlang des Ozeans scheint, die Eisberge in das grüne Seewasser kalben. Bei tiefstehender Sonne, wenn der Winter naht, erglüht eine orange-rote Welt aus reflektiertem »Feuer« auf dem Eis.

Die Antarktis, nach Australien der zweitkleinste Kontinent, liegt fast ausschließlich im südlichen Polarkreis. Es ist der kälteste und zur Zeit lebensfeindlichste Ort der Erde, der entstand als der Kontinent vor 30 Millionen Jahren vom Superkontinent Gondwana abbrach und sich in seine jetzige Position bewegte. Die Antarktis, deren schönes weiß-blaues Eiskleid nahezu so groß wie die Vereinigten Staaten ist, wobei es etwa 90 Prozent des Eises der Erde umfaßt, senkt die globale Temperatur. Ihr Großteil liegt unter dieser bis zu ca. 4300 Meter dicken Eisdecke. Diese riesigen Eisplatten bedecken mit Ausnahme einiger Küstenfelsen und wenigen hohen Bergen das gesamte Land. Das Ross-Schelfeis allein ist die größte treibende Eistafel der Welt, 30 Meter hoch und so groß wie Frankreich. Die einzige vergleichbare Eisdecke findet man auf Grönland, das nur etwa ein Viertel so groß wie die Antarktis ist. Am Südpol fallen jährlich weniger als sieben Zentimeter Schnee und die durchschnittliche Temperatur beträgt im Sommer –30 °C und im Winter –60 °C. Der Eispanzer fungiert als ein gigantischer Reflektor, der nahezu das gesamte Sonnenlicht zurück in die Atmosphäre wirft. Nur Flechten und Moose können überleben in dieser unfreundlichen Welt, die man auch die »kalte Wüste« nennt.

Im krassen Gegensatz zu der öden Natur des Kontinents wimmelt es im Wasser ringsum nur so vor Leben. Vier Robben-, neun Wal-, sieben Pinguin- und 40 Vogelarten, darunter Sturmvögel, leben in den Küstenbereichen. Die größeren

281
Ein Eisberg in der Paradise Bay scheint von innen zu glühen und hebt sich stark vom dunklen Hintergrund der antarktischen Felsenküste ab. Der Großteil des Kontinents ist zwar eben, aber die Antarktis stellt mit durchschnittlich mehr als 1,5 Kilometern Höhe über dem Meeresspiegel den höchsten Kontinent dar.

282–283
Eine Kolonie von Kaiserpinguinen vor einer großartigen Kulisse aus Eisschollen und schneebedeckten Bergen. Von den weltweit 18 Pinguinarten ist der Kaiserpinguin mit etwa 120 Zentimetern der größte. Diese flugunfähigen Vögel haben sich ausgezeichnet an die arktischen Verhältnisse angepasst.

280 oben links
Das verbreitetste Tier in der Antarktis ist der flugunfähige Pinguin. Adelie-Pinguine stehen hier Schlange, um nach einer Mahlzeit zu tauchen. So langsam sie an Land umherwatscheln, so schnell und wendig sind sie im Wasser, wo sie 35 Stundenkilometer erreichen.

280 oben rechts
Das Ellsworth-Hochland umfasst die mit durchschnittlich ca. 4900 Metern höchsten Berge der Antarktis. Mit 5140 Metern ist das Vinson-Massiv das höchste. Neben den Höhen sind auch die Tiefen erwähnenswert: Der Kontinent ruht auf dem tiefsten kontinentalen Schild der Erde.

280 unten
Kaiserpinguin-Eltern stellen sich schützend um ihr Junges. Diese Pinguinart ist die einzige, die im Winter brütet, wenn die Antarktis in nahezu ständiger Dunkelheit verharrt.

Tiere und Fische sind auf eine Nahrungskette angewiesen, die mit Phytoplankton beginnt. Dazu zählen etwa 100 Arten Diatomeen oder Kieselalgen, mikroskopisch kleine Einzeller. Das Phytoplankton wird von Zooplankton wie Ruderfüßlern, insbesondere Milliarden winziger Schrimps, die als Krill bezeichnet werden, konsumiert. Wale und Fische fressen den Krill, die Fische werden wiederum von Robben, Pinguinen und Sturmvögeln verspeist. Diese fragile Nahrungskette erlaubt es einigen Tieren in dieser feindlichen Umgebung zu leben. Aber ohne Anpassung ist kein Überleben möglich. Beispielsweise haben die Fische in den antarktischen Gewässern Blut, das nicht gefrieren kann; das Studium dieser Fische hat zu wissenschaftlichen Durchbrüchen nicht nur in der Biologie geführt. Obwohl die Artenvielfalt gering ist, ist die Anzahl der Tiere hoch. Auf Cape Adare sind beispielsweise etwa 260.000 Adelie-Pinguinpaare beheimatet – die weltweit größte Kolonie dieser Spezies. Unter den Walen machen die kleineren Arten wie Große Tümmler, Buckel- und Finnwale die große Masse aus, aber auch die größeren Arten wie Pottwale und Blauwale, die größten lebenden Säugetiere, bevölkern diese Gewässer.

Im 20. Jahrhundert besuchten zahlreiche Menschen dieses Land, um es zu studieren und seine Naturlandschaft zu bewundern. In der Nähe des Vulkans Erebus errichteten die Vereinigten Staaten und Neuseeland Forschungsstationen, nahe von Robert Scotts verhängnisvollem Camp von 1912. Die ungewöhnlichen Bedingungen, die am Südpol herrschen, haben zu besonderen Anpassungsstrategien in der Tierwelt geführt. Der Schutz dieses fragilen Lebens ist hier äußerst wichtig, denn die Umweltverschmutzung dringt auch weiter in die Antarktis vor. Antarktika – diesen Namen trägt die heute noch mysteriöseste und am wenigsten erforschte Region der Erde.

284 oben
Im Cook-Archipel, 480 Kilometer westlich der Gesellschaftsinseln, liegt das Atoll Aitutaki, das mit dieser Insel, Motu Tapuaetai ein großes Dreieck bildet.

284 unten
Die großartige Küstenlinie einer der acht großen Hawaii-Inseln. Ganzjährig mittlere Temperaturen von etwa 24 Grad schaffen ein angenehmes tropisches Klima.

DIE SÜDSEE

EINLEITUNG

Die Region kennt man auch als »Pazifische Inseln« oder »Ozeanien«. Wie auch immer, sie nimmt mindestens ein Drittel der Erde ein und ist also im Vergleich zu anderen großen Kontinenten sehr weit auseinandergezogen. Mehr als 30.000 Inseln zählt die Region des Pazifischen Ozeans. Einige von ihnen sind dabei so winzig und karg, dass auf ihnen kein Leben möglich ist. Andere wiederum sind sehr groß, so beispielsweise Neuguinea oder Neuseeland, und eine, Australien, stellt sogar einen eigenen Kontinent. Die größten Gruppen der Pazifischen Inseln liegen im Südwesten des Ozeans, dessen Seebett neben hohen unterirdischen Gebirgen tiefe Gräben aufweist. Einzelne Spitzen dieser Gebirge ragen über den Meeresspiegel als Inseln heraus. Bei den meisten von ihnen handelt es sich um schlafende Vulkane, während andere weiterhin aktiv sind, rauchen und manchmal rotglühende Lava auf das umliegende Land und Wasser speien. Nicht nur überirdisch findet man vulkanische Berge: Auch unter der Wasseroberfläche lauern einige. Ihre Calderas weisen ringsum Korallenriffe auf und bilden Atolle. Die überirdischen Erhebungen zeichnen sich aus durch dichte Bewaldung mit exotischen Pflanzen. Üppiges Grün, imposante Wasserfälle, tropisches Klima und kühlende Stürme prägen diese winzigen Flecken in den Weiten des Ozeans.

Geografisch betrachtet teilt sich Ozeanien in die Großräume Melanesien, Mikronesien und Polynesien. Diese Einteilung entspricht nicht nur den geografischen Gegebenheiten, sondern zugleich kulturellen Aspekten. Mikronesien, was »Kleine Inseln« bedeutet, umfasst 2500 Inseln, darunter Karolinen, Gilbert, Mariana und Marshall sowie Palau und Wake. Die meisten Inseln der Gruppe sind niedrige Korallenatolle. Zu Melanesien, was so viel heißt wie »Schwarze Inseln«, zählen Neuguinea, Fidschi, Neukaledonien, Vanatu (ehemals Neue Hebriden) und die Salomonen – meist die Spitzen unterirdischer Gebirge. Polynesien wird seinem Namen, was »Viele Inseln« bedeutet, gerecht: In einem riesigen Dreieck von 8000 Kilometern Seitenlänge umfasst es Tausende, meist aus ozeanischen Vulkanen bestehende Inseln.

Den Ozean kann man als den Schlüssel zur Schönheit, Geschichte und Exotik dieser Inseln begreifen. Manchmal ruhig, zu anderen Zeiten wind- und regengepeitscht hat der Pazifik seine Launen. Als farbenfrohe Tupfer in der Weite und Einsamkeit des Meeres wirkt der Anblick der grünen Inseln besonders einladend. Faszinierend bunte Fische schwimmen vor den Küsten und huschen durch die lebendigen Korallenriffe, jene zarten Zeugen der Naturkräfte. Die Gezeiten geben den Rhythmus des Insellebens vor.

Der Pazifik ist der größte, tiefste und älteste Ozean der Erde. In seinem Seebett findet man etwa 200 Millionen Jahre altes Gestein. In der Region macht sich hin und wieder die Instabilität der darunter liegenden Tektonikplatten bemerkbar, weshalb sie als »Feuerring« bezeichnet wird.

285 unten links
Dieses Foto zeigt die Insel Whitsunday nördlich von Mackay, die zum Great Barrier Reef Marine Park vor Queensland, Australien gehört. Hier sind Korallenriffe unvorstellbaren Ausmaßes zu finden, in denen es vor Fischen und anderen Meerestieren wimmelt.

285 unten rechts
Die Insel Kauai der Hawaii-Kette ragt aus dem Pazifik empor. Sie besteht aus einem erodierten vulkanischen Schild und ist geprägt von steilen Klippen und Inlandschluchten. Kauais Küste Na Pali ist so zerklüftet, dass man dort keine Straße bauen kann.

284–285
Auf dieser Luftaufnahme eines Korallenatolls ist das hellblaue Wasser der geschützten Lagune und das bewaldete Land mehrerer Inseln leicht auszumachen.

Das Foto zeigt das Nokanhoui-Atoll, dessen Durchmesser nur 2,5 Kilometer beträgt. Es liegt östlich der Ile des Pins nahe Neukaledonien und etwa 800 Kilometer östlich von Australien.

286–287
Diese seltsame fantastische Landschaft liegt im westaustralischen Bungle-Bungle-Nationalpark in der Nähe von Kimberley. Sie ist ein ausgezeichnetes Beispiel für die abwechslungsreiche Topografie der Region, die vor 400 Millionen Jahren aus Sandstein entstanden ist. Sediment wurde in eine Bruchzone gewaschen und schuf ein Unterwasserriff, das sich über die Wellen erhob und später vom Wind zu diesen bienenstockartigen Formen erodierte.

286 unten
Den reizvollen Anblick schneegekrönter Berge erwartet man in der Südsee nicht. Dieses Bild räumt mit den Vorurteilen auf und führt die Vielfalt der geografischen Besonderheiten der Region vor Augen. Der Ngauruhoe-Vulkan im neuseeländischen Tongariro-Nationalpark erhebt sich 2290 Meter über den Meeresspiegel. Im Süden der neuseeländischen Nordinsel gelegen, umschließt der Park auch den 2797 Meter hohen Ruapehu.

287 oben links
Diese Aufnahme aus dem All zeigt die Shark Bay in Westaustralien, die trotz ihres Namens mehr Delfine als Haie beheimatet. Vor Jahrmillionen lagerten sich hier Algen ab, versteinerten allmählich und türmten 90 Zentimeter hohe Wälle auf, die an Korallen erinnern. Daraus resultierende Sandbänke säumen die Gezeitenpassagen in den Untiefen der Disappointment Reach, sie regulieren das in die Bucht strömende Wasser.

287 oben rechts
Diese Aufnahme Südost-Australiens aus dem All vermittelt einen Eindruck der Weite der topografischen Besonderheiten der »Down-Under«-Region. Seen in der Wüste wie der Eyre in der unteren rechten Ecke kontrastieren mit dem Küstenflusssystem, der grünen Vegetation und dem Blau des Ozeans oben im Bild. Die Stadt Melbourne, oben links im Bild, liegt an der Port Phillip Bay.

287 unten
Rot glühende Lava speit der Vulkan Yasur auf der Insel Tanna im Vanuatu-Archipel, ehemals Neue Hebriden. Mit 1042 Metern stellt er die höchste Erhebung Tannas dar, einer 40 Kilometer langen und nur etwa halb so breiten Insel.

Einleitung

Geschmolzenes Gestein steigt von Schichten unter der Erdkruste zu den Nahtstellen der tektonischen Platten empor. Es kühlt unter dem Ozeanboden ab und lagert sich als eine neue Kruste auf den Platten beiderseits ab, so dass ein enormer Druck auf die Platten ausgeübt wird. Die Platten drücken weiter gegeneinander und der Druck muss entweichen. So wird die Kruste gebogen, zu unterseeischen Bergen und Gräben, die man »Subduktionszonen« nennt. In diesen tiefen Gräben wird ein Teil der Kruste wieder nach unten zum Erdmantel befördert. Infolge dieser Kräfte besitzt der »Feuerring« zahlreiche aktive Vulkane, davon einige unter Wasser. Die an der Landseite von ozeanischen Gräben gelegenen Vulkane speien Lava und vergrößern so die Kontinentränder.

Die Lava macht den Boden der Inseln reich und fruchtbar, so dass eine üppige Vegetation gedeihen kann. Viele Inseln sind mit endemischen wie vom Menschen importierten Pflanzen bewachsen. Die kühlen grünen Refugien beheimaten zahlreiche Vogelarten und andere Tiere, von denen die meisten allerdings eingeführt worden sind. Spaziert man einen Urwaldweg entlang, kann man Kokosnussbäume, Orchideen und andere tropische Blumen, Vögel und auch Wildschweine antreffen. Meist haben die Vulkaninseln im Zentrum einen hohen Berg, von dem aus man die ganze Insel überblicken kann. An solchen Aussichtspunkten staunt man über die eindringliche Schönheit der ozeanischen Inseln. Diese smaragdgrünen Kleinode mit Wasserfällen und Bächen, die von allen Seiten der Berge Richtung Meer fließen, bilden einen wunderbaren Kontrast zu den hellen Stränden ringsum und zum kräftigen Tiefblau des Ozeans.

Die Geschichte der Besiedlung der Pazifischen Inseln ist so außergewöhnlich wie ihre Schönheit: Unerschrockene Entdecker und Kolonialisten, die sich auf großen Auslegerkanus von ihrem Heimatland in Asien vor etwa 1700 Jahren aufmachten, besiedelten sie zuerst. Angefangen bei der nächstliegenden wurden die Inseln der Reihe nach bis zur entferntesten kolonialisiert. In ihren doppelwandigen Kanus führten diese Abenteurer Taro, Süßkartoffeln, verschiedene Samen, Kokosnuss- und Bananenstecklinge, Zuckerrohr, Heilpflanzen, Schweine, Hunde und Hühner mit. In Europa dagegen war der Pazifische Ozean mit seiner Weite bis ins 15 Jahrhundert unbekannt. Erst Anfang des 16. Jahrhunderts wurde er entdeckt, so von Ferdinand Magellan, der die Region umsegelte. Später zog es Händler, Geschäftsleute und Missionare aus verschiedenen Ländern dorthin und sie besiedelten die Inseln zusammen mit den Einheimischen. Die Bevölkerungszahl ihrer Nachfahren, insbesondere die der britischen Siedler Australiens und Neuseelands, nahm schnell zu.

Unter den Pazifischen Inseln gibt es unabhängige Nationen, aber auch Protektorate europäischer, amerikanischer und asiatischer Länder. Ozeanien ist ein Traumziel für Menschen aus aller Welt.

288–289
Diese Kalksteinzinnen ragen 250 Kilometer nördlich von Perth in Westaustralien aus dem Wüstensand – ein unvergesslicher Anblick im Nambung-Nationalpark. Diese Felsformationen, im Lauf von etwa 30.000 Jahren durch Sedimentablagerungen und Winderosion entstanden, gehören zu den eher ungewöhnlichen Schönheiten der Natur.

288 unten links
Die Zinnen muten zu Zeiten geisterhaft an, erscheinen wie von Menschenhand erschaffen. Ein Spaziergang an den Zinnen vorbei ist meist ein kontemplatives Erlebnis.

288 unten rechts
Bei aller Zufälligkeit sehen die Zinnen manchmal aus wie Zelte einer Wüstenarmee. – Die australischen Wüsten sind die ältesten der Erde und haben sich bis heute kaum verändert.

289 oben
Nur der Mensch im Bild liefert hier einen Anhaltspunkt für den Maßstab dieser erodierten Zinnen oder Pinnacles.

289 unten
Bei tief stehender Sonne werfen die Zinnen beeindruckende Schatten auf die flache sandige Wüste.

ZINNEN DER ERDE

AUSTRALIENS PINNACLES-WÜSTE

Eine leichte Brise wirbelt den ockerfarbenen Sand um die großen, seltsam geformten, aus den Dünen ragenden Zinnen auf. Wie knochige Finger, die sich aus der Erde graben, sehen sie aus. Diese willkürlich verstreuten Türmchen werfen ihre Schatten auf den Boden, während sich die hohen Zirruswolken im abnehmenden Licht orange färben. Dies sind die »Pinnacles«, im Wortsinn »merkwürdige Landmarken« an der Westküste Australiens.

Nördlich von Perth erreicht man, nach einer Fahrt von nur 250 Kilometern durch Australiens Hinterland mit Kiefern, Buschland und je nach Jahreszeit einer Fülle von Wildblumen, die Pinnacles-Wüste. In dieser vier Quadratkilometer großen, flachen sandigen Landschaft des Nambung-Nationalparks stehen die mysteriös aussehenden Kalksteinzinnen verstreut, die an Baumstümpfe erinnern.

Diese Zinnen, knochige Finger aus Stein, zeigen gerade zum Himmel, während der gelbe Sand in endlosen Wellenmustern um ihre Füße wirbelt. Ihre Größe reicht von bloßen steinernen »Zweigen« zu Säulen von nahezu 4,90 Meter. Das Besondere an diesen Zinnen ist, dass ihre harten dunklen Formen so unvermittelt aus dem weichen Sand ringsum herausragen. Geologen schätzen ihr Alter auf etwa 30.000 Jahre. Man geht davon aus, dass eine weiche Kalksteinaußenpartie von Wind und Sand über Tausende von Jahren abgeschliffen wurde und nur der härtere Kalksteinkern übrigblieb. Einige Wissenschaftler haben sogar die Theorie aufgestellt, es handele sich bei den Zinnen um versteinerte Wurzeln alter Bäume. Wie auch immer, diese wunderlichen Gebilde sind eine Sehenswürdigkeit.

Der größte Bundesstaat des Inselkontinents heißt Western Australia. Er beansprucht ein volles Drittel des Landes für sich, das allerdings vorwiegend aus Wüste besteht. Trotz der jährlich 25 Zentimeter Niederschlag – mehr als in anderen Wüstenregionen in der Welt – ist Western Australia ein trockenes Land. Die Monsune oder tropischen Zyklone bringen zwar Regen mit, aber er verdunstet schnell. Das macht es Wind und Sand leicht, unter der heißen Sonne des Hinterlandes ihr Werk zu vollbringen. Zu diesem Bundesstaat gehört die sogenannte Pinnacles-Wüste, die keine richtige Wüste ist, sondern eine Aneinanderreihung flacher Küstensanddünen. Ihre Zinnen sind auch vom Meer aus zu sehen und frühe Entdecker glaubten zunächst, es handele sich um die Türme einer Stadt.

Heute umfasst der Nambung-Nationalpark 26 Kilometer Küstenlinie, die grandiose Ausblicke auf das wogende Blau gewährt. Neben den geologischen Wundern wie den Pinnacles birgt Nambung auch etwa 100 farbenprächtige Vogel- wie viele andere Tierarten. Westaustralien ist zudem berühmt für seine Wildblumen und in den Wäldern gedeihen von August bis November 3000 großartige Spezies. Auch Kängurus leben im Park und sind in der Nähe der Pinnacles anzutreffen.

Diese natürlichen Wunder an der australischen Westküste sind ein unheimliches aber zugleich bezauberndes Beispiel einer Wüstenlandschaft der besonderen Art. Trotz der anderen Attraktionen sind es aber die Zinnen, die die Besucher anziehen. In ihnen offenbaren sich die spielerischen Zauberkräfte der Natur – sie inspirieren den menschlichen Geist auf außergewöhnliche Weise. Bereits einige wenige dieser einfachen grauen Steintürmchen wären interessant, aber diese große Zahl der einzigartigen Gebilde macht sie zu einem wahren Wunder der Erde.

LANDMARKE DER TRAUMPFADE

AYERS ROCK

Allabendlich versammeln sich australische Touristen und Globetrotter auf einem Aussichtspunkt etwa 5 Kilometer von dem riesigen Sandsteingebilde entfernt und lassen sich von seinem Farbenspiel im Sonnenuntergang verzaubern. Ein gigantischer orangefarbener Buckel zwischen flacher Wüste und violett wirkendem Himmel färbt sich rot und scheint im abnehmenden Licht zu erglühen.

Der im Nordterritorium liegende Ayers Rock ist wohl die bekannteste Landmarke Australiens. Auch unter dem Namen »Uluru«, den ihm die Aborigines gaben, bekannt, ist der Ayers Rock ein gigantischer Inselberg, der sich 348 Meter über die Mulga-Ebene erhebt. Der Monolith misst 3,5 Kilometer Länge und hat einen Umfang von 9 Kilometern – und dabei ist das nur der sichtbare Teil. Man geht davon aus, dass Ayers Rock der größte einzelne Steinblock der Welt ist. Mindestens zwei Drittel dieses Kolosses liegen unterhalb der Erdoberfläche. Zum Vergleich: Die ähnliche geologische Erscheinung des Devil's Towers in den Vereinigten Staaten ragt mit ihrer mesa-ähnlichen Kuppe 264 Meter aus der umgebenden Landschaft empor.

Der Ayers Rock ist leicht von Alice Springs aus zu erreichen und gehört zum Nationalpark Uluru-Kata Tjuta, der vom australischen Amt für Nationalparks und Naturschutz gemeinsam mit dem regionalen Aborigines-Rat verwaltet wird. Der Park, 1985 eingerichtet und 1987 von den Vereinten Nationen zum Welterbe erklärt, ist einer der wenigen, die gleichermaßen einzigartige Kultur- und Naturschätze bergen.

Zu Füßen der glatten orangefarbenen Sandsteinwände des Uluru wachsen Zwergcasuarinen. Seine Farbe verdankt der Monolith der Oxidation der im Sandstein eingebetteten Eisenelemente. Man nimmt an, dass die Prozesse, die zum heutigen Erscheinungsbild des Steines führten, vor 500 Millionen Jahren ihren Anfang nahmen, als sich Sediment am Boden des Urmeerbetts ablagerte. Vor etwa 300 Millionen Jahren ging das Wasser zurück und die Erdkräfte verformten und kippten die sedimentären Sandsteinschichten um 90 Prozent. Bis vor etwa 40 Millionen Jahren vervollständigten Wind und Sand das Werk und modellierten den Teil des Sandsteins, der an der Oberfläche zurückgeblieben ist.

Europäer entdeckten den Uluru erst 1872, als Ernest Giles die Region erkundete. Mitte des 20. Jahrhunderts wurde der

290
Eine Nahaufnahme des Uluru oder Ayers Rock zeigt die raue Oberflächenstruktur und lässt Nischen erkennen, in denen Pflanzen etwas Erde gefunden haben, wo sie gedeihen können. 500 Millionen Jahre Sedimentaufbau kombiniert mit Jahrmillionen der Erosion haben dieses unglaubliche Wunderwerk der Natur geschaffen.

291 unten
Wie ein Spuk wirkt der Ayers Rock bei Sonnenuntergang. Der Name »Uluru«, den die Aborigines ihm gaben, setzt sich langsam durch, ebenso wie ihr Begehren nach einem Kletterverbot an dem 348 Meter hohen Monolithen.

290–291
Der nahe dem geografischen Zentrum Australiens im Südwesten des Nordterritoriums gelegene Uluru sieht aus wie von Riesenhand auf den Wüstensand gelegter Riesenkiesel. Doch der Blick täuscht, denn nur das obere Drittel des Monolithen ragt aus dem Boden; er reicht etwa noch 900 Meter in die Tiefe.

292 oben
Tagsüber, bei hoch stehender Sonne, leuchtet der Monolith nicht rot, sondern präsentiert sich eher in pinkfarbenem oder grauem Gewand. Für die Kultur der Aborigines ist der Uluru von großer Bedeutung. Seine Wände haben sie mit szenischen Darstellungen und Symbolen verziert. Zu seinen Füßen wachsen Casuarinen.

AYERS ROCK

292 Mitte
Die Devil's Marbles liegen in der öden Wüste des australischen Bundesstaates Northern Territory. Diese Felsen, die aussehen als wären sie von einem übernatürlichen Wesen dahin gerollt worden, halten die Aborigines für die Eier eines Riesenschlangengotts.

Uluru zu einem beliebten Ausflugsziel der Australier, die sich einen Sport daraus machten, ihn so schnell wie möglich zu erklimmen.

Mit einer wachsenden Sensibilität für die kulturelle Vergangenheit hat sich jedoch ein neues Bewusstsein der Bedeutung des Uluru für den regionalen Clan der Anangu durchgesetzt. Die Aborigines leben in diesem Teil der Welt seit mindestens 22.000 Jahren. Der Uluru ist für sie von unschätzbarer kultureller Bedeutung. Für sie ist er eine Landmarke auf den Traumpfaden ihrer Vorfahren. Verständlicherweise möchten sie nicht, dass der Monolith bestiegen wird. Vielfach wird

292 unten
Die Olgas sitzen mitten im ödesten Teil Australiens mit der geringsten Bevölkerungsdichte, etwa 354 Kilometer von der berühmten Wüstenstadt Alice Springs entfernt. Die Aborigines nennen sie »Kata Tjuta« oder »Viele Köpfe«, ein passender Name für diese Wunder der Natur.

292–293
32 Kilometer westlich des Uluru liegen die Olgas, 36 Steinkuppeln, in der Wüste. Sie sind noch viel höher als der Uluru – Mount Olga beispielsweise misst 1069 Meter. Diese Felsen sind die Überbleibsel eines Urgebirges, das vor 600 Millionen Jahren aus roten Sandsteinablagerungen entstand.

der Wunsch respektiert, aber immer noch wollen Tausende von Touristen jedes Jahr nicht auf den anstrengenden zweistündigen Aufstieg verzichten.

Die Erklimmung des Uluru hat schon mehrere Menschenleben gekostet, denn der Weg ist steil und kräftezehrend.

Der Park stellt ein ausgezeichnetes Beispiel für ein australisches Ökosystem einer ariden Zone dar. Das Nordterritorium ist die ödeste und am wenigsten bevölkerte Region Australiens. Ein Viertel seiner Bewohner sind Aborigines, die 45 Prozent des Landes ihrer Vorfahren zurückgefordert haben, seit das Gesetz über das Landrecht der Aborigines im Jahre 1976 verabschiedet wurde. Nur 53 Kilometer westlich des Uluru, noch innerhalb der Grenzen des Nationalparks, liegen die 36 Kuppeln der Olgas. Sie bestehen aus gröberem Sandstein und werden gerne in Verbindung mit einem Besuch des Uluru erkundet.

Neben den geologischen und kulturellen Sehenswürdigkeiten birgt der Park zahlreiche Formen des Wildlebens, einschließlich 400 Pflanzen-, 150 Vogel-, 70 Reptilien- und 25 Säugerarten. Einer der bekanntesten Orte Australiens, der Uluru, auch noch als »Ayers Rock« bekannt, ist ein erstaunliches Naturwunder voller Mystik.

DAS MEISTERWERK DER NATUR

DAS GREAT BARRIER REEF

294
Die Swain Reefs am Südende des Great Barrier Reef, aus dem All aufgenommen. Das australische Riff verläuft über 1900 Kilometer vor der Nordostküste des Inselkontinents. Es besteht aus Tausenden einzelner Riffe.

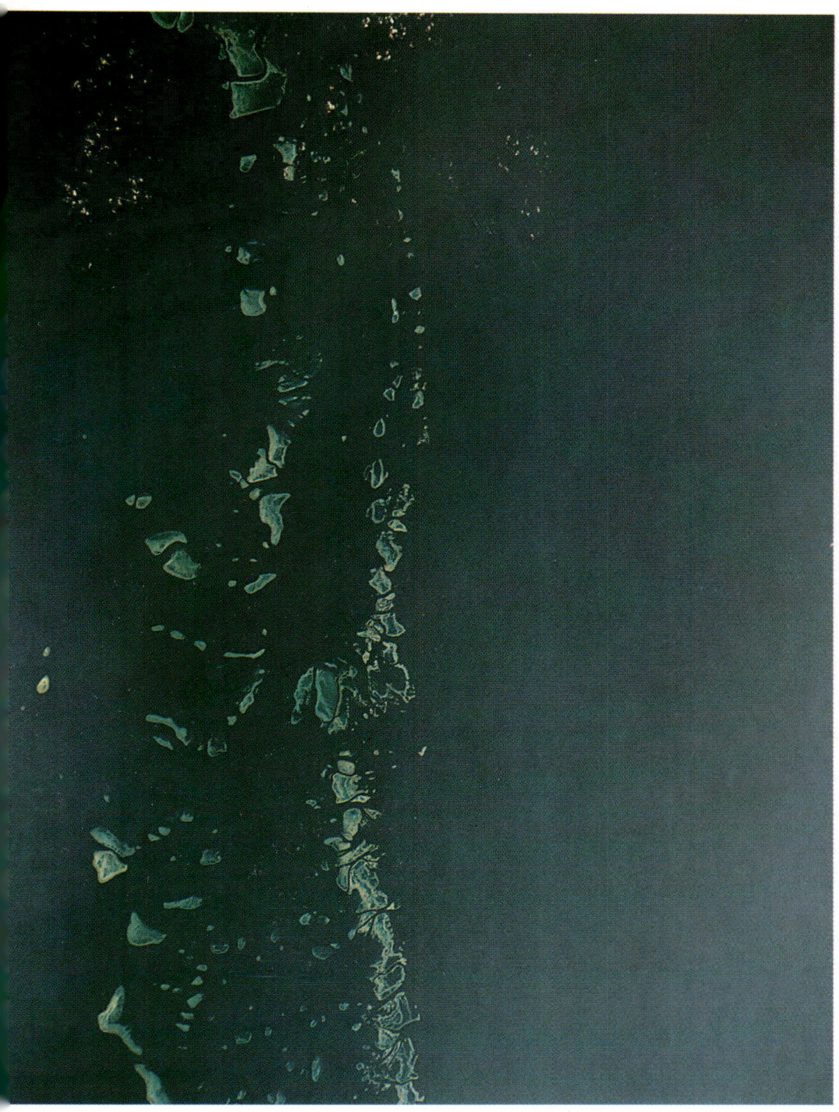

294–295
Das Great Barrier Reef bedeutet für die Schifffahrt einerseits Gefahr, dient andererseits aber als ein schützender Wellenbrecher für die an der Küste segelnden Schiffe. Das Wasser entlang des Riffs ist sehr seicht: Die Tiefe reicht von weniger als 90 Zentimetern bis 40 Meter, während weiter von der Küste weg der Meeresboden auf mindestens 900 Meter absinkt.

295 oben links
Die Insel Heron, eine von mehr als 600 Inseln entlang des Great Barrier Reef. Ursprünglich wie Rohdiamanten sind einige von ihnen flache Riffinseln, andere größere die Spitzen unterirdischer Berge oder Vulkane.

295 oben rechts
Zahlreiche der über 70 Whitsunday-Inseln gehören zum Great Barrier Reef National Park. Im Norden stellt das hier nur ca. 16 Kilometer vor der Küste liegende Riff ein praktisch ununterbrochenes Band dar.

Hunderte farbenfrohe Fische gleiten an der Tauchermaske vorbei, während die Luftblasen aus dem Atemregler sprudeln. Man ist umgeben von farbenprächtigen Korallen, die winzige Türmchen, Minarette, Zinnen und Anhängsel bilden, die so zerbrechlich sind wie das feine Porzellan in Mutters Schrank. Zwischen den Korallen warten Raubfische auf eine saftige Mahlzeit und die lässt auch nicht lange auf sich warten. Licht reflektiert von den Flossen dieser unvorstellbar farbenprächtigen Fische. Mit einem Blick kann man hier die gesamte Bandbreite eines Ökosystems, vom Anfang der Nahrungskette bis zu ihrem Ende, erfassen. So schön ist nur ein Tauchgang im Great Barrier Reef, einem Meisterwerk der Erde, das nicht von Menschenhand, aber von lebenden Kreaturen, den Korallen, geschaffen wurde.

Das Great Barrier Reef stellt die weltweit größte Korallenablagerung dar und erstreckt sich über 2000 Kilometer im Korallenmeer vor Australiens Queensland-Küste. Korallen bestehen aus einer Ansammlung röhrenförmiger Skelette von Milliarden von Meerespolypen der Familie der Coelenterata, Algenpflanzen und Mollusken, die alle mit einer Kalksteinsubstanz miteinander verbunden werden. Polypen sind Tiere, die winzigen Seeanemonen ähneln. Wenn die Koralle am Ende ihres normalen Lebenszyklus abstirbt, wächst das Riff weiter, da farbenfrohe neue Tiere auf den weißen Skeletten der alten fußen. Korallenpolypen brauchen seichtes salziges sauberes und warmes Wasser, wie das der tropischen Meere. Deshalb kommen Korallenriffe meist nur in dem Bereich zwischen dem 30. Grad nördlicher Breite und dem 30. südlicher Breite vor. Je nach den Bedingungen – und für Korallenriffe sind die richtigen Bedingungen ausschlaggebend – kann ein Riff zwischen 1 und 100 Zentimetern jährlich wachsen. Im Laufe der Zeit kann sich Sand an der zum Ufer weisenden Seite des Riffs ansammeln und das Riff so zu einer flachen Insel werden.

Barrier-Riffe heißen breite Korallenbänke, die durch eine Wasserstraße von der Küste abgetrennt sind. Das Great Barrier Reef ist eigentlich eine Kette von mehr als 2500 Riffen, die sich von einem Punkt gegenüber Mackay, Queensland bis in die Torres-Straße, die Australien von Neuguinea trennt, erstreckt. Das Wasserband zwischen Küste und Riff ist im Nor-

296–297
In der einzigartigen Unterwasserwelt des Great Barrier Reef finden sich Lebewesen, die aussehen als seinen sie Fabelwelten entsprungen. Beispielsweise gedeihen diese großen gelben Fächerkorallen in einem schmalen Wasserkanal, wo ihre Äste vorbeischwimmende Meerestiere einfangen.

296 unten links
Zahllose farbenprächtige und exotische Meerestiere leben im Great Barrier Reef. Die fragilen Korallenablagerungen sind unvorstellbar schön.

296 unten rechts
Ein Riesenschwamm in der Unterwasserwelt des Korallenriffs. Einfache Wirbellose wie Schwämme existieren schon seit mindestens 600 Millionen Jahren.

297
Fächerkorallen bestehen aus Millionen kleiner Polypen. Jedes Einzeltier setzt Kalk ab und bildet damit einen kleinen Becher, in den sich der Polyp bei Gefahr zurückziehen kann. Nachts streckt es winzige Tentakeln aus dem Becher heraus, um das vorbeischwimmende tierische Plankton abzufangen.

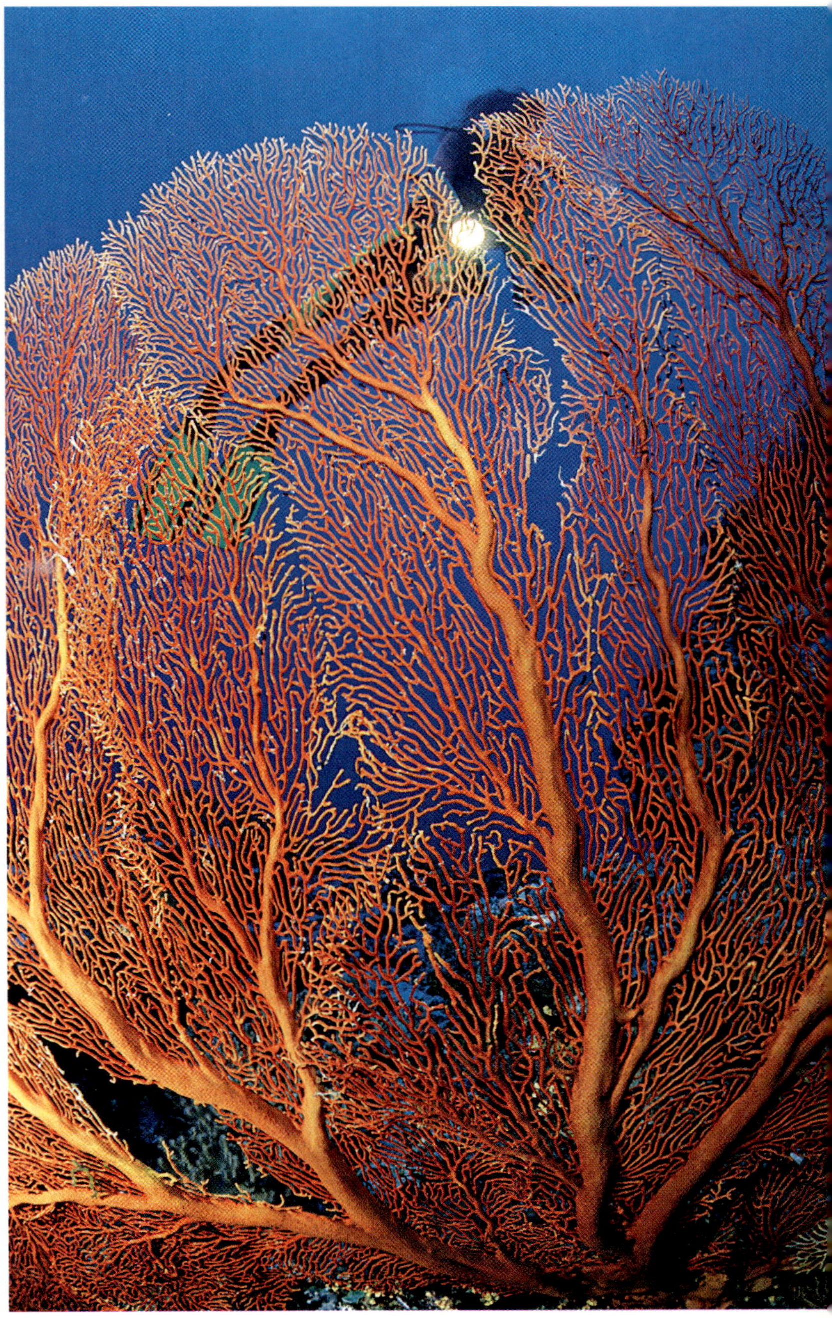

den knappe 5 und im Süden 160 Kilometer breit und mit Atollen und Eilanden gespickt, was die Schifffahrt äußerst schwierig macht. Andererseits schützt das Riff die australische Küste.

Der im Nordosten Australiens liegende Bundesstaat Queensland wird auch als »Staat des Great Barrier Reef« bezeichnet. In der Stadt Cairns stehen dem Besucher zahlreiche Informationen und Angebote wie Tauch-, Angel-, Glasbodenschiffsausflüge und mehrtägige Schiffstouren zum Riff zur Verfügung. Das Great Barrier Reef hat jedoch mehr als nur die Welt unter Wasser zu bieten: mehr als 600 Inseln rund um das Riff, einschließlich ausgezeichneter Tauch- und Schnorchelbasen wie die Inseln Lady Elliot und Heron. Fast alle der mindestens 70 Whitsunday-Inseln gehören zum Nationalparkgebiet, sie beherbergen Eukalyptus- und Akazienwälder sowie Schuppentannen. In diesen Wäldern leben mindestens 156 Vogel- und Tierarten wie Wallabies genannte kleine Kän-

298 oben links
Ein großer Manta- oder Teufelsrochen entfernt sich mit seinen Lotsenfischen vom Riff. Als größte Rochenart erreicht er eine Spannweite von 6 Metern und ein Gewicht von 6,8 Zentnern. Der Rochen ernährt sich von Plankton und kleinen Fischen, die er mit seinem Maul aus dem Wasser siebt.

298 oben rechts
Schwarzspitzenhaie durchstreifen die Riffgewässer auf der Suche nach einer Mahlzeit. Ständig von Hunger getrieben, sammeln sich die Haie im tiefen Wasser vor den Riffen und unternehmen dann Beutezüge in die Riffzonen. Ausgewachsene Exemplare messen etwa 1,5 Meter. Haie aller Größen und unterschiedlicher Arten und Angriffslustigkeit bis hinauf zum Weißhai bewohnen diese tropischen Gewässer.

298 unten
Eine zur Klasse der Bivalvia gehörende Riesenvenusmuschel sitzt auf einer Koralle. Solche Muscheln findet man auf Korallenriffen im warmen Wasser des Indischen wie des Pazifischen Ozeans. Sie sind die größten noch lebenden Mollusken und wiegen bis zu 2,2 Zentner, wobei ihr Muskelfuß aus 9 Kilo Fleisch bestehen kann.

gurus, Opossums und als Goannas bezeichnete Riesenechsen. Auf Magnetic Island gibt es sogar ein Schutzgebiet für Koalabären. Australiens größter Inselnationalpark, Hinchinbrook, umfasst eine relativ ungestörte Regenwaldregion mit Mangrovensümpfen und Gebirgsland.

Aber die größte Attraktion ist die Unterwasserwelt. Das Great Barrier Reef wird von einer Fülle von Meeresleben bevölkert, zu der 2000 Fisch- und sechs Schildkrötenarten zählen. Bei Fischen und anderen Organismen reicht die Bandbreite von Clownsfischen über Riesenvenusmuscheln, Rochen, Oktopoden, Aale, Papageifische und winzigen Meergrundeln zu den großen Walhaien. Gefährliche Tiere wie Süß- und Salzwasserkrokodile und Quallen leben ebenfalls in diesen Gewässern. Man sieht viele Seeigel und Seesterne, darüber gleiten Delfine, Buckelwale, Meeresschildkröten und Dugongs, Rundschwanzseekühe, hinweg.

1975 wurde ein Gesetz zum Schutz des Meeresparks des Great Barrier Reef verabschiedet, das die Grenzen und die Verwaltung der Region festlegt. Das Welterbegebiet des Great Barrier Reef umfasst eine noch größere Fläche. Die Region muss vor den Tausenden von Touristen, Sporttauchern, Bootsfans, Schnorchlern und Fischern geschützt werden, die sie auf eigene Faust erkunden wollen. Insbesondere Korallen benötigen ganz bestimmte Bedingungen zum Gedeihen und sind extrem empfindlich. So groß es auch ist, ist das Riff dennoch sehr sensibel. Umweltverschmutzung, Wasserbewegung durch Motorboote, Zerstörung durch Abbrechen von Gestein können dises herrliche Ökosystem unwiederbringlich schädigen. Die Aufgabe des Amts für den Great Barrier Reef Marine Park besteht in der Erfassung des derzeitigen Schadens und darin, Empfehlungen für die Zukunft auszusprechen, vor allem bezüglich eines kontrollierten Tourismus.

298–299
One Tree Island, hier in der unteren Bildmitte zu sehen, liegt im Great Barrier Reef. Innerhalb der Riffarme ist das Wasser seicht und hellblau, während das Mitternachtsblau außerhalb darauf deutet, dass der Grund steil in den tiefen Ozean abfällt.

299 unten
Ein Schwarm Schnappbarsche hält sich im warmen, klaren Wasser des Great Barrier Reef auf. Papageifisch und Schmetterlingsfisch gehören zu den 1500 bis 2000 Fischarten, die das Riff bevölkern, darunter auch kleine Meergrundeln und große Walhaie, die 15 Meter Länge erreichen.

Die Schädigung ist vielgestaltig und rührt nicht vom Tourismus allein. Weltweit bleichen die Korallenriffe seit Jahren aus, sie verlieren ihre Farbe bzw. die symbiotischen Zooxanthellen, Algen, die eine Fotosynthese bewirken und für das Fortbestehen gesunder Korallenriffe entscheidend sind.

Einige Biologen vertreten die Theorie, dass das Ausbleichen der Korallen auf zu warmes Wasser zurückzuführen ist. Korallen wachsen in bis zu 16 °C kaltem Wasser. Die optimale Temperatur beträgt 26 bis 27 °C. Wärmeres Wasser kann die Koralle töten und das Ausbleichen bewirken. Eine weitere Bedrohung des Riffs stellt der Dornenkronenseestern dar, ein Tier das lebende Korallen frisst.

Das Creat Barrier Reef eine der größten Kostbarkeiten unserer Welt, das komplexeste Wasserökosystem mit der weltweit größten Anzahl und Konzentration von Wasserlebewesen – ein Naturwunder ohnegleichen.

HIMMELWÄRTS

DIE NEUSEELÄNDISCHEN ALPEN

Eine gigantische schneebedeckte Kette aus blauen Gebirgsausläufern und Tälern, ein weißer Gletscher mit langer Zunge, die auf ihrem Weg entlang den Bäumen zu den Seen zunehmend grauer wird. Das Abbild der Berge spiegelt sich in den Seen unterhalb. Das sind die Alpen, aber nicht die europäischen, sondern die auf einer Inseln im Südpazifik nahe der Antarktis.

Jemand hat Neuseeland einmal treffend als »Miniaturwelt« bezeichnet. Auf den Hauptinseln dieser spektakulären Nation im Südpazifik ist nahezu jedes geografische Merkmal anzutreffen. Die Südinsel birgt Fjorde, schneegekrönte Berge, Gletscherseen, Wildwasserbäche, Farmland und tropische Regenwälder. Auf der Nordinsel gibt es aktive Vulkane, speiende Geysire, heiße Quellen und Sandstrände. All dies zusammen bildet ein natürliches Wunderland, aber eine der großartigsten Attraktionen Neuseelands sind seine Berge, die Alpen genannt werden, weil sie den europäischen so ähneln. Die Neuseeländischen Alpen sind steil und zerklüftet, bergen Gletscher und haben ihr eigenes einzigartiges florales Ökosystem.

Da Neuseeland von allen anderen Landmassen schon seit 80 Millionen Jahren getrennt ist, haben sich zahlreiche Pflanzen und Tiere isoliert auf der Insel entwickelt. Von den etwa 2000 einheimischen Spezies sind 1500 auf Neuseeland einzigartig. Heute sind aber nur etwa 15 Prozent der Landfläche mit einheimischer Flora bewachsen, da spätere Bewohner viele andere Tier- und Vogelarten eingeführt haben.

Die neuseeländischen Alpen erstrecken sich mit ihren 965 Kilometern fast über die gesamte Länge der Südinsel. Siebzehn Gipfel der Kette sind über 3000 Meter hoch. Die Alpen entstanden durch massive Verwerfungen und Faltungen, die anschließend von den Gletschern modelliert wurden – genau wie ihre europäischen Gegenstücke. Die Großzahl der Flüsse auf der Südinsel entspringen in diesem Gebirge. So auch der längste Strom der Region, Clutha, der seinen Ursprung in zwei Seen nimmt, dem 124 Quadratkilometer umfassenden Hawea und dem 194 Quadratkilometer großen Wanaka. Die Berge dienen als Barriere für die feuchtigkeitsgeladenen Winde von der Tasmansee zwischen Australien und Neuseeland und sind für das feuchte westliche Klima sowie den trockenen Osten verantwortlich. Etwa 80.000 Neuseeländer leben von der Milch- und Landwirtschaft, pflegen Obstgärten und halten Schafte, Rinder und Damwild. Die Schafzucht prägt besonders in den Alpen den Alltag.

Der Mount-Cook-Nationalpark ist einer der vorrangigsten Orte des alpinen neuseeländischen Ökosystems. Vom Hooker-Tal aus gesehen scheinen die Berge senkrecht vom Talboden aufzusteigen, ohne einen allmählichen Anstieg über Vorgebirge. Mount Cook, den die Maoris »Aoraki« nennen, war 3764 Meter hoch, verlor aber 1991 bei einem Bergrutsch 10 Meter. Es ist wahrhaftig ein großartiger Berg, der ganzjährig mit Schnee bedeckt ist und seine perfekte Pyramide ragt majestätisch aus dem Gebirgszug heraus. Der nahe gelegene zweithöchste Gipfel der Kette heißt »Mount Tasman« und liegt im Zentrum der herrlichen Landschaft aus Berg, Wald und See.

301 oben rechts
Die Neuseeländischen Alpen liegen auf der Südinsel und ziehen sich entlang ihrer Westküste. Mount Cook – hier im Bild – ist der höchste von Hunderten von Gipfeln, derer mehr als 140 über 2100 Metern hoch sind.

301 oben links
Die Südwand des Mount Cook bildet an diesem klaren Tag ein gleichschenkliges Dreieck. Eine Legende der einheimischen Maori erzählt, dass der Berg Ao-raki ist, der größte und wichtigste von vier Brüdern, hier zu Stein erstarrt.

300
Das neue Profil des Mount Cook nach dem Bergrutsch von 1991, bei dem der Gipfel 10 Meter einbüßte. Die Naturkräfte haben den einst 3764 Meter hohen Berg auf 3754 Meter gestutzt. Mount Cook wurde erstmalig 1891 von dem Engländer Edward Fitzgerald vermessen und lieferte Ende der 40er Jahre ideale Trainingsbedingungen für Sir Edmund Hillary.

300–301
Einen Bergsteiger auf Skiern grüßt ein lohnender Ausblick nahe des Gipfels des Von Bulow auf Neuseeland. Dahinter der atemberaubende Gipfel des Mount Tasman, Neuseelands zweithöchstem Berg. Dies vermittelt eine Facette der Schönheit der Region.

Zahlreiche Wildblumenarten wachsen aussschließlich auf der Südinsel Neuseelands, einschließlich des Südinsel-Edelweiß, der Neuseeland-Butterblume, der Mount-Cook-Lilie mit ihren reinweißen Blütenblättern und gelbem Innenteil und dem großen Berggänseblümchen. Üppige Baumfarne wuchern in den Wäldern der Vorgebirge und zeigen alle vorstellbaren Nuancen von Grün. Neben der einzigartig schönen Flora bergen die neuseeländischen Alpen eine Fülle an interessanter Fauna. Der Kea

in den Alpen beispielsweise ist die einzige Bergpapageispezies der Welt.

Die Seen an der Ostseite der Alpen wie beispielsweise der Tekapo und Pukaki haben so unglaublich blaues Wasser, dass sie beinahe künstlich wirken. Das liegt an dem in den See fließenden Gletscherwasser, das feine Teilchen pulverisierten Felsgesteins, sogenanntes Felsmehl mit sich führt. Das Felsmehl treibt unaufgelöst im Wasser und ist für das kräftige, künstlich anmutende Blau verantwortlich. Die Gletscher kalben Eisberge in die Seen der Gebirgsregion, durchschneiden das Land und bilden hier und da neue Seen. Wie in anderen Teilen der Welt schrumpfen auch die neuseeländischen Gletscher und die abschleifende Wirkung ihrer Bewegung kann man in ihren Rückzugsgebieten recht gut studieren.

Das einzigartige Naturerbe Neuseelands macht es zu einem der wichtigsten geografischen Gebiete. Über allem erheben sich majestätisch die Alpen und vermitteln einen unauslöschlichen Eindruck von Schönheit und Größe.

302
Hier sieht man den im Südwesten der Südinsel, im Fjordland-Nationalpark gelegenen Lake Marion. Der Park besteht aus majestätischen Gipfeln, die gletschergespeiste Seen und Fjorde umgeben.

302–303
Der Mount Tasman, hier eine zauberhafte Sonnenuntergangsansicht, liegt mitten zwischen Westland- und Mount-Cook-Nationalpark. Ein großartiger Gletscher, einer der größten außerhalb der Polarregionen, bedeckt das Massiv.

303 unten links
Der Mount Cook und die Kette der Südalpen. Die Täler auf der Westseite der Berge sind zerklüftet und steil und besitzen tiefe Schluchten und dichte Vegetation unterhalb der Baumgrenze.

303 unten rechts
Der Mount-Cook-Nationalpark umfasst mehr als nur Berggipfel und ihre Gletscher. Er schützt die spektakuläre Alpenregion mit ihrer natürlichen Schönheit der Bergwiesen und -seen.

GOTTES AQUARIUM

DIE PALAU-INSELN

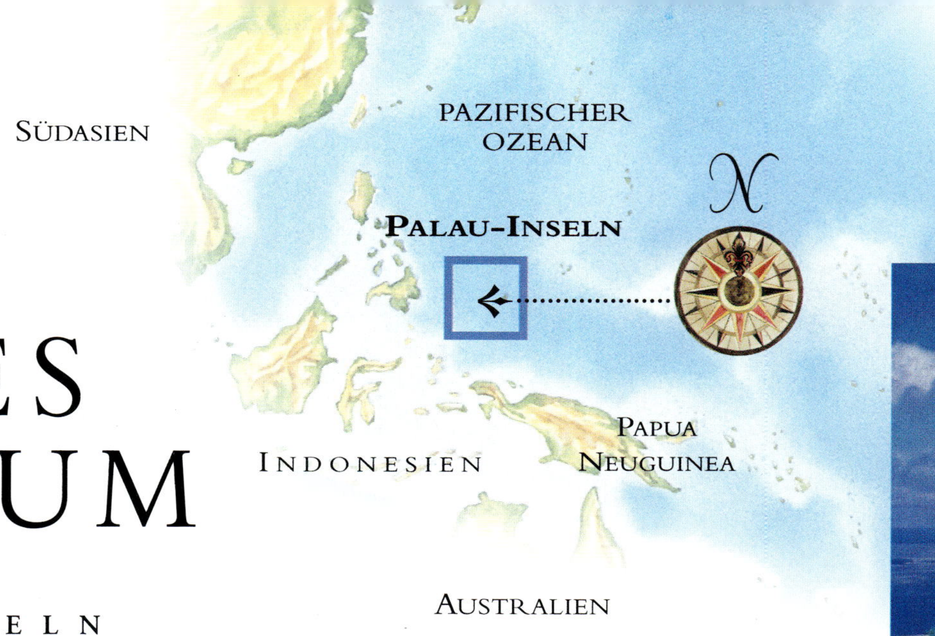

304
Ein kleiner Teil eines weit größeren Archipels der Palau-Gruppe trägt den Namen »Rock-Inseln«. Am Schnittpunkt der drei größten Meeresströmungen gelegen, finden tropische Fische, Korallen, Anemonen und andere Meerespflanzen hier ideale Bedingungen vor. Das kristallklare Wasser lässt eine Sicht von 30 bis 45 Metern zu.

304–305
Die großartigen Ausmaße der Rock-Inseln und des Seventy Island National Park sind in dieser Ansicht des Pazifikparadieses zu sehen. Die Region umschließt 300 pilzförmige Eilande, kleine treibende Gärten mit schneeweißen Sandstränden. Die Welt unter Wasser wird von Korallenriffen gebildet.

Die Vegetation entlang des Naturlehrpfads ist dicht und üppig; man wird vom Duft der Orchideen bis zum Strand begleitet. Tritt man aus dem Wald heraus, wird man vom Sonnenlicht und dem weißen Sand geblendet. Knapp unter der Oberfläche des klaren grünen Wassers ist ein Teil des Korallenriffs, auf dem die Insel ruht, zu sehen. Von oben werfen die Äste der Laubbäume und Palmwedel ihre Schatten auf den Strand. Wir befinden uns auf einer der paradiesischen Inseln der Pazifiknation Palau (beh'lau gesprochen).

Die Palau-Inseln liegen etwa 800 Kilometer östlich der philippinischen Insel Mindanao im Westpazifik und etwa 800 Kilometer nördlich von Neuguinea. Sie gehören zu den mikronesischen Karolinen. Die Kette der 343 Vulkaninseln und einiger Korallenatolle erstreckt sich über 160 Kilometer in Nord-Süd-Richtung, ist dabei etwa 32 Kilometer breit und von einem Korallenriff umgeben. Nur wenige Inseln sind bewohnt.

Die ersten Siedler kamen etwa um 1000 v. Chr. nach Palau, vermutlich aus Indonesien, Neuguinea und Polynesien. Sie entwickelten eine einzigartige Kultur mit angemaltem Schnitzwerk, Holzregalen und zarten Webstücken. Der erste Kontakt mit Europa ereignete sich 1783 als Kapitän Henry Wilson mit dem englischen Schiff »Antilope« vor Ulong Schiffbruch erlitt; die Inselbewohner halfen Wilson bei der Reparatur des Schiffs, so dass er heimkehren konnte. Nach dem Zweiten Weltkrieg besetzten die Vereinigten Staaten die Inseln und verwalteten sie als Teil des Treuhandgebiets der Pazifischen Inseln für die Vereinten Nationen. Die Bewohner der Palau-Inseln bildeten 1981 eine eigene Regierung und erlangten 1994 den Status einer selbstverwalteten Nation. Heute ist die Republik Palau mit der Hauptstadt auf Koror in 16 Staaten aufgeteilt und bedeckt eine Fläche von etwa 508 Quadratkilometern. Die Landwirtschaft der Nation befindet sich noch in der Entwicklung und auch die Tourismusindustrie wächst.

Palaus tropisches Klima und die traumhaften weißen Sandstrände locken die Touristen aus aller Welt. Palmen und Kokosnusspalmen säumen die Ufer und lehnen sich in scheinbar unmöglichen Winkeln zum Wasser hin. Üppige tropische Gärten prahlen mit ihren herrlich bunten Blumen, zu denen auch Orchideen zählen. In den Wäldern Palaus findet man biologisch einzigartige Pflanzen sowie 50 farbenfrohe tropische Vogelarten. Zu den Glanzlichtern Palaus zählen ferner traditionelle Gebräuche, Handwerk und Kultur, die man bei öffentlichen Veranstaltungen in Ferienhotels

305 unten rechts
Das Saumriff des Palau-Atolls schuf eine 145 Kilometer breite Lagune. Palau ist ein Korallenatoll aus 343 Inseln, von denen die größte die 40 Kilometer lange Babelthuap ist. Obwohl 508 Quadratkilometer Land zu Palau gehören, besteht es doch vornehmlich aus Riffen und Wasser.

305 unten links
Das Kayangel-Atoll liegt nördlich vom Hauptatoll Palau. Diese Luftaufnahme zeigt den oberen Rand der gesunkenen Vulkan-Caldera und die von Korallen bewachsenen Bereiche.

306–307
Die Insel Ngemelis liegt im Südwesten von Palaus Korallenring. Dieses Foto zeigt sowohl die innere Lagune als auch das Außenriff. Hier befindet sich eines der weltweit reizvollsten Tauchreviere.

306 unten
Palaus Saumriff ist bedeckt mit tropischen Wäldern, in denen Schrauben-, Kokosnuss- Banyan- und Mangrovenbäume stehen. Wunderbares Wetter und eine traumhafte Landschaft machen Palau zu einem beliebten Ferienziel.

und bei Touren zu traditionellen Dörfern und alten Steinmonolithen kennenlernen kann. Freizeitaktivitäten wie Tauchen, Schnorcheln, Surfen und Kajakfahren erfreuen sich großer Beliebtheit unter den Touristen, aber nichts ist mit einem einfachen Spaziergang durch das üppige Grün der Inseln vergleichbar, wo das dichte Urwalddickicht eine Welt scheuer Tiere verbirgt und Blumen in allen Farben des Regenbogens gedeihen.

Zahlreiche japanische Festungen, Kanonen und sonstige Relikte auf den Inseln zeugen noch vom Zweiten Weltkrieg, besonders auf Babelthuap, Peleliu und Angaur. Organisierte Tauchgänge zu Schiffswracks, darunter der japanischen Versorgungsschiffe Amatsu Maru und Goxan Maru, bilden eine besondere Attraktion.

Das Meeresleben der Region, nicht umsonst als »Gottes Aquarium« bezeichnet, wartet mit einer unglaublichen Fülle

307 unten
Diese einladenden ringförmigen Inselchen mit ihren kleinen Korallenlagunen beheimaten Hunderte farbenprächtige Vogelarten.

307 oben
Sich viele Kilometer in den Ozean erstreckend liegen die Rock-Inseln wie grüne moosige Kugeln im blauen Ozean auf dem Rücken des Korallenriffs von Palau.

Die Palau-Inseln

auf. Der Grund für die zahlreiche Artenvielfalt in Palau liegt in den drei größten Meeresströmungen begründet, die sich hier treffen. 1995 erklärte die CEDAM, eine Gruppe von Meereswissenschaftlern und Naturschützern Palau zum Unterwasserwunder der Welt.

Um diese zauberhafte Welt zu sehen, muss man sich zu einer der über 100 Tauchbasen entlang des 145 Kilometer langen Bogens begeben. Auch Schnorchler kommen auf den Rock-Inseln, einer Reihe von 300 grün überwucherten Eilanden, die wie Seerosenblätter auf dem Wasser zu treiben scheinen, auf ihre Kosten. Mindestens 1500 Arten tropischer Fische, Mantas, Barrakudas, Haie, Riesenvenusmuscheln und 700 Arten farbenfroher Stein- und Weichkorallen, bevölkern die Gewässer rings um die Inseln. Große seltene Säugetiere, »Dugongs« genannte Rundschwanzseekühe sind in diesen warmen Gewässern beheimatet.

Palau besteht aus mehreren Korallenatollen, die aus versunkenen Vulkan-Calderas entstanden sind, an deren Rändern sich schnell Korallen bildeten. Auf den Atollen können weiße Sandstrände und Vegetation vorherrschen, während andere die Landform der Caldera-Seite bilden. Ein Korallenring unter Wasser stellt eine dritte Topografieform des Atolls dar. Das riesige Palau-Atoll bildet eine 145 Kilometer lange Lagune, die auf zwei Seiten von tropischen Wäldern umgeben ist, in denen Kokosnuss- und Mangrovenbäume wachsen. Nur wenige Orte der Erde übertreffen Palaus Symbiose aus Schönheiten der Küstenregion. Seine grünen Wälder und die traumhafte Unterwasserwelt bieten einzigartige Sehenswürdigkeiten. Prächtige Blumen, die unvorstellbar farbige Wasserwelt, der Klang der Brandung und die Rufe der tropischen Vögel machen Palau zu einem unvergesslichen Naturerlebnis.

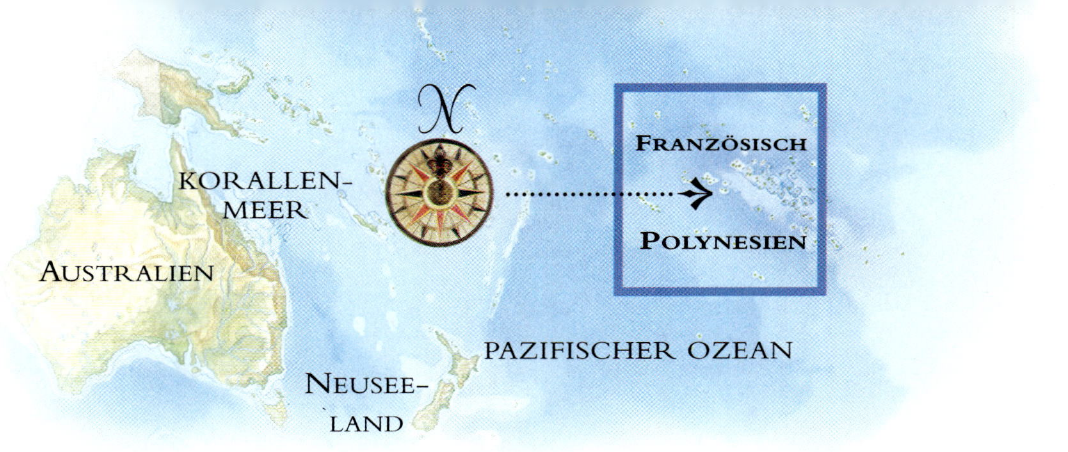

TRAUMPARADIES

FRANZÖSISCH-POLYNESIEN

Viele Menschen träumen davon dem Alltag zu entfliehen; die einen denken dabei an einen Kurzurlaub, die anderen träumen davon ganz »auszusteigen«, die einen stellen sich reale, die anderen erträumte Paradiese vor. Vielleicht dienen hierbei die Abenteuer der Entdecker, Autoren und Künstler wie James Cook, Fletcher Christian, Herman Melville und Paul Gauguin als Vorbild, der Hektik der westlichen Welt entgehen zu wollen. Diese Männer sind vor dem Streß der Stadt an einen Ort geflohen, an dem eine entspannte Lebensart, Kokosnusspalmen, tiefblaues Wasser, grün überwucherte Vulkanklippen und Frauen mit Blumen im Haar das Bild des Alltags bestimmen. Heute träumen Möchtegern-Aussteiger davon, in Hängematten zwischen Palmen zu liegen, Rumcocktails zu schlürfen und auf einen breiten sonnigen Strand zu blicken. Diesen Tagtraum träumen Millionen von Menschen; nur wenige erfüllen ihn sich, obwohl das Paradies, das sie aus dem Kino und Büchern kennen, wirklich existiert – in der Inselwelt Polynesiens.

Polynesien, was »Viele Inseln« bedeutet, schließt weit auseinanderliegende, vom Meer getrennte Landformen ein. Polynesien wird als großes Dreieck beschrieben, dessen nördlichster Punkt die Midway-Inseln, der südwestlichste Neuseeland und der südöstlichste Punkt die Osterinseln sind. Die Inseln und Inselgruppen sind so abwechslungsreich wie die Cook-, Ellice-, Osterinseln, Hawaii, Samoa und Tonga. Die meisten verstehen unter Polynesien aber nur das engere Gebiet Französisch-Polynesien. Diese Region besteht aus fünf Archipelen, den Tubuai- ehemals Austral-Inseln, Gambier-, Marquesas-, Gesellschafts- und Tuamotu-Inselgruppen mit 118 Inseln, die über eine Ozeanfläche der Größe Europas verstreut liegen. Die gesamte Landfläche Französisch-Polynesiens beträgt gerade 4000 Quadratkilometer.

Tahiti, die wohl berühmteste und größte dieser Inseln misst 1041 Quadratkilometer und gehört zu den Gesellschafts-Inseln. Normalerweise denken die Menschen an Tahiti, wenn es um ein Inselparadies in der Südsee geht. Obwohl sich die Touristen dort häufig drängen, ist es immer noch ein wunderschönes Urlaubsziel. Schwarze Lavabrocken gruppieren sich in Ufernähe, Kokosnusspalmen werfen violette Schatten auf das wunderbar türkisfarbene Wasser. Und abends fasziniert der Sternenhimmel mit dem Kreuz des Südens.

Die 114 Kilometer lange Fahrt rund um Tahiti ist spektakulär, die Straße windet sich zwischen Bergen und azurblauem Meer. Auf einer Inlandstraße gelangt man zum Taravao-Plateau, einem Isthmus, der Tahiti-Nui (Groß-Tahiti) mit Tahiti-Iti (Klein-Tahiti) verbindet. Die Insel bietet herrliche Wasserfälle, die teilweise leicht von Parkplätzen an der Straße zugänglich sind. Von den Berghöhen blickt man über die dichte Vegetation, und wartet man bis zum Sonnenuntergang, wird man mit feuerroten Reflektionen von den Bäumen, den Ozeanwellen und den dann orangefarbenen Stränden belohnt. Das ist das Land von »Bali Hai«, das Paradies der Meuterer auf der »Bounty«. Das warme Klima, die Vogelrufe, die sanften Brisen in den Baumwipfeln und der Duft von tropischen Blumen erfüllt die Luft, wenn die Sonne in diesem Paradies untergeht.

Neben Tahiti ist Bora Bora eine der bekannteren Gesellschafts-Inseln. 1769 segelte James Cook die Insel an, die später französischer Besitz wurde. Der imposante 727 Meter hohe Mount Otemanu (Temanu) thront über Bora Bora, die gerade 29 Kilometer Küstenlinie hat.

»Otemanu« wird der größte verbleibende Abschnitt des

308 oben
Der Tuamotu-Archipel besteht aus 78 Korallenatollen, die über mehrere hundert Kilometer im Pazifik verstreut liegen. Rangiroa, hier zu sehen, besitzt mit 74 Kilometern das breiteste Atoll der Inselgruppe und ist im Grunde ein Landstreifen, der nicht mehr als 1,8 Meter aus dem Meer ragt. Diese Inseln gehören geologisch zu den ältesten in Polynesien.

308 unten
Der Otemanu auf Bora Bora ist der größte noch verbleibende Rand eines erloschenen Vulkans. Er ist nach einem heiligen Vogel benannt, der auf den grünen Hängen der Insel lebte und plötzlich verschwand.

309 unten links
Rangiroa ist das beliebteste Atoll des Tuamotu-Archipels. Es gibt mehr als 240 »Motus« oder kleine Eilande innerhalb des gigantischen umgebenden Korallenriffs. Konstanter Wasseraustausch durch die offene Passage macht die Lagune zu einem der fruchtbarsten Meereshabitate der Welt.

309 unten rechts
Tetiaora ist ein flaches, zu den Gesellschafts-Inseln gehörendes Korallenatoll mit einer Lagune. Darauf ruhen 13 grüne Eilande, die mit Kokosnussbäumen bedeckt sind. Im Besitz des amerikanischen Filmstars Marlon Brando und seiner Frau Tarita Teriipaia steht Tetiaora Touristen offen.

308–309
Wunderschöne tropische Blumen und Palmen begrüßen den Besucher Tahitis, der berühmtesten der Polynesischen Inseln. Die grünen erloschen Vulkane Orohena und Aorai mit von ihnen ausgehenden tiefen grünen Tälern liegen im Zentrum der Insel. Steile Hänge fallen plötzlich zu den braun-schwarzen Stränden am Ozean ab.

310–311
Diese Luftaufnahme von Bora Bora zeigt deutlich die Kontur des Korallenriffs ringsum und die baumbestandenen Hauptinseln. Unten rechts erkennt man die Insel Motu Pitiaau und oben rechts die Wolken über der Hauptinsel. Am Südende von Bora Bora drängen sich die beliebten Anlaufstellen.

311 oben links
Raiatea gilt als kulturelles Zentrum Polynesiens. Die heilige Insel hat weniger Strände als Tahiti und Bora Bora, dafür aber eine große geschützte Lagune.

311 oben rechts
Eine Luftaufnahme von Moorea mit Tahiti am fernen Horizont vermittelt einen Eindruck des üppig grünen Paradieses. Die Insel ist Teil des Südrands eines urzeitlichen Vulkans.

Vulkans genannt, der die Insel bildete. Ein Korallenriff rahmt Bora Bora ein, das die Entstehung der weltweit für ihre Schönheit gerühmten Lagune mit hellblauem Wasser begünstigte. Hier findet man weiße traumhafte Sandstrände, gesäumt von Kokosnusspalmen.

40 Kilometer westlich von Bora Bora liegt die winzige Maupiti, eine der schönsten und am wenigsten besuchten Inseln Polynesiens. Stille Lagunen, Korallenriffe und Strände garantieren vollkommene Erholung vom Alltagsstress. Auch die Schwesterinseln Raiatea und Tahaa werden dem Tagtraum von der Flucht auf die Insel gerecht – sie sind heute, was Tahiti vor vielen Jahren einmal war. Tahaa ist für seine Vanilleproduktion mit einer eingeführten Pflanze der Orchideenfamilie und für sein Naturschutzgebiet, das die gefährdeten Meeresschildkröten beherbergt, berühmt. Raiatea gilt als kulturelles Zentrum Polynesiens, eine heilige Insel, auf der die ersten Siedler aus Hawaii landeten.

»Die Flucht auf die Insel« erhält auf Fatu Hiva und Hiva Oa im Marquesas-Archipel eine neue Bedeutung. Diese großartigen Inseln sind weiter vom Festland entfernt als jeder andere Flecken auf der Erde. Die zwölf Inseln der Gruppe liegen knapp südlich des Äquators und sind ständig in Wolken gehüllt. Fatu Hiva ist ein 10 Kilometer langer Vulkanfels, überwachsen mit üppiger Vegetation bis an die Wasserkante, glatten Klippen, rauschenden Bächen, Wasserfällen und auffälligen Felstürmchen über dem verborgeneren Tal des Dorfes Hanavave. Orchideen, Lilien, Ingwer, Ylang-Ylang, Jasmin und Bougainvillea gedeihen hier. Auf der größeren Nachbarinsel Fatu Hivas, auf Hiva Oa, liegt das Grab des französischen Malers Paul Gauguin. Die Hauptstadt der Marquesas, Taiohae liegt auf der Insel Nuku Hiva, die steile Berge und Täler bietet, die der amerikanische Autor Herman Melville in seinem Buch »Typee« verewigt hat. Diese Insel ist die feuchteste der Marquesas mit ständigen Regenfällen.

311 unten
Eine weitere Luftaufnahme von Bora Bora zeigt oben im Bild den Arm der golfschlägerförmigen Halbinsel Motu Pitiaau und in der unteren Mitte die Landspitze Pointe Matira. Der blendend weiße Sandstrand und das warme seichte Wasser ist ein beliebtes Touristenziel.

Französisch-Polynesien

Der Muake-Aussichtspunkt liegt auf 853 Metern Höhe und bietet eine grandiose Sicht auf die Bucht. Im Inland fällt der Wasserfall im Hakaui-Tal 350 Meter tief. Wunderbare weiße Sandstrände säumen die Nordwestküste der 49 Quadratkilometer kleinen Insel Tahuata, die eine große Vergangenheit hat. Tahuata wurde etwa um 300 besiedelt. 1595 entdeckte der Spanier Mendana die Insel, und James Cook besuchte sie 1774. Die Franzosen richteten hier 1842 eine Garnison; davon zeugen noch heute zahlreiche historische Gebäude inmitten des üppigen Grüns. Die Insel Ua Huka ist trockener, niedriger und weniger bewaldet als die anderen Marquesas. Auf ihr grasen Ziegen und wilde Pferde auf den Hochlandplateaus. Ua Pou, was so viel bedeutet wie »Die Säulen«, ist eine der spektakulärsten polynesischen Inseln: Gigantische Gipfel ragen von der Küste 1200 Meter hoch in den Himmel.

Im Gegensatz zu den Gesellschafts- und den Marquesas-Inseln sind die Tuamotus eine Reihe von 78 flachen Koralleninseln, die geologisch gesehen zu den ältesten Inseln Polynesiens zählen, Spuren der urzeitlichen Vulkane, die über die Äonen versunken sind. Die Korallen an den Rändern dieser Vulkane strecken sich nach dem Sonnenlicht, so dass gigantische kreisförmige Korallenringe, die Atolle, entstanden sind. Atolle werden selten höher als 1,8 Meter über dem Meeresspiegel und sind dicht mit Vegetation überwuchert. Die Atolle von Tuamotu liegen weit ab von der Zivilisation, und die Bewohner führen ein einfaches Leben: Sie bewirten die Touristen, sammeln Kopra und suchen nach Muschelschalen.

Einige dieser Atolle sind riesig – zum Beispiel misst der Durchmesser von Rangiroa 68 Kilometer; es stellt somit das zweitgrößte Atoll der Welt dar. Fakarava mit 60 Kilometern Durchmesser hat eine immense Lagune mit mehreren Farmen für schwarze Perlen und zahlreichen Vogelbrutgebieten. Die Lagunen im Atollring bieten Lebensraum für Tiere und Pflanzen, deren Heimat nicht die offene See ist. Schmale Öffnungen lassen Meerwasser ein, das reich an Nährstoffen für Korallen und Meeresleben ist. Auf Fakarava liegt die kleine Stadt Tetamanu. Das Tauchen ist hier besonders lohnenswert. In vielerlei Hinsicht erfüllt sich hier die Vorstellung von der Flucht vor dem Alltag und die Suche nach dem Paradies, wenn man am Rand einer Korallenatollöffnung sitzt und großartige Fische vorbeischwimmen sieht – nur eine von vielen wunderbaren Erfahrungen, die man in Polynesien sammeln kann.

312 oben
Erloschene kleinere Vulkane liegen verstreut in der Landschaft der Inseln. Im Lauf der Jahrtausende haben Sporen und Samen die fruchtbaren Inseln durch Wind und Wellen erreicht.

312 Mitte
Schwarzes Vulkangestein von urzeitlichen Lavaströmen zeigt dieses Foto von Oahu. Diese Art von Gestein ist vielerorts auf den Inseln zu finden, da sie alle vulkanischen Ursprungs sind.

312 unten
Die wilde Eruption glühender Lava des Vulkans Mauna Loa im Jahre 1984, des mit 4169 Metern höchsten aktiven Vulkans der Erde. Bei einer Eruption steigt geschmolzenes Gestein – Magma – vom Erdmantel zu einem etwa 3 Kilometer unterhalb des Gipfels liegenden Reservoir.

313
Bei der Eruption von 1984 floss vom Mauna Loa ein Lavastrom über die Nordostseite des Bergs. Andere große Eruptionen mit großen Lavamengen ereigneten sich in den Jahren 1942, 1949, 1959 und 1975.

LAND AUS DEM FEUER GEHOBEN

VULKAN-NATIONALPARK HAWAII

Rot glühende Lava quillt aus dem Boden, während ein fauliger Gestank die Luft erfüllt. Rosafarbene Dampfwolken steigen von der schwarzen Erde auf, die wie chinesische Laternen von innen erleuchtet zu sein scheinen. Hinter dem Rauch spielt sich ein großartiges Feuerwerk ab, in dem Lavafontänen in hohen Bögen in die Luft gespieen werden. Wenn die heiße Lava auf das kühle Ozeanwasser trifft, zischt und brodelt es, und neues Land bildet sich. Denn sobald die Lava abkühlt, bildet sich festes Land. Dieses Szenario spielte sich vor Jahrmillionen überall gleichzeitig auf dem Erdball ab. Große Teile der Erde entstanden auf diese Weise. Heute gibt es nur wenige Orte wie Hawaii, an denen diese Vulkantätigkeit noch aus nächster Nähe beobachtet werden kann.

Hawaii ist eine von acht Hauptinseln und 124 Eilanden, Riffen und Sandbänken des Hawaii-Archipels, einer Gruppe Polynesiens mitten im Pazifik. Als einer der 50 Vereinigten Staaten ist Hawaii ein Land von außerordentlicher Schönheit. Die Inseln ragen hoch aus dem Ozean heraus – im Falle des Mauna Kea mehr als 4176 Meter. Die Hawaii-Inseln sind wie die anderen Inseln des Pazifiks die Spitzen versunkener Vulkane.

Die größte Insel der Gruppe, Hawaii, ist zugleich die jüngste und südlichste und wächst jeden Tag aufgrund der Lava-Ansammlung an ihren Küsten. Hawaii liegt genau auf einem der Hot Spots des Pazifischen Ozeans. Lava blubbert aus dem Vulkan Kilauea und fließt in den Ozean, wobei sie auf ihrem Weg Bäume, Äcker und alles andere dem Erdboden gleichmacht. Doch wenn die Lava das abkühlende Wasser erreicht, bildet sie neues Land.

Im Gegensatz zu unserer Vorstellung eines Vulkans als hoher Berg mit einem Krater, einer sogenannten Caldera statt eines Gipfels und heißen roten Lavaflüssen entlang der Hänge, präsentiert sich der Kilauea in völlig anderer Gestalt. Anstatt

314 oben links
Die gesamte Kette der Hawaii-Inseln ist auf dieser Aufnahme aus dem All zu sehen.

314 oben rechts
Eine weitere Aufnahme aus dem All zeigt die Insel Hawaii, wobei die Waldflächen rot und das kultivierte Land hellrot dargestellt sind. Die Vulkane erscheinen grau-grün, die jüngsten Lavaströme schwarz.

über den Bergrand zu quillen, hat die Lava einen einfacheren Weg durch einen Schlot der unteren Hälfte des Vulkans gefunden.

Die Lava des Kilauea fließt 11 Kilometer durch einen natürlichen Lavatunnel und tritt an der Pu'u-O'o-Flanke ans Tageslicht, um zum Ozean hinabzuströmen. An einigen Tagen entweicht nur Rauch den Schloten, an anderen sind deutlich rot glühende Lavaströme zu erkennen, besonders nachts. Seit dem 3. Januar 1983, als sich die längste Eruption ereignete, die je auf Hawaii verzeichnet wurde, tritt an dieser Stelle Lava zu Tage, und es gibt keine Anzeichen dafür, dass dies bald nachlässt. Allein 1995 hat sich die Insel so um 2 Quadratkilometer Land vergrößert, und der Lavafluss mit etwa 400.000 Kubikmetern pro Tag hält an.

Anders als der Kilauea, bricht der Mauna Loa, Hawaiis anderer aktiver Vulkan nur etwa alle vier Jahre aus. Letzterer ist 4169 Meter hoch und der größte aktive Vulkan der Welt. Die Lava aus seinem riesigen Berg bedeckt etwa 50 Prozent der Insel. Sowohl Mauna Loa als auch Kilauea zählen zu den breiten Schildvulkanen, als einzige dieser Art auf Hawaii, die nur Lava speien. Die anderen sind aus gemischten Eruptionen – Aschen- und Schlackenauswurf – aufgebaute Schicht- oder Stratovulkane. Mauna Loa ist vermutlich der höchste Berg der Erde, sogar höher als der Mount Everest oder der K2. Der größte Teil des Bergs liegt jedoch unter Wasser. Insgesamt erhebt sich der Mauna Loa 9144 Meter vom Ozeanboden und nimmt eine Fläche von 5271 Quadratkilometern ein.

Die Vulkane auf Hawaii sind für das ungleiche Klima der Insel verantwortlich. Im Osten ist es nass und feucht, was der tropischen Vegetation, Flüssen, Wasserfällen und üppigen Orchideenfarmen zugute kommt. Die westliche Seite der Berge ist trocken, sonnig und hat wunderbare Sandstrände. Auf den

314 unten
Eine feurige Lavafontäne schießt in die Luft. Die Lava fällt, wenn sie schnell abkühlt, in zwei Formen auf die Erde, als lange glatte Fäden, die wie menschliches Haar aussehen und auf Hawaii »Peles Haar«, nach dem hawaiianischen Vulkangott, genannt werden; oder als schwarze tropfenförmige glänzende Steinchen, »Peles Tränen«.

314–315
Die Mauna-Loa-Eruption von 1984 war die letzte große Eruption. Besucher können auf Rundwegen durch das Gebiet des Lavaflusses gehen, um den jetzt erkalteten Vulkan aus der Nähe zu betrachten. Die Region wird vom Nationalparkdienst als Wildnis eingestuft und es gibt nur wenige Touristeneinrichtungen auf dem 64 Kilometer langen Weg im Kilauea-Gebiet.

315 unten
Hier sieht man den Gas verströmenden P'u-O'o-Schlot des Kiluaea, der sich an der Flanke des Kilauea, etwa 11 Kilometer von der Caldera des Vulkans entfernt, befindet.

Hängen der alten Vulkane wächst Kaffee. Erloschene Vulkane auf der Insel Hawaii sind in die Landschaft integriert.

Der höchste Berg Hawaiis, nur oberhalb des Meeresspiegels gemessen, ist der 4176 Meter hohe, schlafende Vulkan Mauna Kea, der die Insel dominiert. Zu den seltenen Pflanzen auf seinen oberen Ausläufern gehört das hawaiianische Silberschwert, das an zarte weiße Yuccakakteen erinnert. Die blühende Pflanze hat einen hohen grüngelben Stängel mit violetten Blüten.

Zur Erinnerung an die einzigartigen Kräfte des Vulkanismus und der Erhaltung der seltenen Spezies auf Hawaii, hat der Kongress der Vereinigten Staaten 1916 den Hawaii Volcanoes National Park eingerichtet. Etwa 2,5 Millionen Besucher kommen jedes Jahr dorthin – , um die atemberaubenden hawaiischen Vulkane zu sehen, die die Geografie unserer Welt geschaffen haben.

REGISTER

Fett gedruckte Seitenzahlen verweisen auf Hauptkapitel.

BILDNACHWEIS

Einleitung

Antonio Attini / Archivio White Star: Seite 18 oben links, 22–23.
Marcello Bertinetti / Archivio White Star: Seite 4–5, 15 Mitte rechts, 18 rechts.
Massimo Borchi / Archivio White Star: Seite 18 unten links.
Giulio Veggi / Archivio White Star: Seite 8, 15 oben links, 17 unten.
Ascani / Hoa Qui / Ag. Franca Speranza: Seite 19.
Greg Child: Seite 10–11.
Gerald Cubitt / Bruce Coleman: Seite 20–21.
Francois Gohier / ARDEA London: Seite 16 unten links.
Pete Noebel: Seite 16–17.
Jun Ogawa / Planet Earth pictures: Seite 17 oben.
N. Renaudeau / Hoa Qui / Ag. Franca Speranza: Seite 6–7.
Silvestris: Seite 2–3.
Tauquer / Ag. Franca Speranza: Seite 1.
James D. Watt / Innerspace Visions: Seite 9.

Europa

Antonio Attini / Archivio White Star: Seite 24 oben und unten, 44, 45, 46, 47, 48, 49.
Marcello Bertinetti / Archivio White Star: Seite 24–25, 38, 39, 41 oben links, 52–53 unten, 38, 39, 41 oben links, 54 oben rechts, 54 unten, 54–55, 55 unten, 56 unten links, 57 oben links, 58, 59, 60–61, 63 unten links, 68 oben, 68 unten, 70, 71, 72 unten, 72–73, 74 unten rechts, 75 oben und Mitte.
Massimo Borchi / Archivio White Star: Seite 26–27, 27 rechts, 28 oben rechts, 28–29.
Anne Conway / Archivio White Star: Seite 29 unten links.
Luciano Ramires / Archivio White Star: Seite 56 unten rechts, 60 unten, 61, 64 unten links.
Guilio Veggi / Archivio White Star: Seite 25 unten links und rechts, 26 unten links, 28 oben links, 29 unten rechts, 36, 37, 52 unten links, 72 oben, 73 unten, 74 unten links, 74–75, 75 oben, 76, 77.
A.A. Photo Library: Seite 42–43.
Tiziana und Gianni Baldizzone: Seite 40 oben rechts.
Massimo Borchi / Atlantide: Seite 81 oben rechts.
Walter Biggi / Focus Team: Seite 30–31.
Dereck Croucher / Bruce Coleman: Seite 43 oben links.
Nevio Doz / Marka: Seite 82.
Luciano D'Angelo: Seite 30 oben rechts und links.
Foschi / Focus Team: Seite 81 unten.
Andre Geidemark / Planet Earth pictures: Seite 32 unten.
Bob Gibbore / ARDEA London: Seite 32–33.
Grafenhaim / SIME: Seite 36–37.
H. Hautala / Panda Photo: Seite 41 unten.
Loukas Hapsis / On Location: Seite 81 oben links.
H. P. Huber / SIME: Seite 52 unten rechts.
Johanna Huber / SIME: Seite 80–81, 83–86.
Massimo Lupidi: Seite 31 unten.
Marco Melodia / Realy Easy Star: Seite 87
Marco Milani / K 3: Seite 52–53 oben.
J. C. Munoz / Panda Photo: Seite 78, 79.
Dr. Eckar Pott / Bruce Coleman: Seite 30 unten.
Ripani / SIME: Seite 42, 43 oben rechts.
Guido Alberto Rossi / The Image Bank: Seite 26 unten rechts, 56–57, 57 oben rechts und unten,62 oben und unten, 63 unten rechts, 64 unten links, 64–65, 65, 66 unten, 67 unten, 68 Mitte, 69.
Giovanni Simeone / SIME: Seite 34–35, 50–51, 51 unten, 62–63, 66–67, 67 oben.
Silvestris: Seite 40 unten, 50.
Mario Verin: Seite 54 oben links.
L. Vinco / Panda Photo: Seite 30 oben.

Asien

Antonio Attini / Archivio White Star: Seite 94, 94–95, 95 unten rechts, 96, 97, 98–99.
Marcello Bertinetti / Archivio White Star: Seite 89 unteen rechts, 106, 107, 116 unten, 117 links.
Massimo Borchi / Archivio White Star: Seite 92, 93, 102 unten rechts, 102–103, 103.
Stefano Ardito: Seite 114 unten links.
Pierre Beghin / Agence FOC: Seite 91 unten.
Christophe Boisivieux: Seite 112–113.
Robert Bosch: Seite 110 oben links.
Marc Buscail: Seite 90 oben links, 114 unten rechts, 117 rechts.
Greg Child: Seite 110–111.
Andrea und Antonella Ferrari: Seite 120 unten links.
Jean Paul Ferrero / ARDEA London: Seite 122 oben.
Itamar Grinberg: Seite 100, 100–101, 101, 104–106.
Ace Kvale: Seite 118 oben.
Marco Milani / K 3: Seite 90 unten.
Colin Monteath / Hedgehog House: Seite 108–109, 112 unten.
Pat & Baiba Morrow: Seite 109 unten links, 113 oben.
NASA: Seite 90 oben rechts, 95 unten links, 102 unten links.
Photobank: Seite 88, 88–89, 89 unten links, 120 unten rechts, 121, 123.
Jean Marc Porte: Seite 90–91, 110 oben rechts, 110 unten.
Galen Rowell / Mountain Light: Seite 114–115, 115, 116–117, 118 unten.
Sean M. Smith / Tibet Images: Seite 113 unten.
Pascal Tournaire: Seite108, 109 unten rechts, 118–119, 119 unten.
Gunter Ziesler: Seite 120–121, 122 Mitte und unten.

Afrika

Antonio Attini / Archivio White Star: Seite132 unten rechts, 133 unten, 143 oben.
Marcello Bertinetti / Archivio White Star: Seite 124 oben, 124–125, 125, 126 unten links, 127, 128–129, 130, 131, 132 unten links, 145 oben und Mitte, 147 oben, 147 Mitte, 148, 149, 150, 151, 152, 153, 154, 155, 156–157, 158, 159, 160, 161, 162 oben links, 164 unten links.
Alfio Garozzo / Archivio White Star: Seite 134 oben, 138 oben und unten, 139.
Ascani / Hoa Qui / Ag. Franca Speranza: Seite 135.
David Balfour / A. B. P.L Library: Seite 146, 148.
John Cleare / Mountain Camera: Seite 164 unten rechts, 165 oben rechts.
Anne Conway: Seite134 Mitte und unten.
Guido Cozzi / Atlantide: Seite 166 unten.
Roger De La Harpe / A. B. P. L Library: Seite 166 oben, 166–167, 171.
M & C Denis Huot: Seite 162 Mitte und unten, 165 oben links.
N.J. Dennis / Panda Photo: Seite 169 Mitte, 170 unten.
Andrea und Antonella Ferrari: Seite 167 unten links.
Christian Fredriksson: Seite 168 unten.

Itamar Grinberg: Seite142 unten, 142–143, 174 unten.
M. Harvey / WWF International / Panda Photo: Seite 124 unten, 162 oben rechts.
Johanna Huber / SIME: Seite 174–175.
Carol Hughes / Bruce Coleman: Seite 172 oben und Mitte.
Peter Lillie / A. B. P. L Library: Seite 170 oben links.
Vincenzo Martegani: Seite 167 unten rechts, 169 oben.
NASA: Seite 132–133, 133 oben, 140, 141, 142 unten links, 154 unten, 168–169.
Robert Nunnington / A.B.P.L Library: Seite 172–173.
Pavard / Ag. Franca Speranza: Seite 175 oben und unten.
Roberto Rinaldi: Seite 143 unten, 144–145, 145 unten.
Bildarchiv Steffens: Seite 136–137.
Gavin Thomson / A.B.P.L Library: Seite 173 unten.
Nico Tondini/ Ag. Focus Team: Seite 138–139.
Pascal Tournaire: Seite 146–147, 147.
Lanz van Horsten / A. B. P. L Library: Seite 170 oben rechts.
Adrian Warren / ARDEA London: Seite 163.
Pawel Wysocki / Hemispheres: Seite 169 unten.
Marco Zappelli: Seite 164–165.

NORDAMERIKA

Antonio Attini / Archivio White Star: Seite 176–177, 177 unten, 178 oben rechts, 202 Mitte und unten rechts, 203, 206, 207, 208 oben rechts, 208 unten, 208–209, 209 unten rechts, 210–211, 212, 213, 214 unten, 215 unten, 222, 223, 225, 227 unten rechts, 228–229.
Marcello Bertinetti / Archivio White Star: Seite 177 oben, 178 oben links, 178 unten, 185 oben rechts, 186 unten links, 190 unten rechts, 214 oben, 214–215, 230 unten links.
Massimo Borchi / Archivio White Star: Seite 176 unten, 179 rechts, 208 oben links, 209 unten links, 216, 217.
A.A. Photo Library: Seite 230–231.
Luigi Accusani: Seite 188 unten rechts.
Doug Allan / Oxford Scientific Films: Seite 180–181, 184–185.
A.W.C. Images / SIE: Seite 218 unten.
Associazione Grande Nord: Seite 183 unten rechts.
Jordan Coonrad: Seite 188–189.
Larry Dale Gordon / The Image Bank: Seite 186–187.
Damm / SIME: Seite 182–183, 192–193, 224.
Eric Dragesco / Panda Photo: Seite 192 oben.
Jeff Foot/ Bruce Coleman: Seite 218 oben
Francois Gohier / ARDEA London: Seite 194–195, 195 unten rechts, 197 unten links, 198 unten, 199 unten.
Johnny Johnson / Bruce Coleman: Seite 180.
Acam Jones / Planet Earth pictures: Seite 202 oben.
Andrew Klapatiuk / Liason International / Ag. Franca Speranza: Seite 231.
S. Meyers / Panda Photo: Seite 192 Mitte und unten.
NASA: Seite 185 unten.
Photobank: Seite 178–179, 230 unten rechts.
Ripani / SIME: Seite 218 Mitte, 219.
Norbert Rosing / Oxford Scientific Films: Seite 183 unten links.
Galen Rowell / Mountain Light: Seite 181 unten, 189, 190 unten links, 190–191, 191, 220.
Galen Rowell / Ag. Franca Speranza: Seite 220–221.
K. Schafer / WWF International / Panda Photo: Seite 197 unten rechts.
Silvestris: Seite 182 oben, 194 unten, 196, 196–197.
Giovanni Simeone / SIME: Seite 204–205, 224.
John Shaw / Bruce Coleman: Seite 198–199.
Ulrich / Oxford Scientific Films: Seite 184 oben links.
Gunter Ziesler / Bruce Coleman: Seite: 195 unten rechts
Gunter Ziesler: Seite 182 unten.

SÜDAMERIKA

Antonio Attini / Archivio White Star: Seite 236, 237 unten.
Alfio Garozzo / Archivio White Star: Seite 232 oben, 250 unten rechts, 262, 263, 266 unten, 266–267, 267 unten.
Marcello Bertinetti / Archivio White Star: Seite 234 oben und Mitte, 234–235, 235 unten, 238 oben links, 238 unten, 239, 264, 265, 266 oben.
Kelvin Aitken / Panda Photo: Seite 259 unten rechts.
Kurt Amsler: Seite 240, 241, 242, 243.
Guilio Andreini: Seite 252–253, 259 unten links.
Stefano Ardito: Seite 244 oben rechts, 248 unten.
Andrea Baertschi / Planet Earth pictures: Seite 254 oben links, 254–255.
Bertsch / SIME: Seite 236–237.
Robert Bosch: Seite 269 unten.
Howard Conway / Hedgehog House: Seite 280 Mitte.
Luciano D'Angelo: Seite 260 unten, 261 unten rechts.
Damm / SIME: Seite 269 Mitte.
Tui De Roy / Hedgehog House: Seite 260–261.
Andrea und Antonella Ferrari: Seite 244 oben links, 248 oben, 253 unten links.
Jean Paul Ferrero / ARDEA London: Seite 280 oben.
Michael Fogden / Bruce Coleman: Seite 244 unten, 246 oben, 247 unten.
Jeff Foot / Panda Photo: Seite 232 unten.
James Martin: Seite 269 Mitte.
Colin Monteath / Hedgehog House: Seite 268.
NASA: Seite 252.
Vincenzo Paolillo: Seite 260 oben, 261 unten links.
D. Parer & E. Parer-Cook / ARDEA London: Seite 273 oben, 274, 279.
S. Pearce / SIE: Seite 238–239.
Photobank: Seite 250–251, 253 unten rechts.
Andrea Pistolesi: Seite 238 oben rechts.
Jean Marc Porte: Seite 270–271.
Overseas / Farabolafoto: Seite 251.
G. Robertson / ARDEA London: Seite 280 unten, 282–283.
Galen Rowell / Ag. Franca Speranza: Seite 234 unten.
Galen Rowell / Mountain Light: Seite 273 oben rechts, 281.
Robert Scharwz / Hedgehog House: Seite 272.
Silvestris: Seite 249.
Rinie van Meurs / Bruce Coleman: Seite 272–273.
M. Wendler / Overseas / Farabolafoto: Seite 232–233.
Giovanni Simeone / SIME: Seite 245.
Marco Zappelli: Seite 266 Mitte.
Gunter Ziesler: Seite 246–247, 250 unten links, 254 unten, 255, 256–257, 258–259.
Gunter Ziesler / Bruce Coleman: Seite 258.

Pazifik

Antonio Attini / Archivio White Star: Seite 284 unten, 285 unten rechts, 312 oben.
Marcello Bertinetti / Archivio White Star: Seite 309 unten rechts, 320.
Kelvin Aitken / Panda Photo: Seite 304, 304–305, 306–307.
Bruno Barbier / Hemispheres: Seite 310–311, 311 unten.
Kathy Cashman / Hedgehog House: Seite 314 unten.
Gerald Cubitt / Bruce Coleman: Seite 286 unten.
Michael Cufer / Ocean Earth Images: Seite 298 unten.
Trevern & Anna Dawes / Ag. Franca Speranza: Seite 302.
Nicholas Devore / Bruce Coleman: Seite 311 oben links.
Jean Paul Ferrero / ARDEA London: Seite 286–287.
Stephane Frances / Hemispheres: Seite 284–285.
Francois Gohier / ARDEA London: Seite 315 unten.
Nick Groves / Hedgehog House: Seite 300.
Johanna Huber / SIME: Seite 290 oben, 292 Mitte unten.
Krafft / Hoa Qui / Ag. Franca Speranza: Seite 312 unten, 313.
Ugo Monetti: Seite 288 unten, 290 unten, 292 oben, 307 oben, 308 oben, 309 unten links.
Colin Monteath / Hedgehog House: Seite 300–301.
NASA: Seite 287 oben, 294, 314 oben.
Doug Perrine / Innerspace Visors: Seite 287 unten.
Photobank: Seite 284 oben, 288–289, 289, 298–299, 303 unten rechts, 307 unten, 314–315.
Andrea Pistolesi: Seite 291 unten, 302–303, 308 unten, 308–309, 309 unten.
Hans Reinard / Bruce Coleman: Seite 301 oben links.
Roberto Rinaldi: Seite 295 oben links, 296, 297, 298 oben, 299 unten, 311 oben links.
Jeff Rotman: Seite 305 unten, 306 unten.
Tauquer / Ag. Franca Speranza: Seite 294–295.
Nico Tondini / Focus Team: Seite 301 oben rechts, 303 unten links.
Richard Wondeldorp / Panda Photo: Seite 295 oben rechts.
ZEFA: Seite 290–291.